教師という仕事と教育経営

日本教育経営学会紀要

第62号

第一法規

ま　え　が　き

　新型コロナウイルス感染症（COVID-19）の世界規模での拡大の影響により，5月末の開催に向けて準備を進めておりました第60回大会は延期となり，紀要第62号も例年より遅れての刊行となりました。いまだに直接対面で会話する機会が奪われ，先の見えない状況が続いております。一方でこのようなときにこそ，教育経営の「これまで」を問い直し「これから」を構想することが本学会の使命だと考えます。

　さて，本号の特集テーマは「教師という仕事と教育経営」です。教師という仕事は，個人と社会の未来をつくるという崇高な使命をもった仕事です。しかし，「学校における働き方改革」が指摘するように，教師の長時間労働や多忙化など，これまでの教師の働き方，教師という仕事の在り方が問われています。教育経営学にとって「仕事（働く，労働）」の問題は避けて通ることのできないテーマです。

　教育経営学の特徴は，教育行財政的・法制度的条件のもと，学校という組織の中で教師が働いていることに着目する点にあります。個々人の研究を見ると，教職の専門性，教師の労働環境，教師の多忙化とバーンアウト，教師の成長など，多くの関心が向けられています。また，本紀要の特集では「学校組織のリアリティと人材育成の課題」（第58号，2016），第58回大会シンポジウム（2018）で「学校における働き方改革と教育経営学の課題」がとりあげられました。教育経営学のさらなる発展のためには，これらの問題を，単なる業務改善や勤務管理の問題にとどめず，「教師という仕事とは何か」「教師とは何者か」を含めて捉える必要があると考えました。

　そこで本号では，「教師という仕事」について，どんな視点でアプローチすべきか，今日の仕事や働き方をめぐる状況をどのような問題として捉えるべきかを含めて，多角的に考察することにしました。

　さて，研究論文につきましては，19本の投稿申し込み，14本の投稿があり，審査の結果，1本の掲載となりました。例年よりも投稿数は多かったのですが，とても残念な結果となりました。掲載に至らなかった理由として，論文の目的（何を明らかにしたいか）が不明確，オリジナリティや意義が不明瞭，先行研究の検討に課題がある，データの解釈が恣意的，鍵概念の定義が曖昧なので論

理が不明瞭，等がありました。

　教育経営の実践事例につきましては，５本の投稿申し込み，５本の投稿があり，審査の結果，１本の掲載となりました。実践事例の判定基準は，①投稿者は当該実践事例の企画または実施に関与した本学会の会員であること，②事例の紹介にとどまることなく，実践について分析したり，その意義を評価したりして，これまでの教育経営（実践や学）に対して有意味で新たな知見を提供する論考であること，③その有意味性や新たな知見を確認するために必要十分な情報が提供されていることです。「実践事例」論文には，自身の実践に関してどこが新たな知見なのかを自ら価値づけること，その確認のための適切な情報提供を自ら行うことの難しさがあるようです。

　なお，今回掲載に至らなかった研究論文・実践事例のなかには，研究の切り口や着眼が面白いもの，扱っている事例が興味深いものがありました。さらにもう一段階，考察を深めたり，論文としての練りや磨きをかけたりして，是非とも次の機会をねらっていただきたいと願っております。

　その他ですが，第59回大会の公開シンポジウム，若手研究者のための研究フォーラム，課題研究，実践研究フォーラムの各報告，大会報告，書評４件を掲載しております。また，国際交流委員会による海外の教育経営事情，研究推進委員会による教育経営学研究動向レビューを投稿していただきました。

　今号から，紀要の買い取り代金の算定方法の変更と消費増税による代金抑制のために，会務報告と学会会則の一部（総会に関する細則，役員選出規程，地方教育経営研究に関する団体・機関との連携に関する規程，褒賞制度に関する規程および選考内規）を掲載しないことになりました。学会会則につきましては，日本教育経営学会のウェブサイトをご覧ください。会務報告を学会員が参照する方法については，学会事務局で検討することになりました。

　最後になりましたが，第一法規の田村雅子氏には編集作業で大変お世話になりました。当初は，東京オリンピック開催のため第60回大会の日程が早まったことへの対応，その後，新型コロナウイルス感染症対策の外出自粛要請や緊急事態宣言下での作業となり，ご無理をお願いいたしました。紀要編集委員会を代表して心より御礼申し上げます。

2020年7月

紀要編集委員長　曽余田浩史

目　　次

〈教育経営学研究動向レビュー〉

特集　教師という仕事と教育経営

職員会議法制の変容と教職員の多忙化問題

名古屋大学　石井拓児

はじめに

　教職員の多忙化がもたらしているのは，学校経営そのものの機能不全である。当然，学校経営の機能不全は，学校教育活動の計画化において形骸化と空洞化をもたらし，体系的かつ効果的な教育活動の実施を困難にする。その結果，子どもの成長発達そのものに重大な影響を及ぼすものであることは，これまでの教育経営学研究の膨大な蓄積をふまえれば，論理的に言って間違いのないところであろう。

　学校経営機能の中心に職員会議が位置するものであることは，これも教育経営学研究の先行研究がつとに明らかにしてきたことである。学校が，企業的組織経営と異なり，同僚集団方式（collegiate organization）あるいは集団的決定方式（joint decision-making）といった特殊な組織運営のしくみをもち，そのもとで自治的・自律的な学校運営と教育活動が担保されると考えるのは，もはや国際的な常識というべきものである。こうした学校経営における職員会議の特殊性は，「教師という仕事」の特殊性に由来するものでもある。

　ひるがえってわが国では，もともと学校の自治的慣行にゆだねる趣旨から職員会議が法制上位置づけられてこなかったのに対し，次第に職員会議の性格をめぐっては，政治的立場を表明することにもつながりかねない深刻な論争点として取り扱われるようになる。それゆえこれを研究的に取り扱うことさえ慎重でなければならない事態も引き起こされてきた。

　集団的決定を支えるような職員会議運営をめぐる豊かな実践的取り組みは，公表すれば「指導・助言」の対象となりかねず，あるいは，そうした学校運営

に関する内部的な規程（by-law）はしばしば一方的に破棄される事態も生じてきた。「教職員の多忙化」というきわめて日本に特殊な問題発生には（油布2020），こうした戦後日本の職員会議をめぐる行政的・政治的影響が無視しえないほどに大きいことは指摘される必要がある。

職員会議の法制的位置づけについて，いちおうの「決着」がついたとされるのが，1999年の学校教育法施行規則改正であると説明される。しかしながら，これを歴史的にとらえるならば，むしろこれを，戦後日本の各学校における自由で豊かな職員会議の運営実践の「終焉」ととらえるべきであろう。

奇妙なことに，これに前後する時期より，文部行政は，「学校のマネジメント改革」や「PDCAサイクル」といった用語を多用するようになる。学校マネジメントを重視しながら，職員会議の多様な実践を承認しなかったのはいったいなぜか。ここには，1990年代後半以後の新自由主義教育改革の性格が，見事に刻印されている。

本研究では，(1)戦後日本の学校運営と職員会議法制の位置づけについて，とりわけ「教師という仕事」の特殊性がどのようにふまえられてきたのかを教育経営学研究の蓄積をふまえあらためて確認することからはじめ，(2)職員会議をめぐる政治問題化と教育実践的対応，(3)1990年代後半の新自由主義教育改革と職員会議法制の変容ならびに教職員の「働き方改革」における学校マネジメント論および「職員会議」について検証をすすめ，最後に，(4)職員会議の機能不全がもたらす教職員の多忙化のメカニズムについて考察する。

1　戦後日本の職員会議法制と学校づくり

(1)　戦後日本における職員会議法制の基本的枠組みの形成

戦後改革において職員会議は法的に位置づけられなかった。学校教育法における教授会規定や公民館法における運営審議会の必置規定，あるいは図書館法，博物館法にみられる協議会規定と比較して，なぜ学校にのみその運営に関する規定がおかれなかったのかは，いまだに十分な解明がなされてはいない。おそらくは，学校段階ごとの個別性や各学校ごとの地域性や学校規模の違い等をふまえ，職員会議の運営規定を一律に定めることはなじまず，それぞれの学校裁量に委ねようとする意図が込められていたと考えてよいであろう。

何よりも，戦後の新しい学校運営の構想は，全日本教員組合「行動綱領（案）」（1945年12月1日）の中に「学校委員会構想」としてすでにみられ，「そ

の発想・着想が米国教育使節団報告書や教育刷新委員会よりもはるかにはやく」（新村 1979）に存在した。その内容は学園民主化運動（水戸高校，私立上野高女，霞浦学園）のなかで次第に具体化され，東京都教育労働組合「教育管理案」（1946年6月20日）や村山俊太郎の「学校運営委員会」構想（1946年10月）として示され，東京四谷第六小学校の実践が有名である[1]。

ただし，こうした具体的実践に対し，当時学校教育局長であった田中耕太郎は，「学園には不動の秩序がある」として「学校管理を禁止」とする非公式声明を発表している（朝日新聞1946年4月19日）。さらに田中文部大臣時代の1946年10月には，学校教育局長名で各地方長官に対する通牒が発せられ，各学校に「教育研究協議会を設置すること」が勧奨されている。この協議会は，「各学校の現職教員を以て会員とすること」「研究協議は夫々の学校に於て具体的な重要な教育上の問題を捉えて科学的・実際的に行われ，この結果が夫々の学校の父兄・児童・生徒の要望に応ずるようであるべきこと」とされるものであるが，学校管理機能とは異なる教育研究機能のみに特化する学校組織であった。とはいえ，各地におかれた「教育研究協議会」は，次第に独自の学校運営組織として機能を拡大・転化させ，文部省が当初意図したものとは異なる役割を発揮するようになる[2]。

1947年3月の学校教育法の制定を経て，文部省は学校運営に関する著作物を発行し，小学校では，「学校経営上重要と思われる」学校組織を列記したうえで，「各学校では，それぞれの事情に応じて，最も必要と思われるものから手をつけて進むようにしたい」とし（文部省 1949：88頁），中学校・高校では，「学校は正規の教職員会議をもち，教師はこれに広く参加しているかどうか」を問い，「教師と校長は…自由な会合を行わなければならない」「校長が論議を牛耳ってしまうことはよくないこと」としている（文部省学校教育局 1950：61頁）。

その後，日本教職員組合は，1951年11月に第1次教育研究全国集会を開催するが，この教育研究集会における研究の中心点のひとつに職員会議のあり方が位置づけられてきた。戦後初期の教育研究大会の各地のレポートを分析した高野桂一は，「戦後ようやくその統一的自覚に達した教員組合運動の記録，とくに教育研究大会の報告をひもとくとき，そこにはおびただしい戦前的職員会議の性格の残滓に対する血みどろの抵抗，克服の足跡をみることができるのである」（高野 1980：83-84頁）としている[3]。

⑵　職員会議の実践的模索と学校づくり概念の発生

　こうした職員会議の運営方式の定着化にあたり，当然ながらさまざまな実践的な課題も生じていた。その重要な課題のひとつが，「職員会議」と「職場会議」の区別という問題であった。1958年に開催された第7次全国教育研究集会（1958年）では，それまで「職場の民主化」という名称の分科会を，「学校運営」分科会へと改称している。同分科会の助言者であった持田栄一は，「教育と教育行政の逆立ちの関係を教育基本法第10条が明示している原則にしたがって正していくためには，正しい教育をねがう教師の力を学校ごとにとりまとめていき，学校の仕組みと仕事の内容をただしていくことが必要」と問題提起したうえで，次のように述べている（持田 1958）。

　「学校運営とは，現実の教育行政がつくり出している教育をとりまく諸条件を動かすことができないものとし，この不備な条件に順応して学校の仕組みとしごとを合理化していくというのでなく，国民と子どもの願いに即した教育を基本とし，それを目ざす教師の実践を，どんなささやかなものであっても組織し，とりまとめていき，それを足場としてあるべき学校の仕組みとしごと，それを可能にする教育条件を明かにしていくことである」「あらためて確認するために繰り返して指摘するならば，それは不備な教育条件を改善するとともに，一人一人の教師の主体的な教育実践を育て，それを土台として自主的な学校の教育計画をつくり出していくこと，この二つの課題を父母国民と連り（ママ）子どもの教育を守り正しく育てるという視点に立って統一していくことにある」

　ここには，50年代後半当時の教育委員会法制ならびに教育課程法制の変容をふまえ(4)，この問題を実践的に克服しようとする強い問題意識を看取することができる。すなわち1956年に成立した地方教育行政法33条にもとづいて学校管理規則を制定し各学校の職員会議の運営について行政指導する権限が教育委員会に付与され，また同法に基づく届出・承認手続きによる教育課程管理の強化といった事態に対し，「父母国民」の学校参加をふまえた「自主的な学校の教育計画づくり（＝教育課程づくり）」を展望しようとしていたのだといえよう。そして，それはもはや「職場の民主化」という課題ではなく，まさしく「学校運営」という研究課題としてとらえられるべきだと考えられていたのである。

　持田は別の論稿において，「学校分会（職員組合）」と「職員会議」の区別と関連についても言及していたこと（持田 1961：397頁）とを重ね合わせるなら

ば，教育行政・政策にただ運動論的に対応するのではなく，「あるべき学校の仕組みとしごと」として学校運営ならびに職員会議のあり方を実践的に探求すべきことを課題として自覚していたと考えられる。

こうして持田は，1962年の論文で「学校づくり」概念を採用し，これを「『教科づくり』『学級づくり』と『職場づくり』を統一したもの」と規定する（持田 1962：38頁）。学校づくりにおいて，「職場の民主化」「職場づくり」はそのひとつの構成要素ないしは局面として位置づけられはするものの，そのことによってのみあるべき学校運営が実現するとは考えられてはいなかったのである。この時期，教育実践において先行的に「学校づくり」概念の生成がみられるが，その実践的内容の幅の広さをふまえるならば，持田はこれらの実践をかなり正しく理論化していたと評価してよいだろう[5]。

この点に特に留意が必要な理由は，後にみるように，文部行政においてはこの時期より「学校経営の秩序回復」が主要な課題として認識されるようになるが[6]，職員組合の「主導」する「職場会議」によって学校運営を「引き回す」ような教育実践はむしろ少数であったにもかかわらず，これと「職員会議の民主化」論をあたかも同一であるようにしてとらえ，あるいはこれを審議機関説と諮問機関説の対立であるかのようないわば「虚構の図式」が形成されてきたからである。

(3) 職員会議の通説的解釈とそこにおける「教師という仕事」論

このように職員会議は，戦後改革期における法規定の空白のもと，これを教育実践的かつ教育運動的（あるいは教育条理的）につくりかえ，各学校・地域ごとの独自性を担保しながら，次第にその運用方法を定着させてきたということができる。それゆえ，その後の教育法学の通説的見解は，「法規上では職員会議の組織構造上の位置づけや性格の大綱規定にとどめ，その運営手続き過程は学校内部慣行にまかせるという考えがおよその方向性」（高野 1972〔1980〕：89頁）であると解してきた。こうした職員会議法制理解は，次のような「教師という仕事」論に裏打ちされていたこともあわせて確認しておきたい。

「学校経営における教育的意思決定の幅の広さと深さは，本来的に組織の長とされる校長ひとりによる意思決定を実質的には不可能とする。そこにおける教職活動の専門性は，どのような形をとるにせよ，スペシャリストたる教師の集合的・集団的な力量に依存せずには学校を動かしえないものとする

特質がある。なればこそ，学校経営の意思決定にあたっては，伝統的に他の企業体や組織体にはみられない職員会議なるものを相当早くから生み出したと思われる。そして，それ自体を学校慣行あるいは学校慣習法（自治的内部法）たる職員会議規程として，長い間自律的に定着させてきたものと思われる。…職員会議はやはり学校活動の本来性（専門性）にかかわって生成し，存続しつづけてきたものといわねばならないであろう」（高野 1972〔1980〕：77-78頁）

こうして高野は，「教師の集合的・集団的な力量」によってこそ学校教育活動がよりよく営まれるのであり，「他の企業体や組織体にみられない職員会議」の運営方法として，審議機関（あるいは最高意思決定機関）とみなすことが妥当であると主張したのである。同様の趣旨を兼子仁は，「学校が教育自治能力を持ち，校長の見解に十分な教育論その他のうらづけが有るならば，必ず校長をふくむ職員会議の審議・決定によって責任ある教育自治がなされていくはずなのであって，逆に校長の一存的決定と職務命令とによってしか運営できないような学校は，もはや教育機関としての実体をなくしてしまっているという他ない」と述べている（兼子 1978：455頁）。

また，「外的事項の条件整備は学校の教育自治に深くかかわるものであり，……，この領域においても職員会議が慣習法的になんらかの審議権を保有することがしかるべき」（兼子 1978：457頁）としている点は，今日の「教職員の働き方改革」との関係において示唆的である。教職員の「働き方の条件」もまた，職員会議における重要な審議事項と認識されていたからである。兼子の職員会議法制理解もまた，「教師としての仕事」を「教育労働の特殊性」あるいは「教育労働者の特殊性」ととらえるきわめて優れた分析と洞察に裏打ちされるものでもある（兼子 1969）[7]。

2　地方教育行政法の制定と職員会議法制の変容

(1)　学校運営秩序の整備と職員会議の「形骸化」

職員会議の運営規定を含む学校内部規程は，地方教育行政法の制定以前から各地で自発的に整備されていたものであったが，その本格的な「完成」は，学校管理規則制定後の1960年代に入ってからであった（高野 1976：947頁）。学校管理規則において職員会議に関する規則については，規則化された県もあれば教職員組合の反対等によって規則化がなされなかった県もあったとされる

（小島　1980）。

　職員会議への教職員組合の関わりを「不当な支配」とする政策的な動向もあり，職員会議の補助機関説もしくは諮問機関説が台頭するようになるが[8]，高野の「学校内部規程の研究」に示されたように，教職員集団の合議の場として職員会議を審議機関とみなし，学校運営上の重要な組織的位置づけをする学校や地域は決して少なくなかったとみられる。なぜならば，学校管理規則や学校内部規程において諮問機関としての性格を示していたとしても，内部的な運用によって実質の審議機関としての性格は維持しうるものであり，そのことはとりもなおさず学校の教育機関としての性格上，避けがたいからでもあったであろう。

　重要なことは，こうした職員会議運営に関する学校ごとの内部規程の作成およびその柔軟な内部的運用が広範囲に実体化していたことに加え，教職員組合と校長もしくは教職員組合と教育委員会との間で，学校単位あるいは地方行政区単位での「合意書」や「確認書」「協定書」といったものが取り交わされるようにもなっていたことである。そこには，教師の労働条件や勤務条件に関わるものがかなり含まれていた[9]。

　それゆえ文部政策は，「校長主導の学校経営」の確立にむけ，新たな職制の法制化を含めた学校組織改革に着手し続けることとなる。1971年の中央教育審議会答申では，「各学校が，校長の指導と責任のもとにいきいきとした教育活動を組織的に展開できるよう，校務を分担する必要な職制を定めて校内管理組織を確立すること」とし，これを受けて教頭職の法制化（1974年），主任職の省令化（1975年）がすすめられた。小島弘道はこの動きについて，「70年代に推進された校内運営秩序の整備は，学校に対する行政権限の拡大・強化をめざす地教行法体制の総決算」ととらえ，「職員会議は校長の諮問的，補助的機能の地位にあることを期待され，単なる上意下達機構の一組織としていちづけられ」たとし，この後，「職員会議の形骸化現象」が生じていることを厳しく批判した（小島　1980：154頁）。

　この段階で，すでに「形骸化」していたかどうかについては，必ずしも検証が可能ではないが，その後も職員会議のあり方を含め学校組織改革が主たる政策関心に置かれていたことは間違いがない。1986年の臨時教育審議会第2次答申では，「教育行財政改革の基本方向」として，「教育を行う側の国・公・私立の各学校…等の自主性，主体性，責任体制を重視し，教育における自由・自律，

自己責任の原則の確立を目指す」としたうえで、「学校の管理・運営の改善」として「一部の教職員団体に見られる違法な争議行為や学校運営に対する不当な介入が、学校の適正な運営を阻害するばかりでなく、父母や地域社会の学校に対する信頼を失わせるに至っており、このことについての関係者の自覚と反省を強く求めたい」とした[10]。

重要な点は、この時期より、それまでの「校長主導の学校経営」にとって代わり、学校の「自主性」「自律性」や「主体性」、あるいは「責任体制」もしくは「自己責任の原則」といった文言を通じ、学校運営や職員会議のあり方が問題とされるようになってきたことにある。ここには、次にみるように、新自由主義改革の起点において、「学校の自律性」を唱道し、そのための学校経営マネジメント改革を重視しつつ、マネジメント体制の構築にあたっては校長を中心とするガバナンス体制が想定され、以上を通じて一方的な財政的自律を促すという「新自由主義的学校経営改革」構想が、部分的にではあれ示されていたとみられるのである。

⑵ 新自由主義教育改革手法と学校経営からの教職員の排除性

ここで考察しておかなければならないのは、財政削減を主たる目的とする新自由主義教育改革において、なぜ学校組織改革あるいは学校経営改革が必要となるのかについての論理的なメカニズムについてである。この改革過程について、新自由主義改革を先導する理論スキームであった PA 理論ならびに NPM 理論に関する批判的な研究に導かれながら、かつて筆者は次のように論じたことがある（石井 2006）。

すなわち新自由主義改革は、本質的に「企画部門（＝主人・プリンシパル）」と「実施部門（代理人・エージェント）」とを分離し、財政負担者である「企画部門」は、「実施部門」のアウトプットをコントロールする。そのために市場メカニズムの導入とマネジメント体制の確立、そして数値で評価するための成果指標の開発が課題とされるようになる。「実施部門」には限られた範囲での自律的な裁量権が与えられるものの、示された成果指標が達成できない行政サービス部門は、縮小もしくは廃止される。

これを学校経営改革になぞらえてとらえれば、学校の教職員は「企画（学校経営）」から切り離された単なる「実施（授業）者」として位置づけられることになる。教職員は、「企画・立案」といった経営事項の主要な部分にはほと

んど関与することは求められず，校長等管理職にマネジメントに関わる権限が
わずかに限定的に付与されることになるではあろうが，国もしくは自治体が設
定する成果指標から自由になるわけではない。

　もちろん80年代の臨教審の段階で，90年代以降にわが国の行政改革に本格的
に位置づけられたとされるPA理論やNPM理論にみられる「学校経営」と
「授業」の分断という本質的な政策意思が，その当初から位置づいていたとま
で考えることは妥当ではないであろう。おそらくは，わが国における管理統制
的性格を有する職員会議をめぐる政策的課題が新自由主義的改革手法と接合・
合流し，「学校の自律性」という新しい政策理念としての装いを纏（まと）うようにな
った，と考えてよいであろう。

3　職員会議の省令法制化と教職員の多忙化の　　メカニズム

(1)　「学校の自律性改革」と職員会議の諮問機関としての省令法制化

　1998年9月に出された中央教育審議会答申「今後の地方教育行政の在り方に
ついて」は，まさに「学校の自主性・自律性」を掲げながら，学校の権限拡大
ならびに学校運営における校長のリーダーシップを発揮しやすくなるような仕
組みを整えるために，学校・校長の経営責任を重視することとし，「特色ある
学校づくり」を提言した[11]。これを受けて，2000年1月には学校教育法施行
規則の改正により，職員会議は戦後初めて法制化され，「職員会議は，校長が
主宰する」こととされ，「校長の職務の円滑な執行に資する」ことを目的とす
る補助機関とされた。大野裕己は，職員会議法制ならびに学校評議員制度およ
び新しい主幹制度の導入等の政策検討のうえ，「これらの法制が各学校での
『特色ある教育活動』の展開という教育価値的なスローガンと表裏一体」に展
開してきているとし，「従来の学校経営の『法の空白領域』（慣習法上の自律的
経営の領域）への国家及び地方政府の法的介入」ととらえ，これを「新しい学
校管理」の法思想であるとしてその特質を指摘している（大野　2004：42頁）。

　中教審答申前（すなわち省令改正前）の1998年7月，東京都では，学校管理
規則の一部を改正し，職員会議の補助機関化を推しすすめていた。その背景に
は，東京都において，「組織的な学校運営」「開かれた学校づくり」「マネジメ
ント・システムの導入」「校長裁量権限の拡大」を名目とした都立高校改革が
すすめられていたことにある（乾　2004：17-18頁）[12]。同年10月には，教育長

通達によって「管理運営規程（標準規程）」を示し，各学校の内部規程をこれに沿って「制定」することを求めている（林 2000：93頁）

　広島県では，1998年12月には，県教育長通知「学校運営の適正化について」が出され，職員会議の「適正な運営」とともに，「学校運営に係る確認書等について」として，「違法，無法な確認書等を締結してはならない」「法令等に違反する内容の確認等を行っている場合は，破棄するなど速やかに是正すること」としたことに続き，1999年3月には県教委が職員会議の補助機関化を決定（同年4月1日施行），同年3月31日付の教育長通知では，市町村教育委員会等に対しても市町村の学校管理規程を改訂するよう求めている（林 2000：95-96頁）。

　この時期，埼玉県立所沢高校や京都府立桂高校でも，職員会議の多数と異なる決定を校長が行うことにより，学校紛争化する事例も生じている。

　省令改正後，各地で学校管理規則の改正がすすめられるなか，北海道教育委員会は2000年10月道立学校管理規則の改正によって，それまで「校長は職員の会議を開き，所属意見を求め，適正な学校の運営に努めなければならない」としていたこれまでの内容を，「校長はその職務の円滑な執行に資するため，職員会議を置く」「職員会議は校長が主宰する」と改めたのに続き，同年11月には道教委と北教組との間で1971年に結んでいた「協定書（四六協定）」について「破棄の措置を講ずる」ことを道議会本会議で答弁した。

　2001年1月4日には，北海道内教職員の組合活動や出張手続きについてなど，道内の教職員に対する勤務実態調査を行う「北海道の教育に関する実態調査の実施について（依頼）」が，各市町村教育委員会および地方教育事務所に出されている。その後も北海道教育委員会は，「教職員の服務規律等の実態に関する調査」を断続的に行い，そのなかでは，「学校運営等の実態に関する調査」として，職員会議の運営が「法令に基づき校長の補助機関として位置づけられ，校長が主宰している」かどうか，すべての学校に対し調査している。

　大阪府でも，2014年4月25日に「職員会議」「校内人事」のあり方について学校管理規則の改訂を行い，これをもとに「内規の内容を精査し，改訂の必要がある場合には然るべき改訂を行うこと」を指示し（教育長通達「内規の確認作業について」），8月末までに全校長に対し，確認作業を終え，自署した「確認書」を府教委に提出するよう求めている。2014年6月27日には，文部科学省は，初等中等教育局長名による「校内人事の決定及び職員会議に係る学校内の

規程等の状況について」を通知している。「（学校教育法施行規則等の）趣旨に反する規程や慣行が学校に存在するかどうか点検・調査」するためであるとされている。大野の指摘した「新しい学校管理の法思想」は，かなりの程度で具体化・実行化がすすみ，かつ広範囲に浸透しつつあるものと言える。

⑵　働き方改革を通じた職員会議の空洞化政策
―「子どもと向き合う時間の確保」政策の批判的検討―

　以上のように，職員会議を空洞化・形骸化させる教育政策が，基本的に一貫して通底しながら，「働き方改革」への対応が迫られてきた。そこで持ちだされてきたのが「子どもと向き合う時間の確保」という政策スローガンであった。この点につき，広瀬（2013）の興味深い分析がある。

　広瀬は，「子どもと向き合う時間の確保」という視点が，政策文書で初めて登場するのが2007年3月に発表された中教審答申「今後の教員給与の在り方について」であることを確認しつつ，同時期にすすめられていた学習指導要領の改訂に向けた審議経過では，中間段階の「教育課程部会審議経過報告」（2006年2月）にこの視点がみられないものの，最終答申である「幼稚園，小学校，中学校，高等学校及び特別支援学校の学習指導要領等の改善について」（2008年1月）に位置づけられるようになったことを明らかにし，すなわちここには，2006年7月から12月にかけて実施された教員勤務実態調査の結果をふまえた，政策的対応がみられると指摘するのである（広瀬 2013：42-43頁）。

　以後，文部科学省は，「多忙化解消」政策を打ち出し，その都度，「学校マネジメント機能の強化」や「会議・打ち合わせの見直し」「校務分掌の整理」等を位置づけるようになる。「子どもと向き合う時間」を確保するとのスローガンは，「子どもと向き合わない時間」である職員会議等の時間を節減し，教職員の学校教育活動をより授業等の直接的な教育活動に振り向けようとするものであり，逆に言えば，学校経営からの教職員の排除を意味するものともなりうるのである。

　こうして，「子どもと向き合う時間の確保」という政策理念は，「教職員の働き方改革」の一環として採用されながら，これまでみてきた職員会議を形骸化・空洞化させる「学校の自律性改革」とも適合的なものとして打ち出されたものであったとみなすことができるであろう。

おわりに――「教師としての仕事」の特殊性の解明と教育経営学研究の課題――

　みてきたように，「職員会議」のあり方をめぐっては，法解釈をめぐる議論がある意味で「政治的イシュー」として取り扱われながらも，「法の欠缺（空白）」であったがゆえにその実態上は，学校ごとの内部規程の独自的な形成を可能とし，また，教育活動に適合的な運用方法の模索がすすめられてきた。それゆえ学校づくり実践において職員会議のあり方は，重要な研究課題として位置づけられるものでもあった。

　学校づくり実践の到達点を集約した伊ケ崎暁生・辻本昭編『学校づくり実践ノート』（労働旬報社，1977）には，「職員会議を学校運営の根幹に位置づけ，教育活動をふくめた学校運営全体についての教職員の民主的協議の場」であるとし，一方，「学校長のもっている権限を一切認めようとしないとか，職員会議の決定をすべてに優先させるとか，どんなことでも多数決できめるといった硬直した機械論にとらわれるとすれば，それは誤り」であるとしている（伊ケ崎・辻本編 1977：140頁）。こうした職員会議の位置づけについては，「教師としての仕事」に関する特殊性の究明が，その法理としての道を開いてきたことも確かであろう。

　しかしながら，「新しい学校管理」のもと，「法の空白」に対する行政的介入がなされるようになるなか，次第に職員会議はその多様性を喪失しつつある。90年代後半，都道府県間の条例制定状況と教職員の勤務実態を調査した木岡は，「『多忙さ』（超過勤務）という共通問題のもと」では，地域や学校ごとの「差異や独自性・多様性は無意味化されてしまっているといわねばならない」（木岡 1999：99頁）と指摘している。

　果たして，多忙化によって学校管理規則や学校内部規程等に示された「独自性・多様性」が無意味化するのか，「独自性・多様性」が無意味化されることによって多忙化が促進されるのか，今後も検討される必要があるであろう。しかしながら，その後の職員会議の省令法制化にともなって，教職員の多忙化が一挙的に厳しさを増し，部活動問題に代表されるように，学校が自律的にこの問題の解決に向けた具体的な「改革」に取り組めない事態をわれわれはどうとらえるべきであろうか。

　新自由主義教育改革が，「教師としての仕事」の特殊性を解体し，また解体

させつつある今日，これをいかに構造的なものとしてとらえるのか，これを学校経営法制ならびに職員会議法制の変容に即してリアルにまたアクチュアルにとらえることが，教育経営学研究の重要な課題のひとつであることは間違いない。こうした課題は，新自由主義教育改革が感情労働としての特殊性を有する「教育労働」の質を転化させ，専門職としての自律性を次第に奪いつつあるとの油布佐和子の問題提起（油布 2010），「スタンダードを基礎とした教育改革」によって，教師の自律性を侵食し，創造性を制約し，そして専門職としての判断力を抑制する「過剰な目標管理」が押し付けられ，教師も学校も創造的な教育活動・教育実践を展開することが困難になるメカニズムを明らかにしたハーグリーブスの研究とも接続するであろう（ハーグリーブス 2015：144-146頁）。

[注]

(1) なお，これらは単に「教職員の自治」を理念的・観念的に提唱したにとどまらず，「教職員，父母，児童生徒による自治」を展望するものであり，「学校委員会が教育委員会と区別され，固有の教育実践に関わる教育組織として構想された」などの点で特徴がある（井深1976：276-277頁）。

(2) 西本（1981：68-69頁）が詳しい。このような教職員協議会の役割の拡大・転化に対し，文部省は1948年通達で「本来の目的からの逸脱」として歯止めをかけようとしていた。

(3) その詳細な検討については，高野（1976：805-823頁）が詳しい。

(4) 本来はここで，この歴史的段階における学習指導要領の法的性質の変容（教育課程法制の変容）をふまえた職員会議に関わる政策的位置づけについての検討がなされ，さらには教育課程概念そのものの変質についての分析（すなわち管理経営的意味合いが教育課程概念から剥落してしまったという問題）がなされなくてはならないが，本稿の課題を大きく超えるため，割愛せざるを得ない。この問題意識については，植田（2009），植田・首藤（2019），石井（2018）を参照されたい。

(5) 師井恒夫・斉藤喜博ら「学校づくり」をスローガンに掲げた実践内容に即して学校づくり概念の探求をすすめている富樫千紘の一連の研究が参考になる（富樫 2017, ほか）。その他石井（2005）を参照のこと。

(6) 例えば，『学校運営研究』（明治図書）の1964年2月号では，「学校運営の秩序をいかに回復するか」と題する特集が組まれている。

(7) 「行政当局が教員数や施設等他の教育条件を整備していないわが国の現状においては，子どもに直接の責任を負っているという教育労働の特殊性が教員をして無理に最低労働基準を割らせやすいという事実にかんがみて，教員に対する労働基準法の適用

には，むしろとりわけ保障的配慮がなされてしかるべきなのである」（兼子 1969：35頁）との指摘は，今日引き起こされている教職員の多忙化問題の本質を，ほぼ50年も前に最も的確に指摘していたものと言いうるであろう。また，同論文において，兼子は，「教師としての仕事」の特殊性のゆえに「教員組合の本質的特殊性」をとらえ，「教員組合の学校経営参加」の必然性を指摘していることにも注目しておきたい。

⑻　安達（1961：53頁），佐野編（1963：121頁），今村（1964：317-327頁）等。

⑼　中央レベルでも，人材確保法をめぐって日教組と文部省の間で「覚え書」が交わされたりもしている。

⑽　本答申については，「各学校に責任体制と校長の指導力の確立を図るとする答申の趣旨は理解できるにせよ，職員団体の経営参加を全て‘学校運営に対する不当な介入’とみなし得るかどうかに関しては，なお論議の余地があろう」（下村 1988：52頁）との批判的な見解が示されている。

⑾　「特色ある学校づくり」という政策スローガンの新自由主義的性格ならびに教職員の多忙化を引き起こすメカニズムについての考察は，石井（2020刊行予定）を参照のこと。

⑿　その少し後の2006年4月には，東京都教育委員会は，「職員会議において教職員の意向を聞く挙手・採決の禁止」を通知している。元都立三鷹高校校長である土肥信雄による状況報告が当事者として実態を的確にとらえている（土肥 2006）。

［引用文献一覧］

・アンディ・ハーグリーブス（著）木村優・篠原岳司・秋田喜代美（監訳）『知識社会の学校と教師―不安定な時代における教育』金子書房，2015年。

・安達健二『校長の職務と責任』第一公報，1961年。

・石井拓児「戦後日本における学校づくり概念に関する歴史的考察」『名古屋大学大学院教育発達科学研究科紀要（教育科学）』51巻2号，2005年。

・石井拓児「『現代日本社会と教育経営改革』に関する研究動向レビュー」『日本教育経営学会紀要』第48号，2006年，246-259頁。

・石井拓児「学習指導要領の性格をめぐる歴史的考察と教育法研究の課題」『日本教育法学会年報』47巻，2018年，114-123頁。

・石井拓児「新自由主義教育改革下の教育政策と学校教職員の多忙化問題」日本教育行政学会課題研究推進委員会編『教職員の多忙化問題と教育行政（仮）』福村出版，2020年刊行予定。

・乾彰夫「東京都の教育改革」『教育学研究』第71巻1号，2004年，16-27頁。

・今村武俊『教育行政の基礎知識と法律問題』第一法規，1964年。

・井深雄二「教育の人民統制」『名古屋大学教育学部紀要（教育科学）』1976年。

・植田健男「教育課程経営論の到達点と教育経営学の研究課題」『日本教育経営学会紀要』第51号，2009年，34-44頁。

・植田健男・首藤隆介「今次学習指導要領改訂の教育課程経営論的検討」『日本教育経営学会紀要』第61号，2019年。
・大野裕己「校長と法」篠原清昭・原田信之編著『学校のための法学』ミネルヴァ書房，2004年。
・小島弘道「職員会議の性格と機能」日本教育法学会編『講座教育法第5巻　学校の自治』総合労働研究所，1980年。
・兼子仁『教育法〔新版〕』有斐閣，1978年。
・木岡一明「教職員の勤務実態とその問題点—事例調査の分析を通して—」『日本教育経営学会紀要』第41号，1999年，99-100頁。
・北神正行「学校づくりと学校経営」『日本教育経営学会紀要』第38号，1996年，47-57頁。
・佐野政雄編『学校管理の基本問題』東洋館出版，1963年。
・下村哲夫「学校経営と職員団体」『日本教育経営学研究』第26号，1988年。
・新村洋史「戦後教育改革と学校委員会構想—教育自治論への歴史的覚書—」『東京大学教育学部紀要』第19号，1979年。
・高野桂一『学校経営の科学』明治図書，1980年。
・高野桂一『学校経営の科学化を志向する学校内部規程の研究』明治図書，1977年。
・富樫千紘「戦後日本における学校づくり実践の誕生」『教育』2017年9月号。
・土肥信雄「校長の権限と教育行政—東京都立高校の実態を通して」『日本教育政策学会年報』18巻，2011年，110-116頁。
・西本肇「戦後教育改革期における文部省の学校組織論の検討」『北海道大学教育学部紀要』39，1981年，39-83頁。
・林量淑「教育立法・行政の動向と生徒参加・学校自治」『日本教育法学会年報』第29号，2000年。
・広瀬隆雄「教育改革と教員の多忙化問題」『桜美林論考（心理・教育学研究）』4巻，2013年，41-59頁。
・文部省『小学校経営の手引き』師範学校教科書，1949年。
・文部省学校教育局『新制中学校・新制高等学校望ましい運営の指針』教育問題調査所，1950年。
・持田栄一「学校運営」日本教職員組合『日本の教育』国土社，1958年。
・持田栄一『教育管理』国土社，1961年。
・持田栄一「現代『学校づくり』論の課題と方法—現代における近代公教育再編成の視点とプログラム—」五十嵐顕・国分一太郎・城丸章夫編『現代の教育1（社会進歩と教育）』新評論，1962年。
・油布佐和子「教職の病理現象にどう向き合うか—教育労働論の構築に向けて—」『教育社会学研究』86巻，2010年，23-38頁。

学校経営論と「教職の専門性」論のもつれをほぐす
―「同僚性」論から「チーム教育」論へ―

京都教育大学　榊原禎宏

1　問題―「教職の専門性」論はなぜ終わらないか

　本稿の問いは次の通りである。学校経営にとって人的，物的，財的その他条件の中で，教職員とくに教員のあり方は優れて重要という観点から，「教職の専門性」は教員と学校組織を語るキーワードとして今なお議論されている[1]。ところが，それはどのようなものか，またいかに養成，開発，担保できるかという議論がなぜいつまでも繰り返され，結審しないのか。

　教職の脱専門職化や再専門職化が指摘される[2]一方，政策動向としては，教職実践演習の設置，教職大学院の創設，教員免許更新制の導入，さらに教職生活全般にわたる研修機会の制度化が進められており，教職の専門職性は高まっている。ところが，教育学分野での教職の内実に関する議論は収束しないばかりか，資質や訓練のあり方を問うことなく「反省的実践家」像が喧伝され，論者の数ほど「省察」の定義が存在する言説状況[3]に陥っているのはなぜか。

　この問いに対して，以下のように仮説を立てよう。教員の仕事は学校の存在があって初めて可能にもかかわらず，教育学の議論において，また「現場の教師」の声は，学校という場での仕事の特徴を等閑視してきたのではないか。つまり，教員は学校職員として説明されるはずだが，「教師」[4]や「教育実践者」と，学校に限らない表現を重ねてきたために，学校の課業がいかに遂行されるかを十分に踏まえずに「専門性」議論が続けられてきたのではないか。

　これを二分すれば，次のようになる。その一つは，実態論に対して規範論が著しく優位してきたために，論理的均整のとれた議論が乏しい，つまり，教職として扱う学校での業務のありようを，現存の学校制度と組織および実際に即

して議論するのではなく，教師はかくあるべきという主張の「言いたい放題」だったのではないだろうか。

　ここが教科教育学のフォーラムならば，教科の内容と方法をおおよそ前提に，それを担う教員の専門性の議論を進められるが，学校経営学を含む教育学分野では，それは事実上不可能である。教育内容に即した議論が困難な分野の教職論は，規範論に傾きやすいことに強く自覚的でなければならない。ところが，①子どもの発達段階とその集合的関係に対応した学校教育実践のレベル，②各校で求められる学校経営のレベル，③学校を管理・支援する学校行政のレベルに分けた，教員の仕事についての丁寧な議論を行わず，時代の思潮，また個人の信条に左右された規範や信念を吐露するに留まってきたのではないか。

　もう一つは，学校での業務の性格を踏まえた，教員の仕事に関する実態論を構成しえていないからではないだろうか。学校での活動は，まず学校行政のレベルにおいて，学校関係法規や指導行政，学習指導要領や教科書，授業時数や単元等により強く規定される。また，学校経営のレベルでは，目標達成のための技術化志向，つまり PDCA サイクルや学校管理職のリーダーシップの強調も見られる。くわえて，各地での「教育スタンダード」の導入は，学校教育実践のレベルにおいて教員の仕事を方向づけるだろう。

　ただし，教員が再現的，つまり計画どおりに業務を遂行できる余地は教科指導を含めても限られる。なぜなら，小学校では6分の1，中学校と高校では3分の1の児童・生徒が毎年入れ替わり，教職員も年度を挟んで数分の一が転入出する環境では，「去年の経験が今年は使えない」のは当然でもあるからだ。

　かくして，学校の最前線では児童・生徒と教職員間の協力と協調，葛藤と衝突，交渉と妥協等，偶然を含む集団力学を通じて，事態が生成する。とりわけ教科の内容と指導方法に焦点を当てない教育学分野では，異なる職種との差異を強調する個人の職能[5]ではなく，同職種の複数スタッフの関係を包括した教員の職能とその専門性が十分に考察されてこなかったのではないだろうか。

　以下，この仮説の妥当性を論証することを通じて，学校経営にとっての「教職の専門性」論の今後の方向を示したい。

2　規範・信念優位に翻弄される専門性論

　人文・社会系分野の議論では，観察と測定にもとづく自然科学分野と異なって，いきおい「かくあるべき」と規範論を避けがたい。とはいえ，客観的な事

実や主観を含めた実態認識とかけ離れた立論では，生産的でない。ところが，基本的に教科に触れない教育学においては，これまで規範や信念が暴走しがちで，冷静な議論を停滞させてきた。それは，学校という制度への「ただ乗り」とその業務の「陣取り」と形容できる。

　このことをまず歴史的に見よう。行政により設置される教育機関である学校を，教育委員会ほか行政機関と対峙させる構図を描き，学校側の「取り分」を増やそうとしてきたのは，教員の教育権の独立性を訴える立場であった。これは，内面の自由に深く関わる「関心・意欲・態度」や「行動の記録」を教育評価の対象にしてきた，日本的な学校[6]の文脈を伴っている。すなわち，認知面だけなら個人に対する評価が，秩序や規律と親和性の高いこれら情意面も評価に取り上げることにより，学校は集団主義を基盤にすることが当然視されてきた。

　それは，授業や学級において「みんな一緒に」や「共同体」が強調され，学習指導要領においても「望ましい集団活動」（特別活動）と記されていることに確かめられる。さらにこの発想は，児童・生徒に関してだけでなく，「教（職）員集団」が無前提に存在するかのように教員が語り，学校内外の対抗関係を想定させる意味を持ったのである。

　これらの上に，学校の業務を幅広く教員が占有的に担うべきと論じた思潮の代表格は，「教師の教育権」を支柱とする「国民の教育権」論[7]である。同論は，「親の付託を受け」た「真理の代理者」である教師が，教育内容の決定権の行使を是とする「私事の組織化」原則を唱える。そこでは，教職課程認定制度と大学での学修，国家資格である教員免許状の所持，教育委員会所掌の教員採用試験を経て学校に配置されて初めて教員が業務に就くという，公権力の担い手に関する制度を良しとしない。これらとは異なる「文化的ルート」を正統的と見なすもの[8]であった。また，この立論は教員が持ちうる権力性や暴力性についてあまりにもナイーブであり，教員と保護者との葛藤も想定していなかった[9]。そして，「子どもの発達」を軸に「学習権」を提唱し，これを「専門的教育権」[10]を持つ教師だからこそ保障できると主張した[11]のである。

　これらの諸論では，「教育自治」[12]とも述べて，教員の専門性が学校の業務全般に及ぶことを想定していた。またそこでは，個人の「教師の教育権」と職業として問われる「教員たちの教育権」の峻別は見られず，両者は予定調和的であった。この発想は，教職員組合の運動でもあった主任制度の導入や職員会

議の補助機関化への反対という，業務の細分化と階層化への批判と軌を一にする。そして，学校教育の可視化と合理化を志向(13)する官僚制論に対する批判に追われ，教職が持ちうる専門性を描く筋道を見出せないままに終わったのである。

　そして現在，「国家の教育権」に対抗する格好こそ取らないものの，自身の信念にもとづき，教員が占有的に教育活動を担ってよいという発想は，授業や学級経営の最前線でなお多く見出せる。「子どものために」児童・生徒の内面に教員が関与することを当然視し，かつ彼ら／彼女らの取るべき行動は自身の価値観に合わせるべきだと，大した根拠なく学校生活上の基準を立てるのである。

　たとえば，授業の始まりと終わり時の起立と挨拶，挙手と発言，席決めと席替え，生徒の呼称と教員の自称（「先生」），あるいは給食や掃除の際の振る舞いに関わる規律化，そして，「整理整頓」，「ペン回し」(14)，あるいは「笑い」に対する保守的な価値志向など，学校で日常的に生起する出来事がイメージできるだろう。これらの多くは，関係法規や学習指導要領等に定められておらず，授業や学校経営といった最前線における教員の裁量とされる。学校組織に関する事項にもかかわらず，学校教育目標や活動の重点といった項目からはこぼれ落ちやすいこうした場面に，教員（たち）の信念が，「なんとなく」滑り込むのだ。

　一例を挙げよう。あるクラスの児童は，授業中に発言する場合，座っている椅子を引き，立ち上がり，机の下に椅子をしまってから，話すように教員に求められた。これがいかなる学習効果を持つかは不明のまま，「ちゃんとした」振る舞いが大事という学級担任教員の「好み」からである。翌年度，このクラスを引き継いだ教員は，この一連の動作を不要と思い，止めるように児童に伝え続けたが，一学期間がんばっても様子は変わらず，諦めざるを得なかった。小中連携などと政策的には叫ばれるが，子どもの学びは一向に連続していない。

　以上のように，目指す学校像の実現のための学校経営という次元とは別のところで，「学級王国」的な出来事が生じており，その多くは教員の独擅場と化している。つまり，学級経営の累積が学年経営になるのではなく，また学年経営の累積が学校経営というわけでもない。その隙間ともいうべき箇所に，自身の価値観や信念が投影されうる。これは，職業としての教職が持ちうる自律性の担保とは異なる，人格や性格，あるいは価値志向に関わるものである。

なお，これは学級経営の場面にのみ当てはまるのではない。教科指導においても体育教員を対象とした研究[15]からは，教職経験の長い教員の中には，経験を消極的に受容する「閉鎖的信念型」が存在し，経験を積極的に受容する「開放的信念型」と対照的なことが見出されている。つまり，信念がドグマ化されると，変化する現実を受け入れることとは反対の方向，現実を誤ったものと見なして拒否する危険性が高まる。教員の「専門性」を描き出す上で，過度の規範や信念はかくも阻害要因になってきたのである。

3　状況依存と汎用的能力に覆われる専門性論

教員の業務は，多くは一人で担う個業的側面と，他者と分担する分業―協業的側面に分けられる。前者には授業や学級経営などが，後者には学校行事，校内研修，進路指導など学年・教科と学校全体に及ぶ事項が該当するだろう。

ただし，この区別は担当が一人か複数かで異なるものの，いずれも多分に状況依存的，つまり状況に適う対応を要するものでもあり，特殊限定的とは対極の，臨機応変で幅広い能力が求められる点で共通する。すなわち，個業的な業務においては，児童・生徒の状況に強く規定され，「正しい」実践は特殊解のみありうる。たとえば，授業に際して作成される学習指導案はいつまでも「案」のままに留まり，授業者の意図や計画あるいは働きかけだけで「いい授業」になるわけではないという事実は，授業が即興的な性格を帯びていることを意味する。そもそも，学級規模の違いや児童・生徒の個体差を踏まえれば，一つの学習指導案が有効なのはせいぜいある回の授業だけであり，およそ普遍性をもちえない。教員にはむしろ，「同じ授業をしない」能力が求められるほどである。

また，教員間の相互不干渉（見て見ぬふり）が生じるのは，同じ学校に勤務していても同様の状況認識ができるわけではないと当事者が了解しているからである。「あの先生には，あの先生なりのやり方がある」という言い方が，学校でもっともらしさを持つのは，その場に居合わせた者でなければ正確なことはわからない，その意味で臨床的だと理解されているからだ。このように，状況に対して柔軟に適合的に発揮される教員の職能は，「餅は餅屋」ではなく「よろず屋」とも言うべき汎用性を持っている。

あるいは，分業―協業的な業務では，その客観性，つまり透明性や数値化が求められる一方，活動の結果は集っている教員たちの人間関係と力量の組み合

わせとして発現されるのであり，その由来は個々の職能に分割，還元されえない(16)。かくも教員の仕事は，多分に関係論的なゆえに行為の起点と終点を定めることが難しい。次のようなエピソードはこれに当たるのではないだろうか。

　ある学校で「いじめ」事象が発生した。学校がその経緯を探ると，以前にも「いじめ」の発生していたことがわかった。ただしそれは，このたび被害を訴えた生徒が当時はむしろ加害者というケースである。このため，「児童等がいじめを受けていると思われるときは，適切かつ迅速にこれに対処する責務を有する」（いじめ防止推進対策法第8条）と，いじめられた側に傾注していた学校は，当該生徒の対応に課題を残していたのだ。その出来事は遡ること2年前である。さて，学校は今回の「いじめ」を事前に防止できただろうか。

　このように学校では「問題」を予め設定することが難しく，多くの事案は突発的あるいは断続的に生じる。これらを事前に教育計画に含めておくことは不可能である。つまり，業務のプロセスが明瞭で計画可能な業態と比べて学校は，複雑かつ非線形的に業務に臨まざるを得ない。

　よって，学校での狭義の教育領域に限っても，その仕事は各々の専門性に根ざす活動の累積というよりもむしろ，緩やかに結合した関係の総体として存立する。くわえて日本の場合，普通教育を担う学校では「人格の完成」がいっそう目指されるため，教育内容は実質陶冶よりも形式陶冶に近く位置づけられ，学力達成に関しても大らかである(17)。教員はじめ各人がこの達成に向けていかに貢献するかが可視化されたものとして，学校の業務は構成されていない。

　さらに，教員の専門的力量が，細分化された精緻な構成としてではなく，汎用的な能力こそ重要と見なされていることを如実に示すのが，明治以来，一世紀以上にわたって行われている学校間の転任人事である。

　「公教育水準の維持・向上」を旗印に連綿と続く教員の転任は，任用権者が所管する地域を対象に，同一校に3年以上勤務の場合は異動対象になるといったように，教職生涯の長さを鑑みれば高い頻度で行われている(18)。そこでは，市町村を跨ぎ，学校規模が異なるほか，何よりも学校の課題とその対処が様々な各校への転任を，教員は職務命令として余儀なくされている。もって教員の視野の拡大や多様な事態に対応できる職能成長が期待されている(19)のである。

　また転任人事では，教育経験のない学校種の校長や教頭になることが決して珍しくない。たとえば，兵庫県下の市町では，2019年度に小学校校長に採用された133名中，直前の職が教頭だった93名について学校種を見れば，小学校は

76名，それ以外は17名（中学校15名，特別支援学校 2 名）である。同様に，新任の小学校教頭113名中，直前職が教諭の80名について見れば，小学校出身は62名，それ以外は18名（中学校17名，特別支援学校 1 名）であった[20]。つまり事例の限り，少なくとも 2 割の学校管理職は，教諭や教頭での経験とは異なる学校種に赴任している。この事実は，教諭の経験がなくとも教頭に，教頭の経験がなくとも校長に就けると教育委員会が認識していることの現れだろう。

　ちなみに，ILO・ユネスコ「教員の地位に関する勧告」（1966年）のパラグラフ40には，「教員は，必要な資格を有することを条件として，教育職の範囲内でいずれかの種類又は段階の学校から他の種類又は段階の学校へ異動することができるものとする」とある。この基準に日本の実態が沿っていないことは明瞭だろう。かくも，日本の「教職の専門性」論は明確化の方向を取るのではなく，いわばマジックワードとして奔放に用いられてきたのである。

4　結論と課題

　以上から，次の結論と引き続く議論が導かれる。従来の「教職の専門性」論は，教員の仕事が学校という場にあることを踏まえない，二つの問題を抱えてきた。その一つは，政治的立場や個人的・集合的な信念を背景にした「べき論」つまり規範論への過度な偏りであり，もう一つは，学校の組織特性から個人ベースで専門性を設定することが難しいにもかかわらず，自律性の担保という文脈からこの方向での議論を続けてきたことである。

　つまり，「教師論」にもとづく語り，また限定的で個人内完結を想定した教職の専門性の議論は，生産的ではない。実際のところ，現在の「開放制」教員養成制度，とくに学校管理職に明らかな学校種を跨ぐ採用や転任，特別免許状制度や臨時免許状の発行を含む広範な教員の任用は，とりわけ普通教育を行う学校における教職を「開かれた」ものと捉えるべきことを示している。

　そして，既存の「専門職」議論に替わる視座は，「チーム学校」論[21]の評価にも連なる。というのは，学校の活動が授業や学級経営だけで成立しない以上，教員以外のスタッフや関係者の参加，協力，支援は当然のことであり，これまでも養護教諭，栄養教諭，学校事務職，給食職員，学校警備員，あるいは警察や児童相談所，さらにはボランティアに至るまで，多様な人々によって学校は支えられてきた。この点では「チーム学校」論に目新しさはない[22]。たとえば，多種多様な人々によって病院経営が支えられる「チーム病院」は，すでに

久しく事実であり，この前提の上に一人の患者を複数のスタッフでみる「チーム医療」が追求されている。

　つまり「チーム学校」論の限界は，一人の教員の裁量を「教育権」として温存[23]した上で学校がチームたるべきことを述べていること，つまり，教員間の相互不干渉や放任を導きかねない「同僚性」を支えに，教員が各々の占有的領域を墨守した上で，他の職との連携を説く[24]に留まっているという点である。

　ところが，教員が個業的な業務においても，学年・教科そして学校全体に及ぶ業務においても，少なからず状況適合的に遂行している事実を踏まえれば，議論可能な教員の専門性は，「チーム学校」ではなく，教育という仕事が輻輳的で各教員への業務の分割が困難なことを踏まえた「チーム教育」として見出すべきとなる。それは，とりあえずは他職種との協働ではなく，教育に直接携わる教員同士が自分たちの学校に通う児童・生徒を，どのように共に見ることができるかを課題とする。つまり，「一人の生徒を複数の教員で見ることがこれから普通になるのならば，新しい教職の専門性は，教師論ではなく教職員論として，つまり組織人としていっそう立論される」[25]。

　ともすれば規範や信念として前提にされかねない，「自分らしいクラスづくり」や「教えた者が評価するのが当たり前」といった，一人の教員の人格的かつ包括的な仕事のあり方を疑うこと，これによって初めて，教職論は組織論と整合しうる[26]。たとえば，学級担任と生徒の関係を固定化した上での学級―学年経営ではなく，5～7人の教員で学年全体の70人ほどの生徒を見るという学校経営の例は考考になる。そこでは，公表されたコンピテンスのマトリックスにもとづき，生徒の学力達成を教員たちがモニターして追求するのである[27]。あるいは日本の学校で，現在は圧倒的に兼務の司書教諭[28]が定数内配置されれば，同職種間の連携である「均質性協働」[29]に近づくことができるだろう。

　これからの学校で働く教員には，多面的な視野と平和的なコミュニケーションを支えるメタ認知，事態に対応しうる幅をもった閾値，短時間での意思決定といった業務特性[30]に適う能力が重要である。これらを駆使して，教育職員としての葛藤と衝突，交渉と創発のプロセスを伴う働き方を伴ってこそ，学校経営論は存在基盤を得る。一人の児童・生徒に対して複数の教員や教育職員が異なる視野から多面的に関わる「チーム教育」，つまり，複数の同職種間の認知と感情の起伏を，場に応じてマネジメントできるチームワークの能力が，「教職の専門性」として問われることになる。

[注]

(1)　たとえば，浜田博文「公教育の変貌に応えうる学校組織論の再構成へ―『教職の専門性』の揺らぎに注目して―」『日本教育経営学会紀要』第58号，2016年，36-47頁。

(2)　越智康詞・紅林伸幸「教師へのまなざし，教職への問い―教育社会学は変動期の教師をどう描いてきたのか―」『教育社会学研究』86巻，2010年，113-136頁。丸山和昭「再専門職化の時代における教員養成の方向性」『日本教育行政学会年報』43巻，2017年，44-62頁。

(3)　榊原禎宏・嵯峨根早紀「教員の職能開発にとってのリフレクション論の意味―1990年以降の小学校教員を対象にした文献の分析を通じて―」『京都教育大学紀要』第133号，2018年，131-147頁。

(4)　たとえば，教師という文言は，教育基本法，学校教育法，教育職員免許法，地方教育行政法，教育公務員特例法，義務教育費国庫負担法のいずれにも見られない。

(5)　文部科学省「『スーパーティーチャー制度』の導入状況について」（2006年10月）によれば当時，10県・1政令指定都市で認定された教員は，小学校46名，中学校41名，高校77名，養護学校10名である。公立の学校種ごとの教員数を母数にすれば，高校での認定割合が最も高く小学校が最も低い。個人で遂行の余地の大きい教科に即して「スーパーティーチャー」が措定された結果だろう。

(6)　細尾萌子『フランスでは学力をどう評価してきたか―教養とコンピテンシーのあいだ』ミネルヴァ書房，2017年，218-219頁。

(7)　今世紀初頭の総括的論文の一つに，篠原清昭「『国民の教育権』論の総括―教育法学のアーカイブズ―」『日本教育経営学会紀要』第44号，2002年，144-150頁。

(8)　堀尾輝久『人権としての教育』岩波書店，1991年，145頁。

(9)　これに対する批判として，今橋盛勝『教育法と法社会学』三省堂，1983年。

(10)　ちなみに，普遍性を有する国際的文書として引用される，ILO・ユネスコの「教員の地位に関する勧告」（1966年10月5日，教員の地位に関する特別政府間会議採択）では，「6　教職は専門職と認められるものとする」と述べる一方，パラグラフ25に「教職専門科目の教員は，学校で実際に教えた経験を有するものとし，この経験は，可能な場合にはいつでも，学校で授業を行なうことによって定期的に更新されるものとする」（いずれも仮訳による）と，教員養成機関の教員のあり方が示されている。教職を議論する教育学関係者の多くが教職専門科目を担当するが，自身はこれに適っているだろうか。またこれに適っていないからと，批判的な議論がなされてきただろうか。かくも，日本における教職像とその専門性に関する議論は，少なくとも教育学分野では整合性を欠く。それは，自身の規範論を支えるためのバランスを欠いた「いいところ取り」に留まってきたのである。

(11)　兼子仁『教育法［新版］』有斐閣，1978年，301-302頁。

⑿　鈴木英一・近藤正春・川口彰義編『教育と教育行政─教育自治の創造をめざして』勁草書房，1992年。

⒀　伊藤和衛『学校経営の近代化入門─経営合理化の理論と実際』明治図書，1963年。

⒁　榊原禎宏・池本淳子・出来正晃・西村府子・守山雅史・森脇正博「授業中の『ペン回し』がもたらすもの─非言語コミュニケーションに見られる教室の非制度─」『教育実践研究紀要』第11号，2011年，197-207頁。

⒂　朝倉雅史・清水紀宏「体育教師の信念が経験と成長に及ぼす影響─『教師イメージ』と『仕事の信念』の構造と機能」『体育学研究』59巻1号，2014年，29-51頁。

⒃　相性（chemistry）の良し悪しとも言われる，勤務校によって教員の活躍ぶりや元気さが少なからず変わることは，経験則として言いうるだろう。

⒄　このことは，学校教育法施行規則第57条の規定にもかかわらず，ほとんど機械的に修了または卒業が認定されているという現況から指摘できる。この点で，たとえばフランスの中等教育段階では，生徒の成績判定や進路判定に関わる権限を持つ「学級委員会」に生徒代表と父母代表が参加するなど，学力達成に関する基準化や透明化が明瞭である（大津尚志「フランスにおける生徒・父母参加の制度と実態─市民性教育にも焦点をあてて─」『武庫川女子大学大学院　教育学研究論集』第7号，2012年，21-26頁）。

⒅　榊原禎宏・松村千鶴・浅田昇平「教員の学校配置と学校間転任に関する事例研究─その多様性，学校政策の影響」『京都教育大学紀要』第136号，2020年，109-125頁。なお，同データでは，市町村や教育事務所の間だけでなく，学校種を跨いだ教諭の転任も確認できる。

⒆　榊原禎宏「教員の労働環境としての学校」『日本教育行政学会年報』38巻，2012年，42頁。

⒇　兵庫県教育委員会「平成31年度　市町立学校管理職異動名簿」2019年。

㉑　紅林伸幸「協働の同僚性としての《チーム》─学校臨床社会学から」（『教育学研究』74巻2号，2007年，174-188頁）に，「同僚性からチームへ」（186頁）の小見出しがあるが，これは中教審答申「チームとしての学校の在り方と今後の改善方策について」（2015年）を先取りした「チーム学校」論である。これに対して本稿は，教員の「同僚性」を温存したままで他職種との連携を求める「チーム学校」ではなく，同種職である教員間の葛藤，交渉，調整を前提とした「チーム教育」の意義を述べるものである。

㉒　上記の中教審答申での「チームとしての学校像」において，「教員は教育指導により専念」と記されている。

㉓　教育センター等の集合研修でたずねる筆者の経験の限り，授業や学級担任の業務を「校務分掌」に含まれないものと理解している教員は，決して少なくない。

⑳ 荊木らは，他職種間の連携を「専門性協働」(special collaboration)，同職種間の連携を「均質性協働」(homogeneity cooperation) と区別し，後者について「ほぼ同じ背景を持つために，綿密なやりとりがなくとも，ある程度の協働が可能」(34頁) と説明する。職種による連携の違いを定義した点で注目すべきだが，同職種である教員間の連携については「可能」と述べるに留まっている。荊木まき子・淵上克義「学校組織内の児童・生徒支援体制における協働に関する研究動向」『岡山大学大学院教育学研究科研究集録』第151号，2012年，33-42頁。

⑳ 榊原禎宏「教職の専門性の今後の在り方」『学校経営研究』41巻，2016年，32頁。

⑳ 紅林らはその一つの可能性を「校内研究における教師の『協働』」(124頁) に見出そうとする（紅林伸幸・下村秀夫・中川謙二・山本信治「学校を拓く教師たち，議論する教師たち―教師の『協働』をめぐる3つのエスノグラフィーから―」『滋賀大学教育学部紀要　教育科学』第53号，2003年，119-138頁）が，今日もなお「授業研究」に代表される校内研究に，消極的さらには忌避的な教員の状況は続いているのではないだろうか。たとえば，大分県教育センター研修カリキュラム開発会議編『一層やりがいのある校内研修の手引書』2014年を参照。

⑳ ドイツの中等学校にその例を見出せる（榊原禎宏「教える立場をひらく―教授者から学習随伴者へ―南西ドイツにおける社会的な学校（Gemeinschaftsschule）の挑戦―」教育をひらく研究会編『公教育の問いをひらく』デザインエッグ，2018年，49-67頁）。

⑳ 松本は，「学校図書館法の司書教諭は『充て職』であり，『充て職』で足りるとした職務であるということである」(4頁) と述べる。松本美智子「司書教諭の活動時間の確保と学校司書の配置が学校図書館利活用に与える効果」『Library and Information Science』no.77，2017年，1-26頁。

⑳ 安藤は，「司書教諭と教員免許・司書資格の両方を有する学校司書が併置された場合，『均質性協働』という解釈も可能」(102頁) と，学校図書館職員における「チーム」の展望を述べている。安藤友張「チーム学校と学校図書館」『実践女子短期大学部紀要』第39号，2018年，97-109頁。

㉚ 榊原禎宏「意思決定とリーダーシップ」高見茂・服部憲児編著『教育経営』協同出版，2017年，153-164頁。

教員の業務負担に関する実証的研究の課題と展望
—教職員のワーク・ライフ・バランスに関する原理的・制度的・実証的研究にむけて—

明星大学　神 林 寿 幸

1　課題設定—教育経営研究は教員の業務負担に今後どうアプローチできるか？

　2019年12月に「公立の義務教育諸学校等の教育職員の給与等に関する特別措置法」（給特法）が改正された。これによって，原則1か月あたりの超過勤務を最大45時間とする文部科学大臣指針が今後策定されることになり，また夏期休業期間等に休日のまとめ取りを可能にする一年単位の変形労働時間制を地方自治体の判断で導入ができるようになった[(1)]。同法の改正は，2017年7月に始まった中央教育審議会「学校における働き方改革特別部会」での審議とこれを受けた2019年1月の中央教育審議会「新しい時代の教育に向けた持続可能な学校指導・運営体制の構築のための学校における働き方改革に関する総合的な方策について」答申を踏まえたもので，「学校の働き方改革」に関する一定の政策的帰結が示されたことになる。

　ところで歴史を紐解くと，「学校の働き方改革」や教員の長時間労働対策は最近始まったわけではない。教員の長時間労働はこれまでも何度か政策課題となり，教員の長時間労働対策が講じられてきた。例えば戦後の学校事務職員制度成立も戦前の教員の事務負担軽減を目的としたものであった（清原 1997）。さらに公立学校教員への勤務時間制度導入もあげられる。これは戦前の無定量勤務義務を負う公立学校教職員の在り方を転換するもので（学校管理運営法令研究会編著2018：127頁），法的に教員業務を「定量化」（井上 1979：152頁）する意味で教員の長時間労働対策として考えられる。そして1971年の給特法成立は「教育労働の特殊性」を踏まえた公立学校教員の待遇を制度化したもの

で[2]，教員の長時間労働対策の一つといえる。

　教員の業務負担研究，特に教員の労働時間研究は以上の政策動向にあわせて展開されてきた。直近では2006年に文部科学省が行った「第1回教員勤務実態調査」の実施以降に関連論文数が増加し，中央教育審議会における「学校の働き方改革」論議の進展とともに急増している（神林 2020）。従前の教員の業務負担研究は精神的ストレスに着目するものがほとんどで，労働時間などの量的労働負荷に関する検討がほとんど行われてこなかった（杉澤・中島・吉川・杉澤1996：168頁）。ただ「第1回教員勤務実態調査」以降には教員の労働時間への関心が高まり，教員の労働時間に関する量的分析（小入羽 2011，青木・神林 2013，神林 2017等），質的分析（落合 2009，新谷 2012等），さらに OECD「国際教員指導環境調査」（TALIS）を用いた国際比較（森田・山本 2016，神林 2017）も行われてきた。

　これらの研究成果から日本の教員の労働時間や働き方の特徴，そして教員の長時間労働や心理的負担をもたらす客観的要因が明らかになってきた。こうした中で，教育経営研究は教員の業務負担に今後どうアプローチできるであろうか。本稿ではこの点について大きく2つ言及したい。

2　今後の課題(1)—主観的幸福感と健康との両立可能な教員の労働・生活の探究

　まず今後，教育経営研究が取り組むことができる課題として，主観的幸福感と健康とを両立できる教員の働き方や生活を探究することをあげたい。

　教員の長時間労働は心身の健康悪化（杉澤・中島・吉川・杉澤 1996，久保田 2013等）のみならず，生活時間の減少（田野井・水本・大久保 2012等）やゆとりのなさ（佐藤 2015）をもたらす。そのため労働時間の縮減によって，教員の健康状態とワーク・ライフ・バランスが確保できるとされる。今般の「学校の働き方改革」もこうした視点に立つものである。

　わが国の教員の長時間労働の主因として，教員が行わなければならない業務の広さ，特に多岐にわたる教育指導の存在があげられる。日本の学校は他国に比べて教科指導以外の教育活動を特別活動として幅広く行っている（吉田ほか1993）。さらに日本の教員の長時間労働化の要因は生徒指導や部活動指導など授業外の教育活動時間の増大にあり，また国際比較から日本の教員はこうした授業外の教育活動に費やす時間が長いことが示されている（神林 2017）。

しかし周知のとおり，特に生徒指導は「学習指導と並んで学校教育において重要な意義を持つもの」（文部科学省 2010：1頁）とされ，実際に生徒指導の意義も確認できる。公益財団法人連合総合生活開発研究所が2015年12月に全国23道県の小学校教員2835名，中学校教員1700名に実施した「教職員の働き方と労働時間の実態に関する調査」の結果によれば，「児童・生徒の問題行動への対応」について「教員の本来的業務だと思う」と回答した教員は小中学校でともに8割を超えており（神林 2016：87頁），ほとんどの教員は児童生徒の問題行動対応を教員の本務と捉えている。また教員による生徒への能動的な働きかけが生徒の問題行動抑止や生徒の学校適応を促し（金子 2012），さらに教員の生徒への態度が生徒のいじめ加害傾向を抑制するため，いじめ防止の観点で教員の果たす役割は大きいことが示唆されている（大西・黒川・吉田 2009）。

生徒指導は日本の教員の長時間労働の要因であるが，児童生徒の問題行動に対応する上で重要な教員業務でもある。教員が生徒指導を怠り児童生徒の問題行動が発生することで，かえって教員の業務負担は大きくなることも考えられる[3]。これが「働き方改革」を進める上での困難を生じさせている。

また教員の労働時間と主観的幸福感との間には非線形関係があるとされ（高木 2018），これも「働き方改革」を難しくさせていると思われる。隣接する社会科学分野でも労働時間と主観的幸福感との関係に関心が寄せられ，これまでも検証が行われてきた。長時間労働者ほど職業満足度は低いとされる（橘木・高松 2018等）一方で，労働時間と生活満足度との間に明確な関係が確認できない（Kamerāde et al. 2019），また一定水準を超えると長時間労働者でも職業満足度が高いことが示されている（Kuroda & Yamamoto 2019等）。

教員の労働時間と主観的幸福感との関係について，管見の限り検証を行ったものは皆無に等しい。そこでOECD「第3回国際教員指導環境調査」（TALIS 2018）の個票データを用いて，日本の中学校教員（正規教員）の週全体の労働時間とウェルビーイング[4]との関係について記述を試みたい。**図1**は週全体の労働時間とウェルビーイングとの関係を散布図で示したものであるが，ここから，週全体の労働時間とウェルビーイングとの間には負の線形関係があることが読み取れる。しかし散布図を見る限りでは労働時間増大に伴うウェルビーイングの下落幅はそこまで大きくない。さらに週全体の労働時間とウェルビーイングとの間にはU字形の非線形関係，すなわち労働時間が一定水準を超えると，労働時間が長くなるほど逆にウェルビーイングが高くなる傾向が確認さ

れた[5]。

　教員の健康を保持増進するためには「働き方改革」が重要となるが，他方で闇雲に「働き方改革」を進めることで教育上の支障が生じ教員の幸福感喪失が生じる可能性もうかがえる。そのため，教員が健康を害しない条件のもとで，教員の主観的幸福感を最大化する働き方や生活を探究することが今後課題になってくるであろう。具体的には次の2点に注目した研究の進展が期待される。

　第1に，仕事以外の生活面に着目した研究である。一部の研究（田野井・水本・大久保2012，佐藤2015）を除いて，従前の研究では教員の行動や主観的幸福感について仕事に関するもののみに着目することが多かった。しかしこうした従前の分析枠組みでは，主観的幸福感を有しワーク・ライフ・バランスを保てる教員の働き方や生活の具体的な姿を示すことができない。今後は教員の仕事以外の行動に着目した生活時間研究，そして職務満足度のみならず生活全般の満足度や主観的幸福感を分析に組み込んだウェルビーイング研究が必要となるであろう。

　第2に，教員の身体的健康に着目した研究である。教育経営研究ではバーン

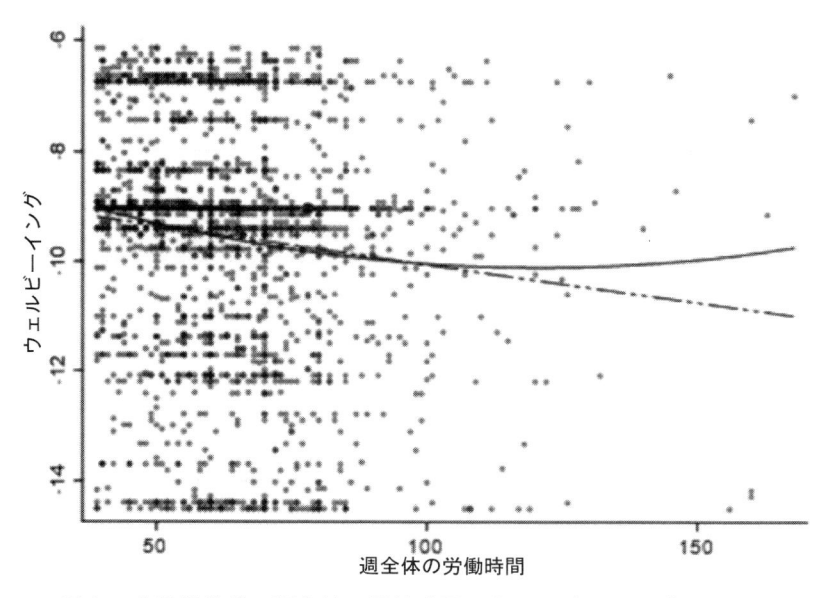

図1　中学校教員の週全体の労働時間とウェルビーイングとの関係

アウトなどの教員のメンタルヘルスに着目したものが複数見られるが（露口 2007），これに対して身体的健康に着目したものは皆無に等しい[6]。教員の間で過労死をもたらす脳・心臓疾患発生に関する基礎研究を行うためにも，今後身体的健康を分析枠組みに入れた研究の発展が望まれる。

3　今後の課題(2)—「教育労働の特殊性」に関する制度的研究

今後の研究課題の2点目として，「教育労働の特殊性」に関する制度的研究の進展をあげたい。

上記1で言及したように教員の長時間労働の歴史は長く，1900年代にすでに授業以外に多様な業務を行っており，1日12時間程度の勤務を要するという記述が残されている（石戸谷 1967）[7]。また戦後に公務員の勤務時間制度が確立した当初から「教育労働の特殊性」を理由に，他の公務員よりも公立学校教員には法定勤務時間を長く，そして給与も高く設定する代わりに，超過勤務手当を支給しないという方針がとられてきた（中村・岡田 2001）。このように日本では教員が教科指導以外に様々な業務を行うことを前提とした法制度が整備され，公教育の歴史の中で比較的早い段階で教員の長時間労働の実態が確認されている。

そのため，今日の教員の長時間労働の背景を探るためには，「教育労働の特殊性」に関わる法制度の制度化過程や教科指導にとどまらない日本の教員の働き方が定着した過程について歴史的に分析・考察する必要性がうかがえる。近年給特法の立法過程について，日本教職員組合の動き（荒井・丸山・田中 2019）やその前史である教育公務員特例法案（伊藤 2019）に着目する研究が行われるなど，「教育労働の特殊性」が制度化される過程に関する知見の蓄積が進んでいる。

その上で「教育労働の特殊性」のさらなる解明にむけて，教育経営研究は分析射程を時間的にも空間的にも拡張させることが今後の課題となろう。

時間的拡張とは給特法ならびに同法の成立にむけて動き出した1960年代以前も分析対象とすることを意味する。先述のとおり「教育労働の特殊性」という政策アイディアは少なくとも戦後すぐの公務員制度確立期に看取される。さらに上記1で述べたように，戦前は公立学校教員を含めて公務員には勤務時間の観念がなかった。しかし戦後労働法制が整備される中で公務員にも勤務時間制

度が導入された。このような戦前と戦後の転換期における公立学校教員の勤務時間制度を過程追跡することによって，「教育労働の特殊性」の内実に迫ることができるかもしれない。

　空間的拡張とは他職の制度に目をむけることである。教員と同じヒューマンサービスに位置づけられる医師，看護師，介護士（田尾 2001）等の職務に関する制度に着目することがあげられる。例えば医師についてはかねてから長時間労働が報告されており（江原 2009），近年医師も「働き方改革」が政策課題となっている[8]。そして医師の「働き方改革」論議の中で，応召義務が医師労働の特殊性として一つの争点となった（岡崎 2018：845-846頁）。

　応召義務とは医師法第19条の「診療に従事する医師は，診察治療の求があつた場合には，正当な事由がなければ，これを拒んではならない」という規定のことである。この応召義務は明治期から同趣旨の規定が罰則付きで存在していたものが，戦後成立した医師法で訓示的規定として定められ，医師の職業倫理・規範として機能してきた（岩田ら 2018：3頁）。他方で応召義務は正当な事由がなく診察治療を拒否することを禁止するものであるから，医師に過重労働がもたらされる可能性がある（岩田ら 2018：3頁）。そこで「働き方改革」の一環として，2019年12月に厚生労働省医政局長通知「応招義務をはじめとした診察治療の求めに対する適切な対応の在り方等について」によって応召義務の在り方があらためて整理された。医師労働と教員の労働には異なる点も多いが，応召義務の制度化過程を分析することで同じヒューマンサービス従事者である教員に適用される「教育労働の特殊性」が明らかになる可能性がある。

　さらに公立学校教員と同様に，超過勤務手当が支給されない公務員として裁判官や検察官がある。これらの給与制度の政策過程も「教育労働の特殊性」を考察する上で参考になるであろう。公立学校教員と同様に，裁判官と検察官にも戦後の公務員制度確立期に職務の特殊性を理由に超過勤務手当が支給されず，代わりに，特別な報酬が設定されることになった[9]。こうした理由からも戦後直後の公務員給与や勤務時間に関する法制度が整備された過程を分析する意義がうかがえる。

4　最後に―その他の課題

　紙幅の都合で十分に述べられないが，以上の2点以外にも，研究課題があげられる。例えば，日本の教員の仕事は学校教育の機能にも関わるため，日本の

学校教育制度の根底にある教育観や教育思想などを哲学的に考察することである[10]。また「学校の働き方改革」が言及される中で，教員以外の職員（事務職員，スクールカウンセラー等）の状況に関する研究が教員に比べて少ないこと（神林 2018，神林 2019）も課題といえる。

　教育経営研究でこれまで教員のストレスや労働時間に関する研究が蓄積されてきたが，今後は分析対象もアプローチも多様化させていくことが重要になるであろう。「教員」の「業務負担」に関する「実証的研究」にとどまらず，「教職員」の「ワーク・ライフ・バランス」に関する「原理的，制度的，実証的研究」が教育経営学で蓄積され，教職員のみならず社会全体の幸福につながってほしい。

［注］

(1)　文部科学省「公立の義務教育諸学校等の教育職員の給与等に関する特別措置法の一部を改正する法律案（新旧対照表）」（入手先 URL：https://www.mext.go.jp/content/1421396_04.pdf，最終閲覧日：2020年2月10日）を参照。

(2)　給特法成立までの公立学校教員の勤務時間制度の変遷については，中村・岡田（2001），文部省初等中等教育局内教員給与研究会編著（1971）などを参照されたい。

(3)　実際に，かつての学校が荒れた状態に戻らないように教員が多忙を受容しているという知見が参与観察を用いた事例研究（長沢 2018）によって示されている。

(4)　ウェルビーイング（well-being）は，「肯定的なものから否定的なものまで，人々が自分の生活について行うあらゆる評価と，人々が自身の経験に対して示す感情的反応を含む良好な精神状態」（OECD 2013＝2015：p.14）と定義される。1990年代に入り経済学で注目されるようになった幸福に関する概念で（Frey 2008＝2012），生活に関する評価や満足度を含み（Graham 2011＝2013：p.25），ワーク・ライフ・バランスに関連する概念と考えられている（Gröpel & Kuhl, 2009）。

　　　TALIS2018では公開データに初めてウェルビーイングに関する変数（T 3 WELS）が搭載された。ただ元の T 3 WELS は値が大きくなるほどウェルビーイングが低い状態を示すため，本分析では反転値を使用した。また週全体の労働時間については11の個別業務の週あたり時間を足したものを用いた。なお回答者の中には週全体の労働時間が正規教員として極端に短く，また168時間を超えるものがあった。そこで本分析対象者は週全体の労働時間が38時間45分（公立学校教員の法定勤務時間）以上，かつ168時間以下のものとした。

(5)　紙幅の都合で掲載できないが，被説明変数にウェルビーイングを，説明変数に週全体の労働時間，週全体の労働時間（二乗項），女性ダミー，年齢（6カテゴリ），

学級規模（実数）を設定したマルチレベル分析を行った。マルチレベル分析に際しては，標準誤差には学校単位のクラスターロバスト標準誤差を使用し，サンプリングウェイトには OECD が作成した TCHWGT（Teacher Final Weight）を用いた。その結果，ウェルビーイングは，週全体の労働時間との間に負の関係が，週全体の労働時間（二乗項）との間に正の関係が確認された。したがって，ウェルビーイングと週全体の労働時間との間には図 1 が示すような U 字形の関係があることが多変量解析からも確認された。

(6)　産業衛生学では身体的健康として血圧，肝機能，資質，心電図，BMI などの指標に着目する研究（入江ほか1998）がある。なお教員の身体的健康に着目した数少ない業務負担研究として石堂（1973）がある。

(7)　さらに放課後の教員の在校時間が長いという指摘も1930年代に行われていた（水木 1931）。

(8)　2017年 8 月から2019年 3 月にかけて厚生労働省に「医師の働き方改革に関する検討会」で（厚生労働省「医師の働き方改革に関する検討会」入手先 URL：https://www.mhlw.go.jp/stf/shingi/other-isei_469190.html，最終閲覧日2020年 2 月10日），2019年 7 月からは「医師の働き方改革の推進に関する検討会」（厚生労働省「医師の働き方改革の推進に関する検討会」入手先 URL：https://www.mhlw.go.jp/stf/new-page_05488.html，最終閲覧日2020年 2 月10日）で医師の長時間労働縮減に向けた議論が行われている。なお厚生労働省では2019年 9 月に全国約14万人の医師を対象に「医師の働き方実態調査」を実施した（『日本経済新聞』2019年 8 月17日付朝刊）。

(9)　「裁判官の報酬に関する法律」第 9 条ならびに「検察官の俸給等に関する法律」第 1 条を参照。なお裁判官と検察官の超過勤務手当支給に関する議論として，2016年11月24日に開催された「第192回国会参議院法務委員会」（第10号）での元榮太一郎議員（自由民主党）の質疑等を参照されたい。

(10)　例えば教育基本法第 1 条にある「人格の完成」の内実と当時の政策立案者はどのような思想の下で規定したのかを分析することなどがあげられる。教育基本法の「人格の完成」に着目した研究として杉原（1983）等がある。

[引用文献]

・青木栄一・神林寿幸「2006年度文部科学省『教員勤務実態調査』以後における教員の労働時間の変容」『東北大学大学院教育学研究科研究年報』62集 1 号，2013年，17-44頁。

・荒井英治郎・丸山和昭・田中真秀「日教組と給特法の成立過程」『教職研究』10号，2019年，86-140頁。

・石堂豊『教師の疲労とモラール―学校経営科学化の研究』黎明書房，1973年。

- 石戸谷哲夫『日本教員史研究』講談社，1967年。
- 伊藤愛莉「1968年教育公務員特例法の一部を改正する法律案の立案過程」『教育制度学研究』26号，2019年，54-72頁。
- 井上敏博「日本における教職員の本務の近代化過程についての一考察―教員と学校事務職員を中心に」『東京大学教育学部紀要』19巻，1979年，147-155頁。
- 入江正洋・永田頌史・池田正人・宮田正和「労働者の平日1日，勤務時，および休日1日歩行数と心身の健康との関係」『産業衛生学雑誌』40巻第1号，1998年，7-14頁。
- 岩田太・松本吉郎・畔柳達雄・樋口範雄・児玉安司・加毛明・三谷和歌子『医療を取り巻く状況の変化等を踏まえた医師法の応召義務の解釈に関する研究について』（平成30年度厚生労働行政推進調査事業費補助金〔地域医療基盤開発推進研究事業〕研究報告書）2018年。
- 江原朗『医師の過重労働―小児科医療の現場から』勁草書房，2009年。
- 大西彩子・黒川雅幸・吉田俊和「児童・生徒の教師認知がいじめの加害傾向に及ぼす影響―学級の集団規範およびいじめに対する罪悪感に着目して」『教育心理学研究』57巻3号，2009年，324-335頁。
- 岡崎淳一「働き方改革と医師の労働時間管理」『日本臨床麻酔学会誌』38巻7号，2018年，844-848頁。
- 落合美貴子『バーンアウトのエスノグラフィー―教師・精神科看護師の疲弊』ミネルヴァ書房，2009年。
- 学校管理運営法令研究会編著『新学校管理読本［第六次全訂］』第一法規，2018年。
- 金子泰之「問題行動抑止機能と向学校的行動促進機能としての中学校における生徒指導――一般生徒と問題生徒の比較による検討」『教育心理学研究』60巻1号，2012年，70-81頁。
- 神林寿幸「アンケート調査に見る教員の働き方と生活の実情」公益財団法人連合総合生活開発研究所編『とりもどせ！教職員の「生活時間」―日本における教職員の働き方・労働時間の実態に関する研究委員会報告書』2016年，21-141頁。
- 神林寿幸『公立小・中学校教員の業務負担』大学教育出版，2017年。
- 神林寿幸「心理や福祉に関するスタッフの専門性をめぐる研究動向―2000年以降の国内論文を中心に」『日本教育経営学会紀要』60号，2018年，264-273頁。
- 神林寿幸「共同実施県における学校事務職員の業務負担を規定する要因」『学校改善研究紀要2019』2019年，31-42頁。
- 神林寿幸「継続的な教員の労働時間研究の可能性と必要性」日本教育行政学会研究推進委員会編『「教職員の多忙化」問題と教育行政（仮）』福村出版，2020年印刷中。
- 清原正義『学校事務職員制度の研究』学事出版，1997年。

・久保田真功「保護者や子どもの問題行動の増加は教師バーンアウトにどのような影響を及ぼしているのか？」『日本教育経営学会紀要』55号，2013年，82-97頁。
・小入羽秀敬「教員の業務負担と学校組織開発に関する分析―部活動に着目して」『国立教育政策研究所紀要』140集，2011年，181-193頁。
・佐藤裕紀子「生活時間と時間葛藤からみる中学校教員の多忙と今後の課題」『日本家政学会誌』66巻 2号，2015年，54-64頁。
・新谷康子「教員の多忙と労働の特質―観察調査を通じて」『公教育システム研究』11号，2012年， 1 -36頁。
・杉澤あつ子・中島一憲・吉川武彦・杉澤秀博「都市部の公立学校教員の健康とその関連要因」『体力研究』91号，1996年，167-172頁。
・杉原誠四郎『教育基本法の成立―「人格の完成」をめぐって』日本評論社，1983年。
・田尾雅夫『ヒューマン・サービスの経営―超高齢社会を生き抜くために』白桃書房，2001年。
・高木亮「教育現場の『多忙化』と組織の『健康』に関するマネジメント」日本教育経営学会編『講座 現代の教育経営 2 現代の教育課題と教育経営』学文社，2018年，80-90頁。
・橘木俊詔・高松里江『幸福感の統計分析』岩波書店，2018年。
・田野井真美・水本徳明・大久保一郎「中学校教員のワーク・ライフ・バランス―生活時間と役割葛藤の視点から」『日本家政学会誌』63巻 11号，2012年，725-736頁。
・露口健司「教育経営研究におけるサーベイリサーチの動向と課題」『日本教育経営学会紀要』49号，2007年，202-213頁。
・長沢泰宏「中学校教員の多忙を受容する意識構造に関する研究―『良い学校』とされる M 中学校の参与観察調査をもとにして」『学校経営学論集』 6 号，2018年，41-50頁。
・中村圭介・岡田真理子『教育行政と労使関係』エイデル研究所，2001年。
・水木梢『教育の経済化と産業化』高踏社，1931年。
・森田玉雪・山本公香「OECD における公立中学校教員の職業満足度―法定給与水準を考慮した分析」『山梨国際研究』11号，2016年，107-119頁。
・文部科学省『生徒指導提要』教育図書，2010年。
・文部省内初等中等教育局内教員給与研究会編著『教育職員の給与特別措置法解説』第一法規，1971年。
・吉田正晴・二宮皓・福伊智・猪崎誠也・藤井貴道・佐々木司・渡辺雅弘・石田憲一「『特別活動』に関する国際調査―初等教育を中心として」『比較教育学研究』19号，1993年，113-127頁。
・Graham, Carol. *The Pursuit of Happiness : an Economy of Well-being*, Washington, D.C.:

Brookings Institution Press, 2013（＝多田洋介訳『幸福の経済学―人々を豊かにするものは何か』日本経済新聞出版社，2013年）.

・Gröpel, Peter. & Kuhl, Julius. "Work-life balance and subjective well-being : The mediating role of need fulfilment," *British Journal of Psychology*, Vol. 100, 2009, pp.365-375.

・Kamerāde, Daiga., Wang, Senhu., Burchell, Brendan., Balderson, Sarah. Ursula., & Coutts, Adam. (2019). "A shorter working week for everyone : How much paid work is needed for mental health and well-being?," *Social Science & Medicine*, Vol.241, 112353.

・Kuroda, Sachiko., & Yamamoto, Isamu. (2019). "Why Do People Overwork at the Risk of Impairing Mental Health?," *Journal of Happiness Studies*, Vol.20, No.5, pp.1519-1538.

・OECD. *OECD Guidelines on Measuring Subjective Well-being*, Paris : OECD, 2013（＝桑原進監訳・高橋しのぶ訳『主観的幸福を測る―OECD ガイドライン』明石書店，2015年）.

給特法を再考する
―教育公務員の「仕事」の経営学のために―

山梨大学　平井貴美代

1　問題の所在

　1971（昭和46）年制定の「公立の義務教育諸学校等の教育職員の給与等に関する特別措置法」（以下，給特法と略す）は，労働基準法（以下，労基法と略す）にもとづく労働時間規制の「歯どめ」の適用を排除し，教師の業務の無定量化を助長した元凶として名指しして批判されている。しかし，この法律が，同法制定時まで維持されてきた教職特有の「不完全な」みなし時間外勤務手当のルールを公式化した（に過ぎない）ことの真意が理解されているとは必ずしも言えない。労働経済学者の中村圭介らは，給特法に帰結する教員の労働時間をめぐる現行制度の問題を，教師聖職論などの「あるべき教師像」から演繹され，混乱したルールの「典型」と断じたうえで，こうした制度の混乱と，「仕事と報酬のルールを定め，運用し，変える当事者」が「階層構造」をなしていることが，「仕事に合致した合理的なルールをつくりあげること」を妨げているのだと批判している（中村・岡田 2002：266-267頁）。しかし，中村らが批判する階層構造は労使関係という観点からすれば確かに問題であろうが，給与支給のための安定的財源の確保や住民自治という観点では一定の合理性を有する制度である。「教育労働の特殊性」という（彼らから見れば）根拠不明の論理のもとで設定された特異な基本ルールも，公務員法制という観点では合理性を有するし，さらに言えば給特法制定によって補完され，合理性を増すことになったということも可能である。「当事者」（ここでは中村らの言う労使関係のみに限定しない）によるルール設定の余地にしても，同法を公立学校教員に適用する際には，超過勤務を命じることができる場合を限定する条例化を要件と

することが明記されており，交渉次第では法制定前までの既得権の積み上げを反映させたり，新たに合理的なルールを設定したりする可能性が開かれていたことが，最終的に日本教職員組合（以下，日教組と略す）が法制定に妥協した理由でもあった（槙枝 1971）。

本論文では，給特法が様々な「当事者」間の利害を調整するとともに，教育公務員特例法（以下，教特法と略す）の運用過程であいまい化していた教職の「特殊性」の法的定義を軌道修正したものであったことを明らかにしたうえで，その軌道に沿った形での経営的実践の可能性について考察する。

2　教職特別手当から教職調整額へ

給特法を雇用政策における労使関係を規定する法と見立てると，文部省（当時）と教職員団体のみが主要なプレーヤーと考えがちであるが，その成立過程には様々な利害関係者が論点を持ち込んでいた（〔人事院〕1971：73-79頁）。とりわけ国家公務員の労働基本権制約の代償機関である人事院は，同法の法制化の直接的な契機となった意見の申出を国会及び政府に対して行っていることからも重視されてしかるべきところだが，文教族の圧力によって自民党案に従う内容の意見書を出したとの日教組の評価が定着しているためか（丸山 2015など），与党と一体化したプレーヤーと片付けられがちである。しかし，人事院が与党の傀儡であったというのは労働側の一面的な見方であって，実は政府にとっても望ましい制度ではなかった。占領終結後の保守政権は，「自動的に給与を引き上げてしまう厄介な存在」である人事院の廃止や分割をたびたび試みたものの，労働組合を支持基盤とする野党がそれを食い止めることで人事院の改組が失敗するというパターンが続いた。人事院が生き残ったメカニズムをゲーム理論を用いて分析した前田健太郎は，「どちらのプレーヤーにとっても人事院勧告は次善の選択肢に過ぎ」なかったが，「現状に比べて望ましくなる形で制度改革を行うことはできないため，妥協として人事院勧告が維持され」たと説明している（前田 2014：139-142頁）。教職調整額の前身となる教職特別手当の構想が持ち上がる1960年代中ごろは，人事院が上記の状況を経てようやく「定着の時期」を迎えた時期に当たる。その立役者ともいえる人物が，1962（昭和37）年９月から在職のまま死亡する1974年９月までの12年にわたって人事院総裁を務めた佐藤達夫である。のちに見るように，佐藤は戦後を代表する法制官僚として，教特法が国家公務員法（以下，国公法と略す）附則第13

表1　教職特別手当と教職調整額

	給与種目	教職特別手当	教職調整額
2	法的措置	教育公務員特例法の一部改正法案	国立及び公立の義務教育諸学校等の教育職員の給与等に関する特別措置法（給特法）
3	支給事由	教員の勤務の態様の特殊性	教育職員の職務と勤務態様の特殊性
4	支給対象	国，公立の小，中，高，盲・ろう・養護学校の小・中・高の各部の教員（俸給の特別調整額を受けるものを除く。）	国，公立の小，中，高，盲・ろう・養護学校の小・中・高の各部の校長，教諭，養護教諭，助教諭，養護助教諭，講師（常時勤務の者に限る。），実習助手及び寮母
5	支給期間	当分の間	明記なし
6	支給額	俸給月額・調整手当・暫定手当の月額合計額の4%に相当する額	給料月額の4%の教職調整額をを本給として支給　※本給としてみなすため，本給を基礎として一定割合を乗じて算出する手当等については，その算定の基礎となる（期末・勤務手当，退職手当，地域手当，へき地手当，年金等）
7	他の法律の適用除外関係	（国立）給与法16条，17条2項の適用を除外する（公立）1　労基法33条3項を適用し，公務員の健康と福祉を害しない範囲で超勤を命ずることができることとする。2　同法37条並びに船員法67条2項と同項に係る命令の規定を適用除外する。	（国立）読みかえは同左。ただし超勤と休日勤務は，文部大臣が人事院と協議して定める場合に限ることと，「この場合においては，教育職員の健康と福祉を害することとならないよう勤務の実情について充分な配慮がされなければならない」ことを追記（公立）読みかえは同左。ただし超勤と休日勤務は，国立の義務教育諸学校等の教育職員について定められた例を基準として条例で定める場合に限ることを規定
8	その他	人事院勧告をまたずに法案提出（提出前に人事院の了解をとったのみ）中央労働基準審議会に諮問せずに提出中教審も審議中	政府は，国会及び内閣への人事院の意見の申出に基づく，公立学校の教員に対する措置も含めて立案政府として中央労働基準審議会に意見を求め，条件付きでやむを得ないとの結論を得る

注　〔人事院〕（1971：45頁）の「政府案以外の諸案」一覧表をもとに筆者が作成。
　　法律名の略記等は原典にならった。

条特例として成立する過程にも関与しており，この問題が教職の「特殊性」の法的扱いの混乱に起因することを十分に理解し得る人物であった。

　1968年に教特法一部改正という形式で法案化された教職特別手当は，与党と文部省という限られたプレーヤーの関与で立案され，手続き的にも労働法制の枠組みを踏まえずに国会に提出されていた（**表1**）。人事院は国会提出前になって意見を求められ，同案が「人事院勧告制度の建前上問題の存することは改めて指摘するまでもないところであり，その内容についても，当院として，なお検討するものありと認められ，にわかに精確な判断を下し難いが，当面の暫定措置として行なわれるものである限り一応やむを得ないものと考える」（「教育公務員特例法の一部を改正する法律案について（回答）」給3-31 昭和43.2.16）と消極的な同意を示すしかなかった。法制化の発端が人事院による1964年給与勧告の際の教員の超過勤務問題への言及であったことや，翌年に文部大臣と人事院総裁の会談がもたれて教職員の勤務状況の実態調査の必要性が確認され，その調査結果をうけて文部省が教員給与改善措置費を計上して，法律措置を講ずるための法案検討へと進んだ経緯を考えれば，人事院が法案提出

直前まで蚊帳の外であったことは意外にも映る。教特法一部改正案が衆議院において審議未了，廃案となった後の第63回国会で，自民党が与野党合同の議員立法による問題解決を目指して国会最終日まで交渉を続け，「ほとんど妥結するところまで進捗」（宮地ほか1971：38頁）しながらついに国会提出に至らなかった経緯を見ると，なるべくプレーヤーの数を増やさずに早期決着を図りたいという政治的意図も透けて見える。面倒な問題を持ち込んだ人事院への警戒感が存在したのかもしれない。しかし，いよいよ与党－文部省主導の問題解決に行き詰りを見せたことで人事院はイニシアチブを取り戻し，本来の当事者間の利害調整の役割を発揮することになる。

1971年2月8日，人事院は，国会および内閣に対して国公法第23条の規定に基づき，意見の申出（法律的性格においては給与勧告と変わらないと言明）を行った。この申出に添えられた別紙，「国立の義務教育諸学校等の教諭等に対する教職調整額の支給等に関する特別措置要綱」が，「そのまま本法（給特法，引用者注）の第一条乃至第七条の要綱」となり，「第八条乃至第一一条は，人事院の意見の申し出の趣旨を公立学校の教育職員についても実施するための規定」となったことからも（宮地ほか1971：41-42頁），給特法は人事院が構想したと考えてよいだろう。坂田道太文部大臣は，人事院の意見が「教員の超勤問題に関する給与改善が中心となっており，文部省がかねてから要望していた校長の指定号俸や中間管理職に対する給与改善措置等について触れられていないなど不満な点がある」ものの，「この意見に沿った方向で，すみやかに……立法措置を講じ，その実現を図りたい」との談話を発表し，文部省の意図通りではなかったことを表明していた。人事院の申出は当然ながら，国家公務員である国立義務教育諸学校等の教育職員を対象とするものであったが，旧教特法第25条の5の規定により公立学校の教職員の給与は国立学校を基準として定めることになっていたので，法の効力は地方公務員である公立学校の教育職員にも及ぶ。あえて言えば，その仕組みゆえに人事院の介入や，中央労働基準審議会（以下，中基審と略す）への報告（直接労基法を改正するものではないので諮問ではなくこの形式がとられた）という手続きが可能となったとも言える。中基審は2月13日に，労働大臣に対して労基法の安易な適用除外を戒めるとともに，「文部大臣が人事院と協議して超過勤務を命じうる場合を定めるときは，命じる職務の内容及びその限度について関係労働者の意向が反映されるよう適切な措置がとられる」ことを求めた建議を行い，それにもとづいて文部省と

労働省との間で覚書が交わされた。これにより，超勤の「歯止め」措置について日教組を含む関係団体からの意見聴取が行われることとなり，日教組にとっては1965年以来途絶えていた「中央交渉」（トップ会談には至らなかったが）が実現したのである。

　以上のように，人事院や中基審といった教職の「特殊性」理念を共有しないプレーヤーが労働界の合理的な考え方を持ち込んだことが，教育分野のローカルな対立関係を相対化して，問題の解決を促すこととなったことは確かであろう。しかし，その合理性をプレーヤーが活用しきれたかという点から言うと，とりわけ「歯どめ」措置の交渉結果を見る限りは，問題解決にとってマイナスの影響を与えたと言えなくもない。制定当時の給特法第7条第1項には，国立学校の教員に正規の勤務時間をこえて勤務させる場合は，文部大臣が人事院と協議して定める場合に限るとされ，公立の場合も「国立の義務教育諸学校等の教育職員について定められた例を基準として条例で定める場合に限るものとする」と規定されていた（第11条）。時間外勤務を命ずる場合として，文部省は仮案として9項目を提示したが，日教組は文部省との協議で5項目に限定する合意をとりつけて「中央交渉」による成果とし，各都道府県支部には条例制定の交渉でそれ以上の成果（限定）を上げるよう指示を与えている[1]。いわゆる「変形八時間制」導入阻止と合わせて，このときの「たたかい」は概ね日教組として満足する成果を上げたはずであった（日教組 1977：445頁）。しかしその帰結は，超勤を命じられる余地を事実上無くして時短を実現できるという日教組の描いた予定調和が成り立たず，限定項目にあたらない勤務の増大をもたらしたことは周知のとおりである。

　給特法が功罪相半ばする帰結をもたらしたと考えるもう一つの点が，給与支給事由のロジックの組み換えであるが，それについては章を改めて検討する。

3　国家公務員法制の「特例」としての教職の勤務時間管理ルール

　「教員の職務と勤務の態様の特殊性」にもとづく教職調整額支給という「答案」（衆議院文教委員会 1971.4.28）は，長期にわたる検討プロセスと国内外の実地調査等を経て人事院が独自に考案したものであった（佐藤 1971：3-4頁）。図1は，その苦心のロジックが均衡をもたらした理由をゲーム論的に示したものである。教職特別手当の支給事由の「勤務の態様の特殊性」は，専門

職としての責任ゆえの職務の無限定・無定量性とセットにされており、プレーヤー間の交渉の余地はほとんどなかった。一方、教職調整額の支給事由の「職務と勤務の態様の特殊性」では、「自発性あるいは創造性という面に基づく勤務というものが、相当に教職については、期待されておる」こと（職務の特殊性）や、夏休みなど勤務密度に濃淡が存在することが「普通の行政職の場合とは違う」（勤務態様の特殊性）といった脱理念化された「現象」（衆議院文教委員会 1971.4.14）を根拠としたことから、様々な理念を掲げるプレーヤーにも次善の策として許容し得るものとなっていた。

　教職特有の「不完全な」みなし労働時間ルールの正当化という点では大差ない両法（案）における、教職の「特殊性」の解釈上の違いがなぜ生じたのか。筆者の推測は、教特法という法律自体が制定時から抱えてきた問題、すなわち国家公務員法制に不慣れな立法者によって制定されたがゆえに、法運用者にとって多様な解釈を許容してしまう法自体に付随する問題の顕在化と、その軌道修正ということへの理解度の違いによるというものである。よく知られているように教特法は、田中耕太郎と田中二郎という二人の公法学者の強い影響のもとで構想された「教員身分法」（本論文では関連法案名を総称して用いる）がGHQ各部局からの反対に遭い、制定済であった国公法と制定予定の地方公務員法の「特例法」によって措置する構想に切り替えることで何とか法制化に至った曰く付きの法律である。1948（昭和23）年6月29日に「教育公務員の任免

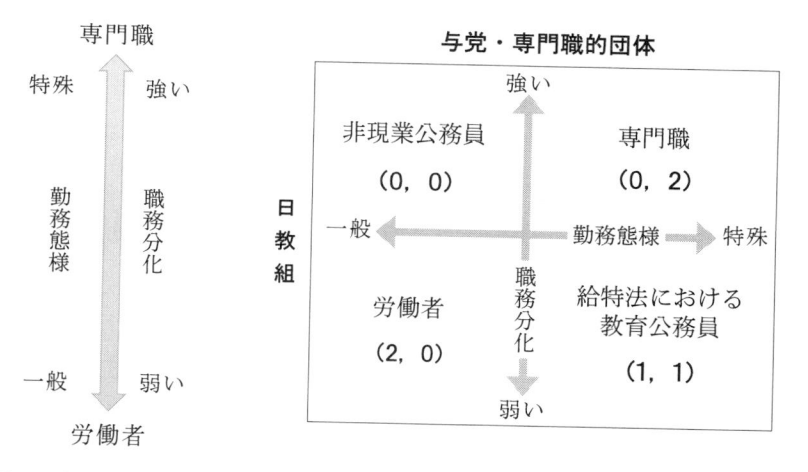

図1　教特法改正案（左）と給特法（右）における教職の「特殊性」のロジック

等に関する法律案」（以下，任免法案と略す）として第2回国会に提出された
が継続審議となり，第3回国会でいったん取り下げられたのちに，「教育公務
員特例法案」という新たな法案名で第4回国会に再提出され，6日間のスピー
ド審議で可決成立した。この間の紆余曲折の詳細は高橋寛人（髙橋2019）が
明らかにしているが，なかでも筆者が注目したのは取り下げ前の任免法案に対
して，中央連絡調整事務局を通じて民政局（GS）が提出を求めたという修正
案の内容である[2]。10月14日付文書は，本来ならば内閣への請議前に法制局
の審査で修正されたはずの初歩的な修文上の誤りがほとんどなのである。

　おそらくこの背景には，GSの指示による突然の法制官僚の「追放」という
事態があったと考えられる。法制局を「民主化に対する障害物」とみなした
GSは，新しく法務庁を設置してその一部局に法制局を降格する決定を下した
のみならず，法務庁発足わずか4日前の2月11日に，佐藤達夫長官一人の「留
任」を認めるほかは「一人たりとも法務庁に転用されてはならない」との指示
を突然与え，法制官僚の横滑りを禁じた（岡田1994：184頁）。『佐藤達夫関係
文書』には先の修正要求文の原案とみられる10月6日付の文書が残されてお
り[3]，佐藤の任免法案への関与が確認できるのはこのときからである。国公
法改正案づくりに孤軍奮闘した佐藤にも余裕が出てきた時期ということかもし
れないが，どうしても任免法案を通過させなければならない事情もあった。10
月7日の芦田内閣総辞職後，中道政権持続を画策したGSの組閣工作にもかか
わらず最終的に衆議院は吉田茂を首相に選出したのである（10月14日）。吉田
は唯一の重要法案である国公法改正を実現したのち，直ちに議会を解散・総選
挙にうって出る方針であり，中道三派は昭電事件による選挙の敗北を恐れ，解
散の引き延ばしを図るために国公法の通過を妨げようとした（福永1997：274
頁）。このとき国公法と連動して政治的争点になりかねない任免法案の国会通
過の難易度も，格段に上がったはずである。その対策のためでもあろう，GS
に「追放」された元法制次長の井手成三が10月29日付で文部次官に就任し，ま
た就任日は不明だが文部大臣秘書官に，下條康麿文部大臣の息子で大蔵官僚の
下條進一郎が加わっている。同法案の答弁資料に佐藤が直接指示を与えたメモ
も残されており[4]，法制長官が直接間接に教特法国会通過に関与していたこ
とが窺える。吉田はマッカーサーの権威を借りて国公法を何とか成立させ（11
月30日），給与法案成立という新たな条件を持ち出して食い下がるGSと，民
自党を支持する経済科学局との間で紛糾した給与法案が，マッカーサーの裁断

により可決されて国会は解散（12月23日）。1949年1月23日に行われた総選挙の結果，中道三派が惨敗して民自党が単独過半数を獲得し，GS主導の政治介入に幕が引かれることとなった。文部省でも1月12日に教特法が同施行令とともに公布され，同法通過のための助っ人たちはそれぞれの持ち場に帰っていった。そしてあとには，「立法技術の上手下手の問題を別にしても，近来あまり見ない分り難い法律」(5)が法運用者のもとに残されたのである。

　このことにより教職の「特殊」性と関わって，その後の教特法運用過程で生じた問題が大きく二つあったと考えられる。一つは，教特法が国公法附則第13条の特例であることを曖昧化したことである。附則第13条は「特殊な官職についての能力実証方法等の特例」（佐藤 2009：36頁）を法律・人事院規則等で規定できることを定めた条項であり，検察官や外務職員の任用に関する特例の定めもこの条項にもとづいている。しかし教特法は，「教育公務員の任免，分限，懲戒，服務及び研修について規定する」同法の趣旨（第1条）からも，附則第13条が想定する趣旨とは制定当初から外れていた。附則第13条における「職務と責任の特殊性」は，「職務の種類及び複雑と責任の度に応じて」格付けられた官職に競争的に職員を割り当てていく一般職の任用方式に対する特殊性を想定している。したがって教特法も本来ならば，「各教育公務員内部においてはその責任に差異の少ない」ことが制定理由の核となるべきところ，教特法がそのような法律として構成されていないために，「教育と一般公務との差異」すべてを制定理由に結び付けなければ説明がつかなくなっている（井手 1949：23-27頁）。1968年の教特法改正案が「職務と責任の特殊性」を，制定当初の趣旨とは正反対とも言える専門職性（職務の複雑さにもとづく高度な階層性）の根拠とし得たのは，その帰結でもあった。

　いま一つが「一般職員とは，異なる基準」による給与支給の原則が教特法に盛り込まれないまま，公式化されずに維持されたことである。中村らの言う教職特有の「不完全な」みなし時間外勤務手当のルール，すなわち教員の勤務時間を1週48時間以上とみなして通常の時間外勤務手当を支給しないとの原則は，公式的には1948年5月制定の「政府職員の新給与実施に関する法律」施行の際に，教員の勤務時間を48時間以上とみなし一般職員（44時間未満）より約1割有利な切り替えを行うとともに，時間外勤務手当を教員には支給しないことが定められたのが起源とされる（中村・岡田 2002：136-137頁）。しかし，大蔵省給与局による同法解説書の超過勤務手当制度の概要説明には，全部又は一部

を支給しない「団体協約で特例の定めある者等」として，運輸省海運関係官庁所属の学校の教官と「文部省所轄の学校及び大学の教官……（但し，この場合は，覚書に明文はない）」（阪田・慶徳 1948：145頁）の記載があり，大学の勤務態様に応じた当事者間のルール設定が教育労働の特殊性の原型であったことが窺われる。教員給与の有利性は1949年1月制定の人事院規則が，一般公務員の勤務時間を1週48時間に変更した際にも確保され，1953年に教員の給与表が独立した際も維持されたが，公務員給与の等級別給与体系への移行などにより有利性が次第に縮小され，特殊ルールの正当性も失われていった。その点で教職調整額という「俸給相当の性格を有」しながらも別枠の給与を支給するという制度選択は，教職の「特殊性」にふさわしい「下厚上薄」の給与改訂を「将来超過勤務に対する給与上の措置が不明確になるおそれなどを考慮」（宮地ほか 1971：49，92頁）しつつ実現したということからも，当時なし得る最善の策となるはずであった。

4　教育公務員の「仕事」の経営学のための示唆

給特法とは，大学の自治的慣行と職務特性を教職一般に普遍化することで無理が生じた教職の「特殊性」にもとづく制度を，「俸給の調整額」（佐藤 2009：61頁）という切り札を用いて国家公務員制度体系に位置づけ直すものであった。佐藤総裁が編み出した周到なロジックは，労使交渉モデルからすると（国公法と同程度に）異質であり，実態としても国立学校の独法化によって国公法との法的接合が失われたことで正当性が揺らいでいることは確かである。しかし，もちろんマイナス面はあるとしても，教育公務員の特殊性に応じた解決策を考えるうえでの一定の有効性は今でも見出せると，筆者は考えている。

紙幅がつきたので詳細は他稿にゆずるが，静岡県教職員組合が1980年代後半から展開した時短運動が，子ども・父母目線を意識した学校五日制の「学校改革運動」として取り組まれたことは一つの好事例であった。「当事者」を父母・子どもに広げたことで，時短の意義は労使の閉じた世界から公共的な課題として共有されることになり，部活動にしても活動日・時間のみならず全員加入制の見直しや，練習内容・計画に子どもたちの考えを取り入れるなどの組合員の意識レベルの転換も目指された（静岡県教職員組合編 1997：474-492頁，伊藤 1991）。公務の公共性の観点からも，また学校経営ならではの課題解決としても示唆に富む取り組みと言えるだろう。

［注］

⑴　「教職特別措置法の実施について（教発457整理453，1971.7.13）」『給特法関係資料』日教組教育図書館蔵。

⑵　「教育公務員の任免等に関する法律案の修正案（昭23.10.15）」国立公文書館所蔵『教育公務員特例法』（簿冊）第一冊，31～32頁。

⑶　「第１次改正後の法令整備資料２」『佐藤達夫関係文書』No.1645所収，国立国会図書館憲政資料室所蔵。

⑷　「教育公務員特例法」同上文書 No.1940所収。各自の役割は，井手（1949）と下條進一郎『教育公務員特例法の解説』法文社（1949年）の内容構成の違いから推測した。このほか文部省オリジナル版解説書も刊行されている（久保2005：343頁）。

⑸　佐藤が教特法公布日に行ったとみられる講演草稿より。同上文書所収。

［引用文献］

・井手成三『詳解教育公務員特例法』労働文化社，1949年。

・伊藤正則「学校五日制と1800労働時間社会」『労働経済旬報』45（1439），1991年。

・岡田彰『現代日本官僚制の成立』法政大学出版局，1994年。

・久保富三夫『戦後日本教員研修制度成立過程の研究』風間書房，2005年。

・阪田泰二・慶徳庄意『官庁新給与体系詳説』財政経済弘報社，1948年。

・佐藤達夫『国家公務員制度〔第8次改訂版〕』学陽書房，2009年。

・佐藤達夫「"教特法"雑感」『文部時報』（1132），1971年。

・静岡県教職員組合編『静教組五十年史』静岡県教職員組合，1997年。

・〔人事院〕「教員の超勤問題に関する資料」人事院給与局，1971年。

・高橋寛人『教育公務員特例法制定過程の研究』春風社，2019年。

・日本教職員組合編『日教組三十年史』労働教育センター，1977年。

・中村圭介・岡田真理子『教育行政と労使関係』エイデル研究所，2001年。

・福永文夫『占領下中道政権の形成と崩壊』岩波書店，1997年。

・前田健太郎『市民を雇わない国家』東京大学出版会，2014年。

・槇枝元文「『教特法』の強行成立と今後のたたかい」『教育評論』（262），1971年。

・丸山和昭「義務教育学校教員」橋本鉱市編著『専門職の報酬と職域』玉川大学出版部，2015年。

・宮地茂監修・文部省初等中等教育局内教員給与研究会編著『教育職員の給与特別措置法解説』第一法規，1971年。

教師という仕事と学校経営組織論
―学校経営の近代化から「学習する組織」へ―

広島大学　曽余田浩史

1　複雑性・不確実性への向き合い方をめぐって

　本稿[1]の目的は，わが国の学校経営組織論[2]が教師という仕事をどのように捉えてきたか，また，捉えていくべきかを考察することである。

　学校経営組織論は，教師という仕事を，「専門職としての教師」の行動原理を重視しつつ，学校という組織の中の人間行動として捉えてきた。専門職に従事する者の行動原理とは，公共的な価値実現に貢献するという使命感をもち，高度な専門的知識・技術をもって，自律的な意思決定をして行動する，専門性を高めるためにたえず学び続けるというものである。それとともに，教師は教育目的の達成をめざす学校という組織の中で働いている。それゆえ，学校経営組織論は，個業的な仕事の仕方ではなく，「組織の一員」としての教師の仕事の仕方を追求してきた。

　「組織の一員」としての教師の仕事の仕方は，その前提となる組織観によって変わる。学校経営組織論は，教育目的の達成に向けて確実性を追求する合理的組織観（学校経営の近代化論，現代化論など）から不確実性や複雑性を意識した組織観（「学習する組織」論など）へと移行している（武井 2018）。

　教師が働く学校という組織は，複雑性・不確実性・曖昧さ・価値葛藤を特徴とする。組織目的と成果の曖昧さ，教育対象である児童生徒の多様性，教育技術の不確実性，環境の複雑さや社会的な影響の受けやすさを有している（曽余田 2010）。それに加え，「チームとしての学校」「学校における働き方改革」で指摘されるように，教育課題の複雑化・困難化に学校や教師たちは直面している。

　「学習する組織」論[3]は，教師という存在を技術的熟達者モデルから省察的

実践家モデルへと捉え直し，複雑性・不確実性・価値葛藤に充ちた状況・対象への向き合い方が教師という仕事において重要だと考える。すなわち，こうした状況・対象に閉じたスタンスで向き合うのか，開かれたスタンスで向き合うのかである。

　以下では，この点に注目し，わが国の学校経営組織論の展開を踏まえて，教師という仕事や働き方にとって，合理的な学校経営組織論の問題点，「学習する組織」論が持つ意義について考察する。

2　合理的な学校経営組織論と教師という仕事

(1)　学校経営の近代化論

　1960年代に伊藤和衞が唱えた学校経営の近代化論はわが国の学校経営組織論の原点の一つである。伊藤は F.W. テイラーの科学的管理法の精神にさかのぼり，経験・慣行・勘による「成り行き管理」を払拭し，学校の教育目標の達成に必要となる仕事（職務や手続き）の明確化・標準化・組織化に関心を向けた。科学的管理法は，仕事を測定可能な活動の要素的単位にまで分解し，それらを科学的に分析し標準化した上で，効率的・合理的に組み立てて再編成するというものである。近代化論は，仕事に着目すると，次の点が重要である。

①仕事の物化・客体化（客観化）

　伊藤は，テイラーの業績として「人間のする仕事というものを物化し客体化してその中にひそむ合理的な仕組みを明らかにしたこと」（伊藤・佐々木 1974：23頁）を評価している。

②職能分化（職能化）

　経営の近代化とは「仕事の職能化」（伊藤 1963）である。「因習と身分とが仕事をきめてしまうような前近代的組織」とは異なり，近代の経営組織は目標達成の手段として意識的かつ合理的につくられるフォーマル組織であり，「仕事が客観化され，そしてそれが合理的に組織づけられる」。仕事は「全一的に職人気質や名人芸をもってなされ」るのではなく，仕事の「量的拡大と質的深化のために専門的に分化すること，つまり職能分化 Functionalize する」。そして，「個々の仕事に責任と権限が付着し，そこに能力に応じた人間が配置されて活動する格好となる」（伊藤 1963：42頁）。職能分化には単純分化（1年A組，B組など），過程的分化（計画，執行，評価），専門分化（国語・数学等の各教科，教務・生徒指導等の分掌など），階層分化（経営，管理，作業）がある。

③意思決定と執行の分離

　学校の仕事は，経営機能（学校の教育目標等の政策決定），管理機能（政策執行にかかわる学校の教育目標と作業とを結びつける働きかけであり，計画，組織化，指示，統制，調整，指導，報告等の諸機能），作業機能（教育などの具体的な執行行為）に区分される。経営・管理は意思決定が，作業は執行が中心となる。その経営・管理・作業を計画 Plan →実施 Do →評価 See というマネジメント・サイクルで動くようにする。各教師は教育という作業機能を中心的に担い，かつ，管理機能を分担する。

④教育という作業の管理方式としての目標管理

　教育という作業は「魂と魂との触れ合いという，まことに人間的な微妙なものがあることは否定できない」が，ティーチング・マシンによる学習の登場など，「教育という作業を合理化し効率化していくことから眼をそらすことは許されない」（伊藤・佐々木 1974：313頁）。また，多くの教育現場では教師たちは学校教育目標を意識せずに「個人主義的な教育の自由の論理」（伊藤 1963）で何をどう教えるかのみに関心を向けて教育作業を行う。これでは教育目標を達成できず，子どもの受教育権を保障することができない。ゆえに，学校教育目標と教育作業とを結びつける管理が問題となる。その管理方式は，教育作業（授業）を教育課程にまつわる仕事とみなした上で，指揮監督型の管理ではなく，目標管理と測定管理（教育が学校教育目標に従って進められているか，どの程度に目標を達成しているかを把握・評価測定し管理すること）であるべきだ（伊藤 1963：200頁）。それは「教育とは本来非権力的作用である」「教育活動を担うところの教職員はそうとう高い知識と教養の持ち主である」（伊藤・佐々木 1974：77頁）という根拠からである。これらの管理は，各教師が目標に対して自己統制・自主管理を行うことを前提とする。

⑤学校の教育目標の具体化

　目標管理を可能にするためには，学校教育目標が測定可能なようにできていなければならない。学校教育目標は長期目標であるので，これを段階的な中間目標ないし部分目標，短期の年次的な目標（いつまでに，何を，どの程度に達成するか）を設定し，さらに，その年次目標を各々の学年，学級，教科の目標に具体化すべきである。たとえば「子どもに体力をつける」という学校教育目標の一つを展開して，「本学期中に跳び箱を飛べる子どもを30％から40％に上げる」という到達目標を学級目標として設定する等である（伊藤 1978：181頁）。

以上のように近代化論は，教師という存在に対し，⑴教育という仕事をするためには管理（業務遂行のマネジメント）が必要であること，⑵与えられた役割（タスク）を目標達成（成果）の責任をもって確実かつ効率的に果たすべきことを，仕事の仕方として求めた。

⑵　その後の学校経営組織論～「問題解決」という仕事の仕方～

　その後の合理的な学校経営組織論は，教師という存在を，⑴与えられた役割（タスク）を確実に遂行する受動的存在から主体性や創意性を発揮する自律的存在へ，⑵「作業」「管理」に留まらず「経営」にも協働・参画する存在へ，⑶そういう存在になるよう学習・育成すべき存在へ，と位置づける。その際，教師の仕事の仕方として重視されているのが「問題解決（problem solving）」である。教師という存在は「問題解決者」とみなされる。

　まず伊藤は，近代化論が「教諭」の職務をルーティン化したものと捉えているとの批判を受け，「科学的管理の対象となるのは本来的には単純な繰り返し作業であって，問題解決的行動や意思決定行動ではなかった。それらはむしろ，判断的業務として科学的管理のわく外」（伊藤 1971：45-46頁）であったと反省する。そして，組織を意思決定（問題解決）システムと捉える H.A. サイモンの近代組織論に依拠して，教師の経営参加に目を向ける。

　近代化論と論争した高野桂一の学校経営の現代化論は，「人間はなぜ働くか」を問い，「人間は『能率の論理』だけでなく『感情の論理』で動く」と捉える人間関係論に依拠する。そして，教師（集団）の専門職主体性や教育的創意を生かしモラール（勤労意欲）を高めることに関心を向ける。その関心から，教師（集団）が自らの教育の仕事を創造的に企画・立案していく学校経営の意思決定過程への参加を重要視する。「学校経営の意思決定は，①問題の所在と性質を明らかにする『識別』の段階，②問題に関連する事実の蒐集と分析を行う『分析』の段階，③可能な問題解決の複数の方法の考案をなす『立案』の段階，④その解決方法の効果や副作用の比較による最適な方法の選択を行う『選択』の四段階を経て，最終的決定に至る」（高野 1980：158頁）という問題解決の過程である。

　さらに，自律的学校経営を担いうる人材育成のための『学校組織マネジメント研修～すべての教職員のために～（モデル・カリキュラム）』（2005年2月）は，学校内外の環境変化を考慮に入れたオープンシステム論に依拠し[4]，教

師（集団）が「問題解決」の手法や思考法を身につけることを意図している。学校と自らのミッションとビジョンを意識して，同僚たちと協働的にコミュニケーションしながら，①問題の発見と共有化，②問題の明確化，③問題の解決策づくり，④解決策の計画・実施・評価という問題解決過程をミドルアップダウンで展開することを，教師の仕事の仕方として求めている。

3　技術的熟達者の仕事の仕方の問題

(1)　技術的合理性（技術的熟達者）モデルの前提

　以上見てきたように，合理的な学校経営組織論は，教師という存在を「問題解決者」とみなし，仕事の仕方として問題解決を重視する。これに対し，「学習する組織」論は，問題解決の重要性を認めつつ，その問題解決の実践の中で働いている思考や認識の様式（実践認識論）について批判的に吟味する。

　省察的実践家論を唱えたショーン（2007）は，テイラーの科学的管理法とともに，サイモンの問題解決（意思決定）論も技術的合理性モデルに位置づける。技術的合理性とは，専門家の実践を，専門的知識・技術を適用して技術的な問題解決を行うことだとみなす実践認識論である。合理的な学校経営組織論における教師は技術的な問題解決を行う「技術的熟達者（technical expert）」である。ショーンは，技術的合理性の支配的な学校とその中で働く教師の様相を次のように描く。

　　「教師は〜（略）〜「栄養摂取」のメタファーのもとに構築されたシステムの中で，既定の価値づけられた知識を生徒たちに分け与える技術的熟達者とみなされる。子どもたちは一回分ごとに割り当てられた知識の分け前を摂取する。子どもたちはそれを消化し，授業中の受け答えや試験において，知識を消化したことの証拠を示すことが期待される。カリキュラムは情報とスキルのメニューとみなされ，各授業計画は一回分の給仕であり，そして全体のプロセスは加算的・累積的に進んでいく成長ととらえられる。」（ショーン2007：346頁，訳を一部修正）

　そして，教師たちも「生徒の達成度の測定に応じてたえず仕事をチェックされ，賞罰を与えられる」という形で同じコントロール・システムに従う（ショーン 2007）。技術的熟達者としての教師は，授業では，子どもたちの問題を分析し，知識を分け与える効果的な方法を選択・適用する。経営では，学校の内外環境を分析し，効果的な学校改善策を考案・選択・適用する。

「学習する組織」論から見て，技術的合理性（技術的熟達者）モデルの重要な前提は次の2点である。

①状況（対象）の外に立つ「観察者／操作者」のスタンス（主客二元論）

技術的熟達者は，「観察者／操作者」のスタンスで状況・対象に向き合う（ショーン 2007）。解決すべき状況・対象を，解決しようとする自分自身とは切り離された「外」に客観的に存在する物のようにみなす。そして，その状況・対象（子どもたち，学校づくりの状況）に一方向的・操作的に働きかけ・コントロールしようとする。

「観察者／操作者」のスタンスに立つことによって，技術的熟達者は「考える」と「実践する」を分離する。まず状況・対象と距離を置いて，問題を識別・分析し，「青写真」（目標やビジョンや計画）を明確にするために「考える」。それから，その「青写真」を学校づくりや授業の状況に適用し「実践する」。「実践する」とは，あらかじめ定めた「青写真」に子どもや教職員の動きを当てはめていく過程とみなされる。その青写真に照らして，達成できた／できないと評価する。

この技術的合理性モデルは，「まず『答え』を得なければならない，それからそれを適用しなければならない」という思考様式を強化する（Senge & Kim1997）。しばしば学校現場で聞く「『答え』がわからないと動けない」「考えを落とし込む」という声は，この思考様式の表れと言えよう。

②還元主義

技術的合理性モデルは，解決すべき状況を，所与の目的に対して最適な手段を選択するという「技術的な問題」に還元する。たとえば単純な病気感染は，「これが原因でこういう結果（症状）になった」と診断し，抗生物質などの治療法を選択・適用することで解決できる「技術的な問題」である（センゲ 2014）。

「技術的な問題」が成り立つ前提には，世界（状況・対象）を構成要素（部分）に分解し，各要素を個別に理解し，その理解を組み合わせることで全体を理解できるという還元主義がある。技術的合理性モデルは，栄養摂取のメタファーのように，学校全体の教育プロセスを各々の知識や活動に分解し個別的に捉える。そして，子どもたちにそれぞれの活動や行事を個別的に「こうすればこうなる」と順次取り組ませ（活動主義），それを加算することで全体の成長を捉えることができると考える。

　しかし，教育や学校の課題は，複数の要素や出来事が相互に影響し合うことから生まれる原因―結果や目的―手段関係のわかりにくい事象である。これに対し，技術的合理性モデルは，複雑で扱いにくい問題や対象は細かく分けることで扱いやすくなると考える。それは，測定可能な下位目標への具体化や専門家間の役割分担（職能分化）によってである（サイモン1999：276頁）。

　実際，還元主義的な思考様式は学校や教師の仕事の仕方に浸透している[5]。たとえば，「志をもって生きる生徒の育成」のような学校教育目標は測定可能な下位目標へと目的―手段の連鎖で要素分解的に細分化する。その下位目標を研修部や生徒指導部などの各分掌が担当し，個別に解決策を考案し実行し，達成度を評価する。それらを組み合わせれば学校教育目標が達成されると想定している。しかし，大本の学校教育目標は単なるスローガンと化す。

　この思考様式は，各々の活動や分掌が学校全体とつながっているという感覚を損なう。たとえば，遅刻する生徒の増加という状況について，「これは生徒指導の問題だ」とみなし，校門指導をしたり反省文を書かせたりする等の遅刻をなくす解決策を実行する。だが，遅刻の増加が学校全体の状態の何の現れなのかは問われなくなる。このように学校・教師の仕事の断片化を促進する危険性がある（曽余田順2015）。

(2)　シングルループ学習と防衛的思考

　技術的合理性モデルは，組織・仕事の断片化とともに，組織や人の学習を妨げる。アージリス（2007）はそれを説明するために「シングルループ学習」「ダブルループ学習」という概念をつくりだした。ここでいう学習とは，意図（期待した結果）と行為した結果の不一致を発見し，それを修正するプロセスである。技術的合理性モデルが促進するシングルループ学習は，ものごとがうまく進まず不一致を発見した（葛藤やジレンマを感じた）際，自らの価値や枠組みを自明視したまま，問題解決の方法を変えることで不一致を修正する。これに対し，ダブルループ学習は，不一致を発見した際，自らの価値や枠組みを問い直し再構成することで，不一致を修正する。

　これらの学習の違いを健康問題に喩えると（Senge 2000），「それは確実だという幻想と短期で効果が出るという期待」から，サプリメントや薬剤，外部専門家のサポートなど，対症療法的な解決策を選ぶ。これはシングルループ学習である。しかし，長期的に見ると，自身の治癒力を低下させることになる。根

本的な解決は，時間もかかるし結果が出るか不確実であり，最初は苦痛を伴うかもしれないが，自らの生活スタイルを問い直して変えることである。これはダブルループ学習である。技術的熟達者は，シングルループ学習を促進し，複雑性・不確実性・価値葛藤を避け，確実なところ・わかるところで仕事をする傾向にある。

　さらに，解決すべき状況や問題は自分たちの「外」にあるという技術的熟達者の認識は，シングルループ学習を強め「防衛的思考」に陥る危険性がある。防衛的思考とは，葛藤やジレンマに直面した場合，自分は脆弱で無能だという感覚を避け自己防衛するために，自身の責任や問題を問わずに，「悪いのは向こう」（児童生徒が悪い，学校の態勢が悪い…）と他の誰かや何かに責任をかぶせる思考である。この防衛的な思考や行動に熟練していくと，失敗から学ぶ能力を失う「熟練した無能（Skilled Incompetence）」（アージリス）になる。防衛的思考の強い閉じた組織において，"協調性重視""モラール（勤労意欲）を高める""ケアリング"等を強調することは，組織構成員の口や耳を封じ，自分たちの仕事を省察する学習の機会を奪うことになる（アージリス2007）。

4　「学習する組織」論と省察的実践家〜「状況との省察的な対話」という仕事の仕方〜

　「学習する組織」は，自らの未来を創造する能力をたえず高めようとする組織である。この経営組織論は，教師という存在を省察的実践家と捉える。この専門家像は，既存の専門的知識や仕事の仕方が通用する確実で価値葛藤のない状況に閉じ込もろうとする技術的熟達者への信頼の喪失を背景に生まれたものである。

　ショーン（2002）は省察的実践家の仕事の仕方を，デザイナー（何かをつくる専門家）をモデルに説明する。デザイナーはあらかじめ作品の完成イメージを頭の中に蓄えていて，それを一方向的に状況の素材に翻訳するだけということは滅多にしない。状況の素材を実際に手にして，意図した作品をつくろうと働きかける。と同時に，状況（の素材）からのバックトーク（応答や抵抗などの語り返し）に耳を傾ける。すなわち，言葉や直観的な"感じ"を通して「どうしてこうなるのだ！」「こんな風になるとは思わなかったけれど，何とも面白い！」という驚きを経験し，予期しなかった意味やジレンマを発見する。それによりデザイナーは，状況の素材に内在する可能性を見とり・洞察し，自ら

の理解や価値を「省察（reflection）」し新たな見方や理解を築いて自己更新しながら，新たに状況に働きかけて道を切り拓いていく。制作活動を通してたえず「状況（の素材）と省察的な対話」をしながら，漸進的に作品のイメージや意図を進化させていく。

技術的熟達者と対比すると，このモデルの重要な前提は次の2点である（**図**参照）。

①相互影響・相互形成の中の「行為主体／実験者／探究者」のスタンス

省察的実践家（デザイナー）は，学校づくりや子どもたちの状況と切り離されて「外」にいるのではない。状況・対象も物のように客観的に存在するのではない。実践家が状況・対象を変容するとともに，実践家自身もそれらから影響を受けて変容するという相互影響・相互形成的（transactional）な関係の「中」にいる。省察的実践家は「行為主体（agent）／実験者／探究者」のスタンスで「状況との省察的な対話」という仕事の仕方をする（ショーン 2007）。

このような省察的実践家は，「考える」と「実践する」を分離せず，「実践しながら考える」。「実践する」とは，あらかじめ決められた青写真や「答え」の執行ではなく，複雑性・不確実性・価値葛藤に充ちた「状況との省察的な対話」を通して新たな世界を切り拓く探究である。

状況に開いた探究的なスタンスの「学習する組織」は，個々の教師が葛藤やジレンマに直面したとき，それをその個人だけでなく組織の学びの機会と捉える。教師たちが直面した葛藤やジレンマを，学校全体の問題としてパブリックな探究の主題に据えて，学校の価値や枠組みの適切さを問い直し再構成するダブルループ学習を促す（ショーン 2007）。そこでは，人を自己省察によって葛

図　2つのモデルの比較

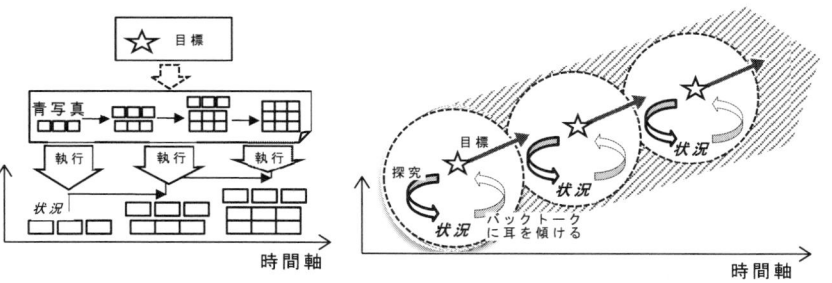

合理的な学校経営組織論（技術的熟達者）　　「学習する組織」論（省察的実践家）

（出典：曽余田・曽余田順 2019を修正）

藤や混乱に向き合う力や可能性を持った存在とみなし，ともに新たな価値を追求する組織的探究を行う。

　「学習する組織」において学校教育目標は，日々の仕事（実践）の中で立ち返るべき準拠点（到達目標ではなく，方向目標や価値目標）であり，学校づくりを進めるための道具である。その目標の意味は，学校づくりの状況（変化する子どもたちの事実）との省察的な対話を通して，絶えず進化・深化させるべきものである。

②相互影響・相互形成のプロセスの拡大・深化・再創造

　「学習する組織」は，学校・教師の仕事を要素分解し加算的に捉える還元主義を否定し，要素間の相互影響・相互形成のプロセスとその質的変容に目を向ける。この捉え方は，戦後の著名な教育者・校長である斎藤喜博や東井義雄らの学校づくりの実践に見ることができる（曽余田・曽余田順 2019）。教師と子ども，子どもと子ども，教師と教師，学級と学級とが相互影響し，衝突・葛藤を起こしつつ，それにより新しいものを生み出す。「教科の授業でつくられた力が行事という場に持ち込まれ，全校の生徒の力をつかって新しい課題を突破していく。そして，一つの行事が終わったときには，いままでこの高さにいたものが，ぱっとここまで上がっている。そしてその力が教科の授業にもひびいていく」（斉藤 1981：196-197頁）。教科で生まれたものが他の行事へ，一つの学級で生まれたものが他の学級や学校全体へ影響し拡大・深化・再創造していく。ここでは，学校・教師のそれぞれの仕事や活動を，個別的にではなく，一連の連続したプロセス（の一部）として捉えている。

　以上，「学習する組織」と省察的実践家の仕事を概観してきた。この学校経営組織論は，「状況との省察的な対話」など，個人の「名人芸」とみなされがちな教師の仕事の仕方を，あらためて組織の中の人間行動として価値づけるものである。その仕事の仕方は，短期的ではなく長期的な視点を持ち，複雑で不確実な状況に向き合い，組織の断片化を乗り越える可能性，教師や学校の成長の可能性を示すものである。さらに，「学習する組織」論は，教師の仕事と教育観との密接な関係性に目を向ける。技術的合理性モデルは注入主義的な教育観と親和的である。教育不在，子ども不在の教育経営学と言われて久しいが，「学習する組織」における教師の仕事と教育観の関係性についてさらに理解を深める必要がある。

［注］

(1) 本稿は2018〜2021年度JSPS科学研究費補助金基盤研究（C）（一般）「『学習する組織』としての学校を創造するデザイン行為の方法論に関する研究」（研究代表者：曽余田浩史，課題番号：18K02307）の助成を受けている。

(2) 本稿で対象とするのは組織論をベースとした学校経営論である。通常使用される「学校組織論」概念は組織の実態分析研究を含むが，本稿は実践的・規範的志向のマネジメントの考え方に着目するため，「学校経営組織論」という言葉を使用した。

(3) 複雑性や不確実性を意識した経営組織論として，アージリス（C. Argyris）＆ショーン（D. Schön）の組織学習論，ショーンの省察的実践家論，センゲ（P. Senge）の「学習する組織」論が挙げられる。本稿ではこれらの論を一括する象徴的な概念として「学習する組織」とした。

(4) 辻・町支（2019）はこの組織論に近い立場から「働き方改革」を組織開発の問題として捉えている。なお，佐古の学校組織開発論（2019）は，ここでいう「学習する組織」論の影響を受けつつも，実践認識論にはあまり踏み込んでいない。

(5) 横山（2016）によれば，「チームとしての学校」政策も，「子供の心理的サポート」はスクールカウンセラー，「家庭環境の福祉的ケア」はスクールソーシャルワーカーが担う等，複雑化・困難化した教育課題を切り分け各専門家が役割分担で対処する還元主義的な発想である。

［引用・参考文献］

・アージリス，C.「学習する組織へのブレークスルー」DIAMONDハーバード・ビジネス・レビュー編集部編訳『組織能力の経営論』ダイヤモンド社，2007年，167-196頁。
・伊藤和衞『学校経営の近代化入門』明治図書，1963年。
・伊藤和衞『学校経営の近代化入門 . 続』明治図書，1971年。
・伊藤和衞『教育課程の目標管理』明治図書，1978年。
・伊藤和衞・佐々木渡『学校の経営管理』高陵社書店，1974年。
・斎藤喜博『教師の仕事と技術（四版）』国土社，1981年。
・サイモン，H.『システムの科学 第3版』パーソナルメディア，1999年。
・佐古秀一『管理職のための学校経営 R-PDCA』明治図書，2019年。
・Senge, P. M. & Kim, D. H. ,'From Fragmentation to Integration—Building Learning Communities', *The Systems Thinker* 8：4. ,1997.
・Senge, P. M.et al., *Schools That Learn：A Fifth Discipline Fieldbook for Educators, Parents, and Everyone Who Cares About Education,* New York：Doubleday / Currency, 2000.
・センゲ，P.M.『学習する学校』英治出版，2014年。

・ショーン，D.A.「素材との自省的対話」ウィノグラード，T.編著『ソフトウェアの達人たち―認知科学からのアプローチ―［新装版］』ピアソン・エデュケーション，2002年，165-178頁。

・ショーン，D.A.『省察的実践とは何か』鳳書房，2007年。

・曽余田順子「学校経営における断片化に関する一考察」中国四国教育学会『教育学研究紀要（CD-ROM 版）』第61巻，2015年，458-463頁。

・曽余田浩史「学校の組織力とは何か―組織論・経営思想の展開を通して―」『日本教育経営学会紀要』第52号，2010年，2 -14頁。

・曽余田浩史・曽余田順子「学校づくり論にみるデザインの原理に関する考察〜斎藤喜博の「学校づくり」に着目して〜」日本教育経営学会第59回大会自由研究発表資料，2019年 6 月 9 日。

・高野桂一『学校経営の科学第 3 巻 経営過程論』明治図書，1980年。

・武井敦史「学校組織開発研究の進展と今後の課題」日本教育経営学会編『講座　現代の教育経営 3　教育経営学の研究動向』学文社，2018年，48-59頁。

・辻和洋・町支大祐編著，中原淳監修『データから考える教師の働き方入門』毎日新聞出版，2019年。

・横山剛士「多職種構成による学校組織開発の論点：近年の学校経営研究および教育政策における組織観の比較分析」『学校経営研究』41巻，2016年，18-25頁。

研　究　論　文

公立小・中学校における非正規教員の任用傾向と
　その特質
　　―助教諭の運用と教職の専門職性をめぐって―　　原 北 祥 悟

公立小・中学校における非正規教員の任用傾向とその特質
―助教諭の運用と教職の専門職性をめぐって―

第一工業大学　原　北　祥　悟

1　問題の背景と研究の目的

今日，義務教育諸学校において臨時的任用教員や非常勤講師，再任用教員など，有期で雇用されるいわゆる「非正規教員」と呼ばれる教員は高い割合で任用されている。2010年度の時点で既に，「公立小中学校の教員のうち，常勤や非常勤講師の『非正規教員』が今年度10万9,000人となり，教員全体の15.6%と過去最高になった」ことが報じられている(1)。文部科学省（2012）も調査を実施しており，2005年度時点で8.4万人（全国教職員全体の12.3%）いた非正規教員が2011年度には11.2万人（全国教職員全体の16.0%）と増加傾向にあることが示された(2)。非正規教員の増加は非正規教員個人のキャリア形成だけではなく，学校運営においても大きな問題を引き起こしており，新聞などのメディア報道や文部科学省・教育委員会といった教育行政各主体も自覚的に問題視している。

非正規教員が増加した制度的背景として，2001年の「公立義務教育諸学校の学級編制及び教職員定数の標準に関する法律」（以下，「義務標準法」）改正や2004年の総額裁量制導入を挙げることができる（山崎ら2017や土屋2017：604頁）。これら制度改正は教育の地方分権を意図しており，自治体・学校の実情に応じた少人数学級の編制やティーム・ティーチングの実現に寄与したと評価される一方で，自治体によっては逼迫する財政事情を背景に教員の非正規化へと舵を切る誘因となっている。

さらに今日では，非正規教員さえ不足する事態が散見されるようになり，非正規教員の任用をめぐっては新たなフェーズに突入したと言えよう。具体的に

は，「全国の公立小中学校で定数に対する教員の不足が，2017年度当初に少なくとも357人に上っ」ており[3]，とりわけ福岡県では2016年9月1日時点で85人が欠員（県教育委員会53人，福岡市教育委員会16人，北九州市教育委員会16人：小学校72人，中学校13人）であったことが報道されている[4]。非正規での任用にとどまらず，教員定数を満たせないまま学校運営が展開されているような教員採用をめぐる問題は，子どもの学習権保障の観点から看過できない。このように非正規教員をめぐる諸状況は断片的に明らかになりつつあるが，その任用実態はなおブラックボックスの様相を呈している。その理由として「非正規」教員の特徴である任用の流動性や，人事に関わる事柄に起因する情報の秘匿性が挙げられ，正確な動向を捉えることは常に限界を孕んでいる。

　一般に，小学校と中学校での任用割合や任用形態は大きく異なっていると理解されている。学級担任制である小学校では臨時的任用教員が多く任用されており，中学校の場合は美術や音楽など授業時数の少ない科目で非常勤講師が任用されている傾向にあると推量されるからである。非常勤講師が多く任用されている学校では，時間単位での雇用のため授業や生徒指導等に関する打ち合わせの時間を確保することが困難になる。他方，臨時的任用教員が多く任用されている学校では正規教員と同様の職務内容であるため，当該年度において大きな問題は起きにくいものの，複数年を見通した学校経営は困難である。すなわち，いかなる形態の非正規教員がどの程度任用されているかによって，学校運営をめぐる問題構造の内実は大きく異なるものと思われる。

　さらに，その不足を補うために臨時免許状を発行（＝助教諭の任用）することで対応するケースも報道されており[5]，非正規教員の増加／不足をめぐっては，教員の身分保障の問題にとどまらず，教職の専門職性を支える免許制度に関する議論を立ち上げるものである。既に80年代から臨時教師の問題として「教師としての身分保障がきわめて不十分」であり，「臨時教師の労働条件を劣悪なままに放置し，安心して教育の仕事に専念できない状態をうみだすということにとどまらず，教師全体の労働条件の改善をおしとどめる要因として作用」していることが指摘されている（神田・土屋 1984：121頁）。それにも関わらず，これらの議論は「十分な発展がなされてこなかった領域」（高橋 2011：256頁）である。教員の非正規化それ自体は規範の次元で批判されてきたものの，今日における教員の非正規化の量的な実態に即した議論は展開されていない。

そこで本稿では，福岡県内の公立小・中学校に焦点を当て，非正規教員及び助教諭の任用傾向の把握を通じて，教職の専門職性―とりわけ身分保障及び免許制度の観点からその特質を明らかにすることを目的とする。そのためにまず，先行研究の議論を通して非正規教員の増加／不足問題を身分保障と免許制度の2つの観点から捉えることでその問題構造の整理を行う。そのうえで，福岡県について人事情報の整理を通して事例として取り上げる妥当性を提示する。それを踏まえ，福岡県の任用傾向の分析から教職の専門職性―身分保障と免許制度に立脚した特質を明らかにする。

2　非正規教員の増加／不足に伴う身分保障・免許制度をめぐる問題

まず教職の「専門職性」について整理しておきたい。類似の概念としてしばしば「専門性」が挙げられるが，今津（2017）は以下のように説明している。「専門職性（professionalism）」とは，教職がどれだけ専門職としての地位を獲得しているのかという点を問題にし，「専門性（professionality）」は教師が生徒に対して行うべき教育行為とはどのようなものであり，そのためにどのような専門的知識・技術をどれだけ用いる必要があるのかを問題にする（47頁）。すなわち，前者は教師の職業的「地位」に関わり，後者は教師の「役割」ないし「実践」と「知識・技術」に関わる概念として整理している（同書：47頁）。本稿は教職の「専門職性（professionalism）」に対する問題提起を意図しており，特に専門職としての教師に欠かせない身分保障及び免許制度に焦点を当てた議論を展開していく。

なぜならば，教育経営学は「教師の教育権や教育の自由に基づく専門性と専門職性の議論が学校の自律性の追究における主たるテーマである」（篠原2019：251頁）と言及されているものの，教職の「専門職性」に関心を当てた議論は下火になっており，専ら「専門性」に関する議論に傾斜しているからである。「専門性」に関する議論とは例えば，一次関数的な成長モデルを基盤とした「教員評価」，「教員育成指標」等の考察や「反省的実践」論（佐藤1998），同僚性概念など，教師の力量形成に焦点を当てた先行研究群である。この台頭の背景は，学術的にも実践的にも，教員の人事システムは正規で任用されていることがその前提として認識・構築されてきたことに起因している。このような動向は，教師の専門職としての地位に着目した研究から教育実践の専門性に

着目した研究に移行している（野平 2008：5頁）ことや，「非正規の待遇面での問題点が多く存在するにも関わらず，その問題自体があまり認知されておらず，臨時教員の増加と労働条件に対して，行政・司法そして学問研究のいずれの分野においても，有効な規制や改善があまり検討されていない」点（三宅2013：102-103頁）が指摘されていることからも窺える。

　非正規教員の身分をめぐっては主として，教育社会学的なアプローチのもと，雇用の不安定性やその改善に焦点が当てられている。今日の教員キャリアとして「将来へのリスクを覚悟しながら，不安定な非正規教員の身分を経て，ようやく正規教員の身分を拓くことができるという」（金子 2014：43頁）キャリアルートが一般化しつつある一方で，非正規教員が有する条件—やりがい・高給・浪人ネットワーク（正規教員を目指す現講師間の情報等ネットワーク）が「非正規教員を教員世界に囲い込み，時間の経過に伴って正規教員への達成志向を希薄化させること，その延長線上に非正規教員としての過酷な現状を受け入れようとする者がいる」（上原 2016：80頁）ことが指摘されている。このような身分保障の不安定性によって，専門職である「教師という『職』自体の制度的崩壊」（高橋 2011：ii頁）が危惧されているだけではなく，教師の地位に関する問題が組織的・系統的・継続的に行われるべき学校教育活動へネガティブな影響を与えうると懸念されている（神田・土屋 1984：81頁）。これら研究は，教師の職業的な地位に不可欠な身分保障の観点から非正規教員問題を論じている。また，そもそも公務員の身分保障制度は労働基本権の制約と直接の関係はなく，市民への適切な行政サービス提供を確保することにその趣旨がある（下井 2017：182-192頁）。以上の指摘を踏まえると，教師の身分保障は子どもたちへの適切な教育の提供を確保することにあり，非正規教員の「増加」は子どもたちの学習権保障の観点から身分保障の問題として捉える必要がある。

　一方で，非正規教員の「不足」に伴う臨時免許状の発行はやや異なる問題性を有している。臨時免許状は「普通免許状を有する者を採用することができない場合に限り」授与されるものであり（教育職員免許状第5条6項），従来より抑制的に運用されてきた。教員不足を臨時免許状の発行によって対応するよう文部科学省が都道府県教育委員会に通知を出した[6]ことからも窺えるように，臨時免許状発行の常態化が懸念され，戦後以降，教職の専門職性を担保してきた相当免許状主義の後退が示唆される。相当免許状主義が専門職性を担保する仕組みとして十分な機能を果たしてきたのか議論の余地は残るが，少なく

とも専門職としての地位を保証するための必要条件として今日まで展開されてきた。臨時免許状は戦後間もない頃は比較的多く発行されていたが，80年代には「実質的にほとんどなくなっている」（前島 1984：15頁）との記述が確認でき，それ以降臨時免許状をめぐる問題は顕在化しているとは言えない状況にあった。しかしながら，今日非正規教員の不足に伴う臨時免許状の発行が増加傾向にあることが推量され，相当免許状主義における理念の喪失が懸念される。

　以上から本稿では，非正規教員の任用傾向の把握を通じて，非正規教員の増加／不足をめぐる問題を身分保障及び免許制度の観点から考察する。

3　福岡県及び資料・調査の概要

(1)　福岡県に着目する意義

　福岡県を事例として取り上げる理由は以下の通りである。第一に，福岡県は教員定数に占める非正規教員の割合が全国で5番目に高いことが文部科学省の調査によって既に明らかになっており[7]，2018年度現在においても他の都道府県に比べて多くの非正規教員を任用していることが推測できるためである。第二に，上述した通り，福岡県は臨時的任用教員や非常勤講師の不足が全国に先行して報道されており，非正規教員の任用をめぐる新たなフェーズへの突入に伴い，その特徴が顕在化しているためである。第三に，山崎（1998）は，福岡県内の公立小学校における教員採用変動のタイプを「大変動強化退職型」（65頁）に位置付けており，2001年以降，退職者数の増加による採用者数の増加を推計している（169頁）。同じく，公立中学校においても2006年以降急速に増加することが推計されている（171頁）。さらに，最新の推計によると，福岡県の公立小学校及び中学校教員需要は2020年まで増加することが見込まれている（山崎 2014：18頁）。しかしながら，教員人事の地方裁量が拡大した今日，財政難の下では（予算）削減方向でのみ機能する懸念が指摘されており（山下 2018：29頁），今後，正規教員の採用を控え，非正規教員の任用を本格的に選択する可能性があるためである。以上に鑑み，非正規教員の任用をめぐる特徴を捉えやすいと考えたため，福岡県を事例として選定した。

(2)　福岡県における人事の概要

　福岡県は2つの政令市（福岡市，北九州市）と29市・12郡・29町・2村（60市町村）で構成されている（令和元年5月1日現在）。政令市を除いて，教員

人事に関する具体的な事務は6つの教育事務所（福岡教育事務所，北九州教育事務所，北筑後教育事務所，南筑後教育事務所，筑豊教育事務所，京築教育事務所）が管轄する。常勤講師，非常勤講師の登録や任用手続きも各教育事務所が取り扱うこととなっているが，登録希望者の同意によっては他の教育事務所と情報が共有される場合がある。この場合をのぞき，基本的には教育事務所ごとに講師（希望者）情報は閉じられていると言ってよい。

⑶　資料と調査の概要

本稿が主として用いる資料は，各都道府県教育委員会が文部科学省に報告している「公立小・中学校教職員実数調」（以下，「実数調」）である。臨時的任用教員や再任用フルタイムなど任用形態ごとの人数が記載されているだけでなく，非常勤講師等は定数への換算数として計上されており，県内全体の任用の内実が比較的正確に捉えることができる資料となっている。2017年度以降，政令市と都道府県は別に集計しているが，本稿では政令市も含めた県内全体の任用人数を再度集計し直している。なお，「実数調」は，全日本教職員組合が文部科学省に対し情報公開請求したものを「ゆとりある教育を求め全国の教育条件を調べる会」[8]が入手した資料である。また，併せて『福岡県下教育関係職員録（平成29年5月1日現在）』（春秋社）を使用する[9]。本資料は，基本的に福岡県内すべての公立学校の学級数や児童生徒数，教職員名やその職位が記載されている。ただし，各学校の判断等から職位や教職員名を伏せる場合があり，すべての非正規教員の任用状況を把握できるわけではない。このような限界はあるものの，学校ごとに配置されている非正規教員を形態別に捉えることができる貴重な資料である。

さらに必要に応じて福岡県X市教育委員会から入手した資料及びインタビュー調査に基づき上述した分析の補完を試みる。インタビュー調査は2019年3月7日（木）にX市教育委員会にて，非正規教員の任用実態（X市全体の状況，各学校の配置状況等）について教務課a氏に1時間程度実施した。

4　福岡県における非正規教員の任用実態

⑴　非正規教員の内訳と非常勤講師等（換算数）

以下では，「実数調」を主たる資料として福岡県の小学校・中学校それぞれの任用実態を分析していく。非正規割合を計算する際に対象とした範囲（職

位）は校長，副校長，教頭，主幹教諭，指導教諭，教諭，助教諭，講師，養護主幹教諭，養護教諭，養護助教諭，栄養主幹教諭，栄養教諭である。長期的な任用傾向を把握するためにおよそ15年間，2006年度から2018年度のうち3年ごとのデータを取り出して図示した。なお，短時間，非常勤講師はすべて換算数で計上している。

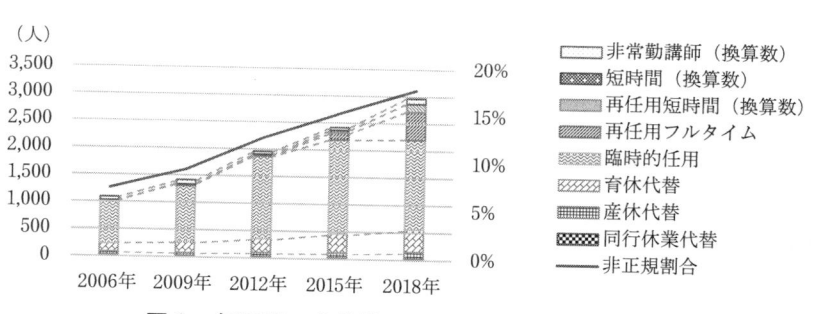

図1　福岡県の小学校における非正規教員の内訳

　どの年代においても臨時的任用の教員が多数を占めている。他方，年々増加傾向にあるのが再任用フルタイムである。また，全教職員を占める非正規教員の割合についても年々増え続けている。これらの傾向は**図2**に示す中学校においてもほぼ同様である。

　80年代の時点で既に臨時的任用の常態化は指摘されており，なかば「制度化」しているとして批判されてきた（神田・土屋 1984：114頁）。臨時的任用は教育公務員として本来受益すべき地位，身分，諸権利の保障に不利益を被る（土屋 2017：603頁）ものとして身分保障の観点から指摘されているものの，今日においてもその事態は改善されていないことが**図1，2**の量的な推移から確認できる。なお，再任用教員の増加要因は年金支給年齢の引き上げによるも

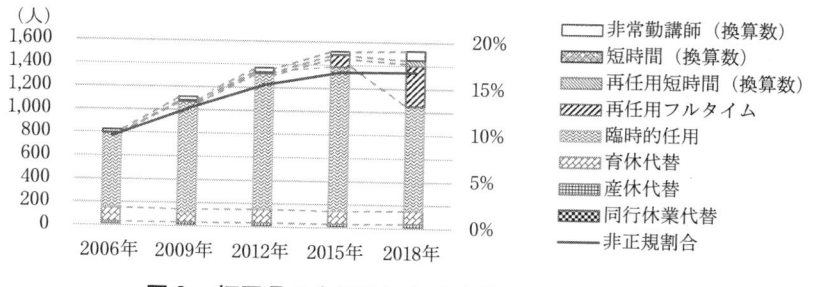

図2　福岡県の中学校における非正規教員の内訳

のが大きく，今後も引き続き新規採用者数の抑制が生じていく可能性が高い。

　また，2006年時点では非正規教員の割合が10% を切っていたものの，年を追うごとに増加し，2018年時点でおよそ20% の水準にまで到達しつつある。2001年義務標準法改正によるいわゆる「定数崩し」やそれに伴う義務教育費国庫負担法における「総額裁量制」導入に起因する「地方による“主体的”な教育条件の切り下げ」（山下 2018：28頁）の影響が看取される。

　一方で，**表1**から窺える通り，小・中学校の相違点として非常勤講師（換算数）の任用数が挙げられる。「実数ベース」ではこれまで教科担任制というシステムを敷く中学校の方が，小学校に比べて非常勤講師は多く任用されていると思われてきたが，換算数による結果は小学校が中学校の倍近くの任用を行ってきたことが明らかになった。なお，**表1**の再任用短時間，短時間，非常勤講師の数はすべて，教員定数へ換算された人数である。

表1　福岡県小中学校における非常勤講師の推移（換算数）

	小学校（人）				中学校（人）			
	再任用短時間	短時間	非常勤講師	合計	再任用短時間	短時間	非常勤講師	合計
2006 年	1	0	69	70	0	0	31	31
2009 年	4	2	60	66	1	1	38	40
2012 年	13	5	60	78	2	0	32	34
2015 年	48	3	61	112	6	0	32	38
2018 年	136	1	115	252	30	0	79	110

　その理由として，小学校では算数や理科などにおけるティーム・ティーチング（TT）の積極的な展開が挙げられ，中学校では実人数こそ多いものの，音楽や技術などの科目は授業時数自体が少ないため，結果として非常勤講師一人当たりの勤務時間が少ないことが影響していると思われる。

(2)　助教諭の任用

　「実数調」には臨時的任用教員や非常勤講師といった任用形態とともに職位が併記されており，基本的に臨時的任用教員・非常勤講師は「講師」の欄に計上される。福岡県では講師の数とともに「助教諭」の任用が顕著である。助教諭＝臨時免許状の発行であり，臨時免許状の発行によって教員定数を確保していることを意味する。「普通免許状を有する者を採用することができない」状況が深刻化していると推察されるため，免許制度の観点から助教諭の動向に焦点を当て検討する。なお，2016年以前の職位欄において助教諭と講師は連記さ

れており，助教諭のみの正確な数字を取り出すことができないため，2017,
2018年の2年分のみを表2に示す。

表2　助教諭の任用形態

		総数	産休代替	育休代替	臨時的任用
2017 年	小学校	328	8	42	278
	中学校	47	—	3	44
2018 年	小学校	416	17	56	343
	中学校	46	—	3	43

　中学校と比較して小学校では助教諭という職位で採用するケースが多く，か
つ，その任用形態は臨時的任用であることが明らかになった。助教諭とは臨時
免許状が授与された者が就く職位である。既述の通り，臨時免許状は普通免許
状を有する者を採用することができない場合に限り授与される（教育職員免許
法第5条6項），まさに臨時性の性格を有する。その意味において助教諭は
「戦前の代用教員に相当し，正規の免許状を持たないという意味で無資格の教
員」（市川2015：334頁）と指摘されている。
　表2内の小学校（2018年度）では単純に計算しても400件以上の臨時免許状
が発行されたことを意味し，それはすなわち，当該校種の普通免許状を有する
者を400名以上採用することができなかったこととほぼ同義である。助教諭の
任用によって臨時的任用教員・非常勤講師といった非正規教員の不足を補って
いることを示唆するデータであり，それはX市教育委員会への聞き取り調査
からも明らかとなった。X市において助教諭を任用している理由は，「講師候
補者（＝希望者）がいないため」である（a氏発言）。そのため「臨時教員等
登録制度に登録している中学校・幼稚園での勤務希望者に対して小学校での勤
務を交渉し，了解を得た希望者に順次県より臨時免許状を発行してもらい，定
数を埋めている状況」にある（a氏発言）。さらに，表2から産休・育休代替
でさえも助教諭で対応していることから，かなりの数の講師希望者が不足状態
にあることが看取される。これらa氏の発言から窺えるのは，福岡県は適正な
数の正規教員を採用できていないという問題だけではない。臨時免許状を発行
することで本来資格のない者を教員として配置する行為が400件以上生じてい
ることは臨時性の域を越え，専門職性を担保してきた免許制度の理念が後退し
ていると言わざるを得ないのである。X市では小学校の隣接（幼稚園・中学
校）免許状を有している者へ臨時免許状を発行しているとはいえ，臨時免許状

を授与された者は体系的・継続的な研修権が与えられないまま全教科の授業や学級経営を行わなければならない。免許制度は教員の資質能力の向上と専門的職能を保証するシステムとして養成—採用—研修という教師教育制度全体を視野に入れた制度設計である必要が指摘されており（北神 2017：17頁），専門職性の観点から臨時免許状の運用状況は看過できない問題である。

　助教諭の配置状況を確認すると，都市部や非都市部といった地域性による大きな差を明確に確認することはできず，むしろ全地域にまたがって配置されている状況が窺える。たとえば，『福岡県下教育関係職員録（平成29年5月1日現在)』（春秋社）を確認すると，北筑後地区（朝倉市，久留米市，小郡市，三井郡，朝倉郡，うきは市）の小学校では助教諭発令が50名，筑紫地区（春日市，大野城市，筑紫野市，太宰府市，那珂川町）の小学校では36名あり，どの地区においても一定数の助教諭が必ず任用されている状況にある。換言すれば，どの地区においても慢性的な「講師希望者」不足が生じていると認識する必要がある。ただし，政令市との格差は明確に表れており，福岡市の小学校における助教諭の任用（2018年度）は0件である(10)。講師希望者がより条件の良い政令市等へ流出した可能性も考えられ，地方分権・規制緩和の功罪が垣間見られる。

　さらに各学校レベルの状況を確認する。以下はX市教育委員会より提供された資料であり，匿名性を担保するために学校名は伏せている。なお，学校の特定を避けるため助教諭の任用が顕著である小学校のみのデータに留めておく。

表3　定数内講師に占める臨時免許状授与者（2017年度）

X市立	定数内講師	そのうち臨時免許状授与者
A小学校	5	1
B小学校	7	2
C小学校	9	3
D小学校	4	1
E小学校	6	1
F小学校	8	1
合計	39	9

　X市の小学校は全12校あり，そのうちの6校（A～F小学校）が教員定数を常勤の講師で対応している問題もさることながら，特筆すべきは，その該当校のすべてで人数こそ異なるが，臨時免許状を発行し，助教諭の職位で任用している点にある。

一連のデータから指摘できることは，「臨時」免許状の常態化であるとともに，助教諭を任用しなければ適正な学校経営を展開できない状況に立たされている点にある。しかしながら，市川の言う「無資格の教員」（市川 2015：334項）を配置することは免許状主義の大幅な後退であり，養成―免許―採用といった人事システム上の機能に不整合が生じている。免許状主義に基づく教職の専門職性は「国民の教育を受ける権利」を保障する原理であることから（北神 2017：14頁），子どもたちの学習権すら侵害する懸念を孕んでいると言えよう。

5　まとめと考察

　本稿では福岡県に焦点を当て，非正規教員の任用傾向を明らかにし，その特質について教職の専門職性―身分保障・免許制度に基づき考察することを目的としている。以下ではまず，非正規教員の任用傾向について明らかになったことを整理しておく。

　福岡県内の小学校・中学校ともに非正規教員の換算数及び増加率は高まっている。その内訳として近年，再任用フルタイム教員が台頭しつつあるものの臨時的任用教員の任用がその多くを占めている。また，非常勤講師等（換算数）は中学校より小学校で多く，背景として小学校における専科や TT の展開が推察される。さらに，臨時免許状を授与された助教諭が臨時的任用教員として配置されている実態が明らかになった。

　さて，非正規教員の任用はこれまで身分保障の観点から問題化されてきた（金子 2014や神田・土屋 1984など）。既述の通り，非正規教員の任用傾向の分析から福岡県ではその増加が確認され，今後も増加することが見込まれる。福岡県内において 2 割に迫るほどの教員が非正規で任用されていることは，身分保障の低下＝子どもたちに対する適切な教育の提供確保に歪みが生じる要因となりうる。今日の学校現場では身分が不安定な非正規教員によって支えられている現実があり，教員の正規化及び非正規教員の待遇改善が必要となる。

　ただし，非正規教員を取り巻く問題をすべて身分保障論として捉えるのではなく，非正規教員の不足に伴う助教諭の任用については免許制度の問題として位置付けるべきであり，この 2 つの問題は区別して論じる必要がある。以下では，本稿において特筆すべき「助教諭」の任用について考察する。助教諭は「職位」であるものの，その任用形態は臨時的任用が主であり有期雇用である点から非正規教員として位置付けられる。助教諭は中学校にも一定程度存在し

ていたが，小学校において顕著であったことが明らかとなり，臨時的任用や非常勤講師の不足を解消する手段の一つとなっていた。この手段は各学校の定数欠を防ぐものとして一定程度機能しうるが，助教諭に依存する／せざるを得ない今日の任用状況は教職の専門職性を支えてきた原理としての免許制度の崩壊を示唆する。小学校教員になるための資格のあることを公の機関が証明するシステムが免許制度であるが，小学校教員になるための養成を受けていない者へ臨時免許状を授与する行為の標準化は，相当免許状主義の大きな転換点ともなり得るし，「大学における教員養成」という原則にも負の影響を与えかねない。教員養成の課程を経ずとも臨時「免許状」を発行することは，免許それ自体が持つ理念の否定とも受け取れ，ひいては「大学における教員養成」の理念も失う恐れすらある。

　以上から，非正規教員の任用傾向において，非正規教員増加による身分保障問題にとどまらず，その任用が臨時免許状への依存に伴い，教職の専門職性を支える免許制度の理念の崩壊が生じていることにその特質を指摘することができる。戦後間もない頃は需給の面で不安があったため臨時免許状の規定は残ったものの，「有資格者が充分である今日，当該条項は作動しないはずである」が（向山 1987：231頁），本稿で明らかになったとりわけ小学校における慢性的な運用実態から看取されるのは，いわゆる「『地方分権』や『規制緩和』の名目で，ナショナルミニマムの保障を放棄し，地方にその責任を転嫁」（山崎洋介 2012：214頁）した結果の一つである。それを裏付けるかのように，政令市である福岡市の小学校における助教諭の任用（2018年度）が０件であったことを踏まえると，講師希望者がより条件の良い政令市等へ流出した可能性を否定できない。地理的あるいは財政的なリソースに乏しい，もしくは特別支援学級や少人数学級などの教育的ニーズに応えうる自治体から教職の専門職性を担保する免許制度に歪みが生じていることが考えられ，全国的な動向を把握する必要がある。なお，広島県や埼玉県においても臨時免許状の発行が増加傾向にあることが確認されており（原北 2019： 4頁），非正規教員全体の任用との関係性から整理する必要がある。とはいえ，少なくとも今日において本来教育条件整備の維持・向上を目指す教育行政自らが教育条件を下方修正し，相当免許状主義に支えられている教職の専門職性を後退させる事態が生じつつあることは指摘できる。免許制度は教員養成―採用―研修といった教師教育制度の中に位置付けられるものであり（北神 2017：17頁），中学校や幼稚園の教師として

養成された者とはいえ，相当免許状主義の理念によって立てば小学校の臨時「免許状」の付与をもって小学校の専門職性が担保されているとは言えないだろう。

　他方，近年の教員政策の動向を俯瞰してみると，教職大学院の充実，免許更新制，教員育成指標など「正規」であることが前提として強く認識されている一連の教職の高度化政策も同時に展開されている。本稿で明らかになった非正規教員の任用傾向からみれば，それは実態と相反する関係に位置付けられていると言える。今後，教職をめぐる政策の相反関係的な展開について，教職の専門職性の観点—身分保障や免許制度の枠組みから捉え直していく必要がある。また本稿では，非正規教員の任用傾向を福岡県の一事例から明らかにしたにとどまる。非正規教員の任用実態は自治体によって大きく異なると推察され，全国的な実態を分析することも併せて課題となる。

[注]

(1)　毎日新聞2011年3月8日東京夕刊1面（政治面）参照。

(2)　文部科学省「公立義務教育諸学校の学級規模及び教職員配置の適正化に関する検討会議（第14回）」配付資料，2012年。
　　https://www.mext.go.jp/b_menu/shingi/chousa/shotou/084/shiryo/__icsFiles/afield-file/2012/06/28/1322908_2.pdf（最終アクセス2019年11月1日）

(3)　毎日新聞2017年11月28日西部朝刊1面（政治面）参照。

(4)　朝日新聞2016年10月19日朝刊31面参照。

(5)　たとえば北海道では「教職員定数に対する教諭の欠員（2017年10月現在）は，札幌市を除く道内の公立小学校で1万2,592人に対して36人，中学校で7,986人に対して15人」であり，「中学校の免許所有者に『臨時免許状』を発行して小学校で教えてもらう」よう検討している（朝日新聞2018年1月17日朝刊北海道総合26面）。

(6)　文部科学省「免許状更新講習を修了していない者に対する臨時免許状の授与について（通知）」（平成31年1月16日30教教人第17号）。

(7)　文部科学省，前掲資料。

(8)　「ゆとりある教育を求め全国の教育条件を調べる会」は，日本の教育条件改善のために文部科学省に情報公開請求して手に入れた義務教育費国庫負担金に関する公文書のデータを読み取りながら教職員定数や実数，配置の様子，学級編制の状況などを調査，研究している団体（https://www.yutoriarukyouikujouken.com/）である。なお，筆者も本会の会員である。

⑼　樋口千鶴子編『福岡県下教育関係職員録（平成29年5月1日現在）』春秋社，2017年。

⑽　「福岡市教育統計年報」（平成30年10月発行）を参照。

［引用文献一覧］

・市川昭午『教職研修の理論と構造―養成・免許・採用・評価―』教育開発研究所，2015年。

・今津孝次郎『新版 変動社会の教師教育』名古屋大学出版会，2017年。

・上原健太郎「正規教員を目指すことはいかにして可能か―沖縄の非正規教員を事例に」『都市文化研究』18巻，2016年，71-83頁。

・金子真理子「非正規教員の増加と問題点―教育労働の特殊性と教員キャリアの視角から」『日本労働研究雑誌』645号，2014年，42-45頁。

・神田修・土屋基規『教師の採用―開かれた教師選びへの提言』有斐閣選書，1984年。

・北神正行「第4章　教員免許状制度」日本教師教育学会編『教師教育研究ハンドブック』学文社，2017年，14-17頁。

・佐藤学『教師というアポリア―反省的実践へ』世織書房，1998年。

・篠原岳司「教育経営学―学校の自律性と臨床的アプローチ，その追究の先に―」『教育学年報11　教育研究の新章』世織書房，2019年，249-271頁。

・下井康史『公務員制度の法理論―日仏比較公務員法研究』弘文堂，2017年。

・高橋哲『現代米国の教員団体と教育労働法制改革―公立学校教員の労働基本権と専門職性をめぐる相克―』風間書房，2011年。

・土屋基規『戦後日本教員養成の歴史的研究』風間書房，2017年。

・野平慎二「学校教育の公共性と教職の専門性―対話による基礎づけの試み―」『教育学研究』75巻4号，2008年，2-13頁。

・原北祥悟「わが国の教員免許制度における臨時免許状の運用実態とその特質―助教諭の任用動向を手掛かりとして」『教育経営学研究紀要』21号，2019年，1-8頁。

・前島康男「免許状の種別化の問題点」全国教員養成問題連絡会編『資料集　教員養成・免許法問題』エイデル研究所，1984年，15-16頁。

・三宅愛未「教員の有期任用についての批判的検討―公立義務教育諸学校および高等学校の場合を中心に」『龍谷大学大学院法学研究』第15号，2013年，99-115頁。

・向山浩子『教職の専門性―教員養成改革論の再検討―』明治図書，1987年。

・山崎博敏『教員採用の過去と未来』玉川大学出版部，1998年。

・山崎博敏「2025年までの公立小中学校教員需要推計―戦後第3の不況期はいつ到来するか」『広島大学大学院教育学研究科紀要第三部』第63号，2014年，11-20頁。

・山崎洋介「第4章　学級定員基準とその仕組み」世取山洋介／福祉国家構想研究会

『公教育の無償性を実現する―教育財政法の再構築』大月書店，2012年，207-235頁。
・山崎洋介・ゆとりある教育を求め全国の教育条件を調べる会『いま学校に必要なのは人と予算―少人数学級を考える』新日本出版社，2017年。
・山下晃一「第3章　教育行政における地方分権・規制改革の展開と課題」『講座　現代の教育経営1　現代教育改革と教育経営』学文社，2018年，24-34頁。

[付記]

本稿は，JSPS 科研費19K23305の助成による研究成果の一部である。

教育経営の実践事例

地域発展につながる学校再編実現の組織化プロセス　佐々木浩彦

武井　敦史

地域発展につながる学校再編実現の組織化プロセス

下田市立下田東中学校　佐々木浩彦
静岡大学　武井敦史

1　はじめに

　人口減少・少子化の進行により学校数の減少が進行している。文部科学省の学校基本調査によれば2010年度から2019年度までの間に全国の小中学校で3,100校あまり，年間300校を超えるペースで減少が進行している。また，8割以上の市区町村の学校規模に課題がある一方で，その内の42%の市区町村において検討が予定されていないという調査結果もある（文部科学省 2017)。

　学校再編の適否の判断は，「教育的観点のみならず，地域の様々な事情を総合的に考慮して検討しなければならない大変デリケートかつ困難な課題」（文部科学省 2015)であるとされる。教育的観点からは一定の学級規模が望ましいと考えられており，また公共施設マネジメントの観点からも自治体の公共施設の約4割を占める学校の施設規模縮小が望まれる（学校施設の在り方に関する調査研究協力者会議 2013)が，一方で学校が廃校となる地域はコミュニティの中核を失い，疲弊を加速していくリスク（山下 2014：58-70頁）が認識されており，このジレンマの中に学校再編という施策課題が立たされている。

　学校再編に関連する諸条件については，一定の研究が蓄積されつつあり，また学校再編時の工夫や地域活性化の手立ての事例も存在する。これらの研究は，学校再編の参考にはなるものの，現実の再編プロセスが直面する諸課題に照らした場合，学校統廃合の是非を論じることからはほど遠いのに加えて規範や理念の考察を避けては通れない（佐藤 2015)という難しさがある。

　一方で地域や自治体は，研究が成熟して方法論が確立されるのを待つ余裕はない。校舎の耐用年数や複式学級の発生等の環境条件変化が生じれば，学校再

編に踏み切るか否かの行政判断を行う必要に迫られ，その判断は数十年以上の長期にわたって，地域の教育環境を規定するものとなる。

　本事例は，これらの課題認識を念頭に，学校の適正規模化と地域の活性化を両立させるための手立てを模索した試みである。以下では，まず本事例の舞台となるＡ市の学校再編プロセスを整理し，次に筆者らが関係した[1]Ａ市統合準備委員会及びその下位組織として特に学校再編の創発的な側面を担った「未来のＡ創造プロジェクト部会（以下，PJT部会）」の動きを中心にそのプロセスと組織的特徴を記述する。その上でそこから地域発展につながる学校再編のあり方に関する示唆を得ることをねらいとする。

2　中学校再編に至る経緯の概略

　Ａ市の人口は21,388人（2019年9月現在），小中学校の児童生徒数は1,237人（2019年5月学校基本調査）であり，2017年に過疎地域の指定を受けた人口減少地域である。国立社会保障・人口問題研究所が2018年3月に公表した推計によれば，2045年には10,767人にまで減少するという推計が示され[2]ている。現在市内にある7小学校4中学校も小規模化が進行しつつあり，複式学級編成の小学校が1校，単学級編成の中学校が3校ある。

　Ａ市では2016年8月のＡ市総合教育会議において「4中学校を一度に統合する1校化の手法が望ましい」との方向性が示され，「Ａ市立中学校再編手法及び新中学校候補地に係る報告書」が取りまとめられた。

　この報告書を受け，2017年4月にＡ市教育委員会（以下，教育委員会）は，Ａ市立学校再編整備審議会に対して(1)再編手法，(2)通学補助，(3)建設手法についての3点を含む諮問を行い，同審議会は検討を重ねた上で2017年7月，学校再編整備について(1)敷地利用，(2)通学費補助，(3)学校施設の長寿命等を骨子とする答申をまとめた。以降，同審議会の議論を受け，Ａ市政策会議（2017年8月）において2022年度の新中学校開校を目標とする中学校再編整備推進が方針決定され，Ａ市議会定例会（2018年6月）で学校設置条例が改正された。

　以上の経緯から，教育委員会では，2018年1月を目途に附属機関である「Ａ市立学校統合準備委員会(以下，統合準備委員会)」を設置し，4中学校を1校化するための具体的準備を進めることとなった。

3　A市統合準備委員会の組織編制

　学校再編は，当該地域に居住する住民に対する教育サービスのあり方を大きく左右するものであり，学校の再配置という課題を乗り越えて新たな教育のかたちを実現していくためには，学校教育に関する専門性を有する教職員の参画と，その経験・知見の創造的な活用は不可欠であると考えた。

　ところが，実際にはこの課題を解決することは容易ではない。というのも，学校教職員はその職制上，組織の内部環境については関心を持ちえても，置かれた地域条件や制度環境について意識する機会に乏しく，専門性を活かして新たな学校づくりを検討する場に教職員自身が参画する機会が従来はほとんど存在していなかったからである。そこで統合準備委員会の組織編制においては，新中学校構想やその教育のあり方を検討するプロセスに教員が参画して創造性を発揮できる仕組みが検討された。

　統合準備委員会には，その下位組織として教職員で組織する実務的な7つの準備部会（**図1**）が設置された。統合推進部会と地域PTA部会は，市内7小4中学校の管理職で構成され，それ以外の部会は，11名の分掌担当に担当校長2名を加えた13名で構成されている。これら各部会は，分掌業務の視点から準備を進める部会であり，既存会合を活用して検討時間を確保し新学校構想の具体化を進めた。

　そして，これら準備部会の取りまとめが，各部会の部会長で組織される統合

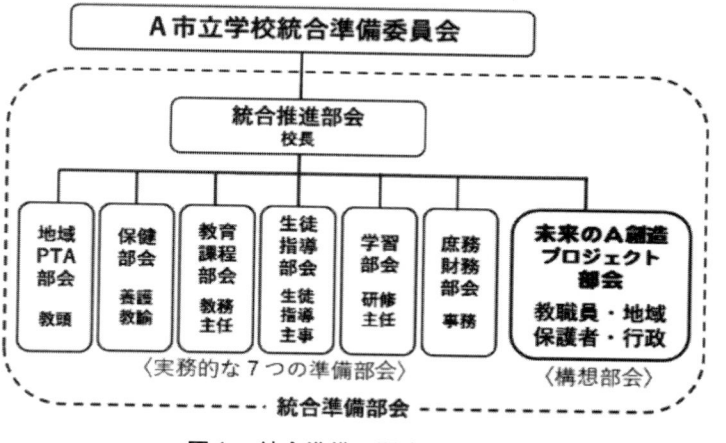

図1　統合準備に関する組織図

推進部会であり，各部会の意見の集約と調整を担うこととされた。

　これらの部会の構成は，管見によるかぎり，他地域の学校再編の推進体制と大きく異なるものではないが，A市においてはこれらに加えて，8つ目の新たな準備部会として構想部会（**図1**右下「未来のA創造プロジェクト部会」）が設置されることとなった。

　PJT部会設置の背景には，「吸収合併ではない統合新校をつくるためには，新たなものをゼロベースで検討することが重要」(3)，「新しいものをつくりあげていく方が魅力的であることを繰り返し伝えた」(4)といった他地域の視察から得られた示唆がある。

　PJT部会の設置は，筆者Sが教職大学院派遣期間中に行った学習・研究や他地域のフィールド調査の結果を踏まえた上で，教育委員会に提案し，事務局及び定例会での検討を経て実現されたものである。PJT部会の構想・実施に際しては，派遣大学の「学校等改善支援研究員」(5)の仕組みを活用して筆者T等と共にチームを形成し，2017年5月以降組織的に検討を重ねた。

　学校再編は経験に乏しい課題への挑戦であるため，既存の方策をベースとした擦り合わせになりがちで発展的内容を含む案は出にくい。一方で自由な発想が必要とはいっても，突飛なアイデアや単なる思いつきが強調されて学校教育の混乱を招くような事態は避ける必要がある。

　そこで，既存の法制度や他市の先行事例を基盤に実務的に計画を策定する作業部会と，より発展的な内容を含む構想を発案するための部会とをメンバー的にも別個に組織化して，両者のやりとりを通して計画を練り上げて実現していく組織デザインについて，筆者Sが仲立ちをしながら教育委員会事務局と大学の双方で検討された。これらの検討を経て，構想づくりを中核的に担う組織として設置されたのがPJT部会である。

　PJT部会の構成・活動の骨子は次の4点にまとめられる。

　第一に，柔軟な発想が期待される20代から40代の若手教員を4中学校から集め，新たな学校づくりに関心を持つ，地域，保護者，行政の代表者を加えて核をつくることである。第二に，研究者や有識者から新たな視点や知見といった外部性を取り入れながら，既存にとらわれない自由な発想で案を構想することである。第三に，「こうなってほしい」理想の未来から今を考えるバックキャスティングの思考をベースに，「子どもも大人もワクワク」という合言葉を掲げ，A市の新たな魅力や新中学校の取組を考えることである。第四に，構想部

会で練られたアイデアを実務的な部会で検討する仕組みを作り，メンバーを兼任させることで双方に緩やかな接続を生み出すことである。

4　PJT 部会の活動と現在までの成果

　PJT 部会（およびこれに関連する研修等）は，上述のように学校と地域の代表が集まり学校と地域の魅力化について話し合い，未来のA市を担う人材育成理念を新中学校の教育に活かすための構想を練る組織であり，開校までに全23回の開催を予定している。現時点(2019年10月)までには7回，**表1**に示すテーマについて協議・検討を行った。

表1　PJT 部会と関連活動の内容（2019年10月現在）

	実施時期	形式	テーマ（概要）
①	2018.7.	ワークショップ	「過去に承認を受けた思い出は？　地元自慢からヒントを探る」
②	2018.10.	ワークショップ	「私の逆向き設計図」今の私は，「誰かによってデザインされていたのではないか」という視点で，人生の選択に影響を与えたものは「何か」を探る
③	2018.11.	ワークショップ	「未来のA市を担う35歳の地元住民を育てる『何か』とは何か？」
＊	2018.11.	視察	企業のオフィス視察「子どもの学習環境と教職員の働き方のデザイン」
④	2019.1.	講義・演習	講義「デザインプロセスとデザイン思考」講師：大学教授協議「35歳の地元住民を育てるデザインとは？」
⑤	2019.2.	ワークショップ	「新中学校の具体的なアイデア」故郷が自分の居場所になるために，「強い思い出」「つながり」「誇り」を創出する，総合的な学習の時間と教科を組み合わせた新たな「コアアイデア（教科）」を考える
⑥	2019.5.	ワークショップ	マンダラチャートを活用した「未来のA市を担う人材に必要なアイデアの整理」
⑦	2019.8.	ワークショップ	「次期A市教育大綱 PJT 部会バージョンづくり　マンダラチャートを活用して」35歳の地元住民を育てるための学校教育の在り方とは
＊	2019.8.	全体研修会	講演「学校教育の社会的役割再考―生涯にわたる学習者の育成に向けて―」とワークショップ「主体的・継続的学習者を育成する学校づくり」

　第1回では，部員が過去に承認を受けたエピソードの中から，新たな学校づくりのヒントを探った。意見交換では，「A市の豊かな自然をどのように学びや遊びの環境に関係させるのか」，「他地域の中学生との交流をどのようにデザインするのか」の2点が学校づくりのヒントとしてまとめられた。

　第2回では，人生の転機となった出来事を語り合い，「それらは誰かによっ

てデザインされていたのではないか」という視点で新たな学校づくりのヒントを探った。そこからは「好きなことをやらせてもらえた経験が小・中・高校時代にあったこと」,「好きなことに熱中できる環境が学校,地域,家庭にあり,教員,地域,保護者が見守り応援してくれたこと」の2点が整理された。

部会を傍聴したA市教育長は,「大人が生き生きと,ワクワクしながら議論することは素晴らしい。こうした様子を子どもたちにも見せたり,授業でも取り入れたり,子どもたちの参画があると面白いと感じました」(PJT部会議事メモ)とコメントしている。

第3回では,未来のA市を担う35歳の地元住民の姿を,①故郷に戻り故郷のために貢献できる人,②故郷を離れても故郷のためにアクションを起こせる人,③新たにA市に流入し貢献できる人と仮定義した上で,人材育成に必要な「何か」を,新社会人基礎力をベースに協議した。「何か」とは「人間力」であるとした上で,A市にはそれを受け入れるための「居場所(あなたがそこに居ることを誰かに必要とされている場所。本来のあなたを取り戻すことのできる場所でもあり,自分の資質や能力を社会的に発揮することができる場所)」が必要であると付け加えられた。

第3回と第4回の間には,校舎の基本設計時期に合わせて企業のオフィスを見学し,教育,職場環境の両視点から,新たな教育環境のあり方について考察し提言をまとめた。この視察を通し,教職員の参画に関する意識の醸成と機会の拡大を狙いとした。

第4回では,デザインを専門とする研究者の講義からデザインプロセスとデザイン思考について学び,「どうしたら故郷が居場所になるか」について以下の4点を整理した。すなわち,①自己存在感を大いに感じられるポジティブな体験を仲間と共に得ること,②失敗してもコミュニティから受け入れてもらえるという安心感を得ること,③自分の選択や頑張りによって,新しく楽しい世界が開けた感覚を得ること,④地元にいる仲間,家族,先生方から今でも必要とされているという声や思い,である。以上の4点は,新中学校の具体を考えるための重点として扱われることとなった。

第5回では,故郷が自分の居場所になるための3つの要素を新中学校での経験にデザインするため,総合的な学習の時間と教科を組み合わせた新しい「コアアイデア(教科)」について発想した。

第6回では,「マンダラチャート」(目標達成シート)を活用し,35歳の地元

住民を育てるために必要な要素と行動目標について意見交換を行った。

第7回では，2021年A市教育大綱改定の動きとコラボし，PJT部会バージョンを作成して提案することを2019年度の目標に据えることとした。これまでのPJT部会の話し合いをもとにして，35歳の地元住民を育てるための学校教育のあり方について話し合った。

また，PJT部会から出てきた「教職員，保護者，地域，生徒，行政を含む地域全体で考える必要がある」という考えを具体化する手立ての一つとして，市内小中学校の教職員全体会を開催（2019年8月21日）し，大学教員を講師とした招聘講演とワークショップを実施した。グループワークでは，未来のA市を担う地元住民の姿から逆算した新中学校の教育のあり方や魅力化について話し合った。アンケート結果によれば，「新たな学校づくりは未来のA市のために重要だと思う」99％，「新たな学校づくりに魅力を感じる」94％（N=123，4件法のうち「とてもそう思う」「そう思う」の合計）と評価され，また，自由記述欄からは「新中学校で特に経験させたいこと」として，「夢を思い描くこと」「新たなことに挑戦すること」，「まちのよさを体験する機会」が重要であるといった声がよせられた。

会を重ねることでその内容も充実しつつあり，今後のPJT部会の方向性として，「CDやDVDではなく楽しい雰囲気をライブで提供していくこと」，「マインドを根付かせる。そして，常に進化するために形を変えながら永久に存続する」ことが重要であることが見えてきた。特に，PJT部会の意義については，「誰でも，場を提供して闊達な意見が出せる雰囲気さえあれば，すごく未来思考なものが主体的に生まれてくる」ことが一つの発見として得られ，「2020年度は一つの会議体をつくってパッケージを完成させていくことが使命になる」とする方向性が確認された（第7回終了後の打合資料より抜粋）。

こうしたPJT部会の様子は，新聞やテレビ等でも取り上げられ，「子どもたちが学校や地域に誇りを持ち，夢や希望を語ることのできる教育などについて話し合った」（2018.7.27 C新聞朝刊），「学校や地域に誇りを持ち，『35才になっても故郷はいつまでも自分の居場所である』と感じてもらえることを大きなテーマとしている」（2019.1.17 C新聞朝刊）等の評価がなされている。

5　A市の再編に関わる経緯のまとめと展望

以上で述べてきたように，教職員の参画意識の醸成や地域の視点や資源を活

かした新学校づくりについては，地域や学校教育に関する「共同省察」，35歳の市民を想定した「バックキャスティング」，「デザイン思考」を用いた居場所づくりの等の視点を含む一連の取組を通して，通常の学校再編プロセスには見られない地域住民や教員の参画のかたちが実現されてきている。

　2019年5月には，統合推進部会の補助的機関として4中学校の校長，教頭，教務主任，事務局で構成する「統合企画研究会」を新たに設置し，新中学校開校準備に際して全般に関する様々な検討を行っている。

　また，2019年度のPJT部会は，図2に示すように枠組と参加者を拡大した上で運営されており，より多様な参画者を巻き込んだ動きが展開されている。

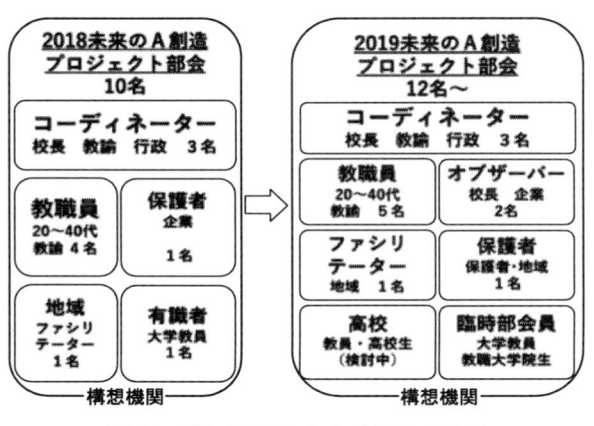

図2　参加者の拡大と枠組みの変化

こうして新学校に向けた参画意識は醸成されつつあり，関連する諸活動も柔軟に組織化されつつあると言えるが，一方で教職員の専門性を活かして新中学校の教育課程を創造し，地域発展につなげていくプロセスは今後の課題である。現時点では，コアアイデアとして，総合的な学習の時間と英語科の授業を連携し，「英語観光ボランティアガイド授業の必修化」など，いくつかの案が出されており，学校の魅力化策のカリキュラム化や，発展的な地域デザイン等についての検討が今後計画されている。

　今後の具体的計画としては，第一に2019年度末までには，「マンダラチャート」を応用して，「次期A市教育大綱PJT部会バージョン」を作成し，市長部局への提言や，教職員や市民に対しての発信の方法を検討していく。また第二に，PJT部会でカリキュラムのコアアイデアを構想し，大学の研究グループか

ら教育課程の制度枠組みや他地域の事例を踏まえた計画提案をもらう，というかたちでの協力を得ながら，A市独自の教育課程を編成する。こうした取組を経て，2022年4月の新中学校開校に向けて地域発展を含む学校のあり方や新たな教科化等について検討される予定である。

6　おわりに

　本事例の意義は教育経営学の観点から次の二点にまとめることができる。

　第一に教職員の参画を取り込んだ創造的な学校再編プロセスのあり方についてである。学校再編という複合的な課題に統合的に対応していくためには，本事例における統合準備委員会のような管理組織の必要性が指摘されている（島津 2016：28-30頁）。しかし，学校再編はその運営プロセスにおいて地域住民の反対や学校（保護者）間の利害関係対立といった，その阻害要因の発生や失敗リスクが強く意識される事案であり，このため管理プロセスへの参画者は新たな挑戦や創意工夫を講じるだけの心理的なゆとりが持てない場合が多い。結果，学校統合を機とする教育上の工夫については後回しにされることが多く，「教育活動の抜本的な見直しや教育課程開発などが必要だと分かってはいても，なかなか手が回らない」（葉養 2011：245-246頁），「新たな学校システムのあり方を構想するところまでには至っていない」（貞広 2016）といった指摘もされている。こうしたアンビバレントな経営課題に対応する運営組織のあり方という観点からみたとき，本事例のPJT部会の構造は，創造的なプロセスを組織構造的にもメンバー的にも管理的なプロセスから分離して進めた上で，その反映のあり方についてはクッションを置くという手立てによって，総体としてリスクを回避しつつより発展的な展開を志向することが可能となっている。

　第二に地域課題と外部資源，特に大学の人的資源の関係のあり方についてである。学校再編は地域コミュニティや住民の生活上の厚生にとって影響力の大きい課題である一方，都市から離れた僻地の場合，近隣に専門性を有する研究組織がある可能性は少なく，経験を持つ人材もかぎられていることが想定される。また，運良く協力者を見つけることができた場合でも，研究組織において蓄積された知見を適切に援用するためには一定の研究リテラシーが必要となる。この点，本事例のPJT部会は，「学校等改善支援研究員」の仕組み等を活用して大学と自治体の間の緊密で効果的な組織的協働の方途を開拓した成果である。また，PJT部会の中で活用された「共同省察」，「バックキャスティング」，「デ

ザイン思考」等の概念や手法は，大学や学会等の研究組織を中心に蓄積されてきた知であり，筆者らが研究組織と自治体の間を媒介することで具体化した一例として位置づけることもできるであろう。研究と実践との架橋手段を確立することができれば，僻地における再編を伴う学校づくりのプロセスを，より発展的・創造的なものに改善していける可能性もあるのではないか。

　学校のさらなる小規模化が進行する今後，学校再編は国内の広範な地域において課題化され，また甚大な影響を及ぼす経営課題であるのに比して，研究的知見の蓄積は少なく整理も不十分である。今後の研究の進捗が期待される。

［注］

(1)　筆者SはC大学「学校等改善支援研究員」（2017，2018年度）およびA市教職員統合企画主任(2019年度)，筆者Tは統合準備委員会副委員長として本事例に関係している。本稿はA市教育長に内容確認の上で，筆者らの責任で執筆したものである。執筆は筆者Sが2，3，4，5節，筆者Tは1，6節を分担した。

(2)　国立社会保障・人口問題研究所「日本の地域別将来推計人口（平成30（2018）年推計）」（2018.3.30公表）。

(3)　県外の4中学校統合による新中学校開校事例(2016年)の推進者(校長)に対する聞き取り調査(2017.11.9)の発言メモ。

(4)　県内4中学校統合による新中学校開校事例(2005年)の推進者(校長)に対する聞き取り調査(2017.11.16)の発言メモ。

(5)　各地域の有する学校課題について大学教員と大学院生とがチームで改革に取り組み，実際の学校改善を戦略的に追求することでリーダーシップを開発するしくみ。文部科学省「国立教員養成大学・学部，大学院，附属学校の改革に関する取組状況について〜グッドプラクティスの共有と発信に向けた事例集〜 vol.2」，2019参照のこと。

［引用文献一覧］

・学校施設の在り方に関する調査研究協力者会議「学校施設整備基本構想の在り方について」2013年。

・貞広斎子「人口減少社会における持続可能な学校経営システムの開発〜3年間のまとめと今後の課題〜」『日本教育経営学会紀要』第58号，2016年，114-115頁。

・佐藤晋平「学校統廃合をめぐる効果と規範について―教育行政学の理論基盤の再考による問題提起―」『九州大学大学院人間環境学府（教育学部門）教育経営学研究紀要』第17号，2015年，97-101頁。

・嶋津隆文『学校統廃合と廃校活用─地域活性化のノウハウ事例集─』東京法令出版，
　2016年。
・文部科学省「公立小学校・中学校の適正規模・適正配置等に関する手引〜少子化に
　対応した活力ある学校づくりに向けて〜」2015年。
・文部科学省「学校規模の適正化及び少子化に対応した学校教育の充実策に関する実
　態調査について」2017年。
・葉養正明『人口減少社会の公立中学校の設計─東日本大震災からの教育復興の技術
　─』協同出版，2011年。
・山下祐介『地方消滅の罠─「増田レポート」と人口減少社会の正体』筑摩書房，
　2014年。

公開シンポジウム

新学習指導要領のもとでの「教育課程経営」の理論的・実践的課題

今次学習指導要領改訂と「教育課程」の経営をめぐる論点

花園大学　植田健男

　今次の学習指導要領の改訂は，これまでと同様，文部科学大臣による中央教育審議会（以下，中教審と略す）への諮問（2014年11月20日）から始まったものの，12月4日に初等中等教育分科会教育課程部会の下に教育課程企画特別部会が設置され，これまでとは異例の手続きが織り込まれ，そこで注目すべき数々の論点が提示されているのである。同特別部会は，翌2015年8月26日に「論点整理」を，そして，その1年後に「次期学習指導要領等に向けたこれまでの審議のまとめ」（2016年8月26日）を公表し，これを受けて今次の改訂が行われている。

　今回の学習指導要領の特徴は，これまで議論になってきた「学力」問題に拘泥するのではなく，これからの社会の変化に対応できる「人材」の「資質・能力」の育成を論点として取り上げ，さらに，学習指導要領が果たす役割（意義）や効力について，60年ぶりに見直しを図ろうとしていることにある。

1　今次改訂における「教育課程」の位置づけとその意味合い

　前述の企画特別部会「論点整理」では，問題状況の認識（1頁）において，グローバル化が我々の社会に多様性をもたらし，また，急速な情報化や技術革新が人間生活を質的にも変化させつつあり，身近な生活も含めて社会のあらゆる領域に及ぶような新たな事態に対応して，教育と学校の在り方の見直しが必要となっているとし，「教育課程全体の体系化」の必要性を説いている。「新しい時代に求められる資質・能力」の確実な育成（2頁）を進めるには，従来の教育課程の在り方を改めて，「これからの教育課程」（3頁）へと発展させることを提起し，そこには，社会の変化に即した教育内容の見直しのみならず，学習指導方法や評価の在り方，そして，教育課程の全体構造（全体像）を念頭に置いた「日々の教育活動」の展開（6頁）まで含んだものとなっている。さらに，これまでの学習指導要領やそれをもとに編成される教育課程の在り方につ

いて，更なる見直しが必要だ，としているのである。

　ここで「教育課程」とは，「学校教育の目的や目標を達成するために，教育の内容を子供の心身の発達に応じ，授業時数との関連において総合的に組織した学校の教育計画であり」，「その編成主体は各学校である」（21頁）としており，各学校では，「子供たちの姿や地域の実情等を踏まえて，各学校が設定する教育目標を実現するために，学習指導要領に基づきどのような教育課程を編成し，どのようにそれを実施・評価し改善していくのかという『カリキュラム・マネジメント』の確立が求められる」（21-22頁）としている。

　「特に，今回の改訂が目指す理念を実現するためには」「教育課程全体を通した取組を通じて，教科横断的な視点から教育活動の改善を行っていくことや，学校全体としての取組を通じて，教科等や学年を越えた組織運営の改善を行っていくことが求められており，各学校が編成する教育課程を核に，どのように教育活動や組織運営などの学校の全体的な在り方を改善していくのかが重要な鍵となる」（22頁）としているのである。

2　「教育内容行政」の見直し―学習指導要領，教育課程の「在り方」―

　戦後最初の学習指導要領である1947年版では，戦前と同じ「教科課程」の語が用いられていたが，1951年版で，教科だけではなく教科外活動も含めた「教育課程」という用語が提示され，それは教育の本質を実現していく上で不可欠な，かつ極めて動態的なものとして提起された。しかし，1958年改訂において教育課程の「国家的基準」という表現がなされ，学習指導要領の「法的拘束力」が前面に打ち出されたことは周知の通りであるが，それと同時に，肝心の「教育課程」についての定義は教科等を列挙しただけの極めて形式的なものにされてしまい，単に，学校で教えるべき「教育内容」という程度のものとなってしまった。「教育課程の空洞化」「形骸化」とも言うべき状況が生まれたのである。

　こうした歴史的な経緯を勘案すると，今回の改訂において「教育課程」の「再定位」とも言うべき提起がなされていることは，教育内容行政に何らかの転換がもたらされようとしていることを看過してはならない。

　2016年12月の中教審答申でも「学習指導要領等は，教育の内容及び方法についての必要かつ合理的な事項を示す大綱的基準として，法規としての性格を有

している」（21頁）としつつも，「法規としての学習指導要領等に反すると判断される」例として，「学習指導要領等に定められた個別具体的な内容項目を行わない場合や，教育の具体的な内容及び方法について学校や教員に求められるべき裁量を前提としてもなお明らかにその範囲を逸脱した場合など，学習指導要領等の規定に反することが明白に捉えられる場合」（22頁）としている。

　また，例えば，『中学校学習指導要領解説 総則編』（2017年7月）においても，学習指導要領は「法令上の根拠に基づいて国が定めた教育課程の基準である」としつつも，「その規定は大綱的なもの」（19頁）として，あくまでも「学校において編成される教育課程は，生徒の心身の発達の段階や特性及び学校や地域の実態を考慮し，創意工夫を加えて編成されるもの」（19頁）としている。

3　改めて“学習指導要領＝「教育課程の基準」”の意味をめぐって

　改めて「教育課程」とは何かという意味と，その意義の再確認に立って，今，何が求められているのかを考える必要がある。あくまでも，これまでの「学校の教育課程」の実態が問われているのであり，いかなる意味での「再生」が求められているのかが重要な検討点となる。その作成過程や手続きだけが問題ではなく，それによってつくられるべき「教育課程」とは何なのかということこそが，最も重要な論点なのである。

　だとすれば，ここで学習指導要領が「教育課程の基準」であるとは，どういうことを意味しているのか，という最も根本的かつ原理的な問題についての再検討が必要とされている。近年，「教育課程」そのものについてのこうした問い直しが伴わない状態で，「大綱的基準化」という言葉だけが融通無碍に使用され，イメージだけが拡散されていくなかで，むしろ，本質的な議論からは遠ざけられてきたのではないかと思われる。

　教育課程への「法的拘束力」の議論も，1958年改訂を機として，もっぱら教育内容に対する教育行政による権力的な決定，支配・統制の問題として論じられ，その是非が問われて来たが，そもそも「教育課程の基準」とは，いかなるかたちで存在しうるのかということこそが，この論争初期から徹底して議論されるべきものであった。これについては，当時，文部省関係者からも検討に値する重要な論点が提示されていたのであり，今後，改めて議論する必要があろう。

教育の内容，方法と組織をどう結合する —教育課程企画特別部会に参加して—

千葉大学　天 笠　　茂

　本シンポジウムでは，学習指導要領の改訂をめざして中央教育審議会初等中等教育分科会教育課程部会のもとに設置された教育課程企画特別部会における審議を取り上げる。本特別部会が審議を通してまとめた「論点整理」において提起したことの意義や課題について，委員として審議に加わった立場から述べることにした。

1　教育課程企画特別部会を取り巻く環境

　教育課程企画特別部会は，下村博文文部科学大臣（当時）の学習指導要領改訂の諮問（2014.11）を受け，"様々な立場のアクターの幅広いコンセンサスを形成する核"（合田哲雄）として，中央教育審議会のもとに設置され，2015年1月から2016年12月まで26回開催された。

　そのうち，初回（2015.1.29）から第14回（2015.8.20）における審議は「論点整理」（2015.8.26）としてまとめられた。それは，その後の中央教育審議会「答申」の骨格となるものであり，このたびの改訂の基本的な方向性を示すものであった。

　その教育課程企画特別部会に関連して，審議の方向性に関わる動きとして，まずは，同特別部会の設置以前の動きについて，次のように外国語，道徳教育，資質・能力に関する検討や実施計画の作成があったことを取り上げておきたい。
・外国語の充実をめぐる動きとしての「グローバル化に対応した英語改革実施計画」（2013.12）。これは，成長戦略に資するグローバル人材の育成を提言して小・中・高等学校における英語教育の抜本的改革をあげた自民党の教育再生実行本部提言の具体化としてとらえることができる。
・道徳教育をめぐる教科化の動きとしての「道徳に係る教育課程の改善等について」（2014.2）。これは，次期学習指導要領に向けた改訂作業を実質的に先導するものであった。
・育成すべき資質・能力の検討をめぐる動きとしての「論点整理」（2014.3）。

これは，次期学習指導要領に向けての基礎的な資料を得ることを目的に設置された検討会のまとめであり，内容ベースカリキュラムから資質・能力ベースカリキュラム，カリキュラム・マネジメントなどの検討が盛り込まれた。

このうち，前二者は，顕著な政治主導のもとの動きと指摘できるものであり，特別部会の審議に際しては，既定の路線とされた。その一方，後者の育成すべき資質・能力の検討会の「論点整理」は，特別部会における審議の方向性や内容をめぐってたたき台となった。

もう一点，文部科学大臣による"「脱ゆとり」宣言"を取り上げておきたい。2016.5.10　馳浩文部科学大臣〔当時〕が，記者会見において「ゆとり教育との決別」を強調。その中身は，「ゆとり教育」か詰め込み教育かの二者択一の議論には戻らない，知識の量を削減せず質の高い教育をめざす，というものであった。「日本経済新聞」に掲載された"中外時評「ゆとり」は再生するか　授業変革へ過去を省みよ"（大島三緒　論説副委員長）（2016.4.17）に端を発した特別部会における学習指導要領改訂をめぐる審議に関連して，政治的な決着を図る動きであった。それは，教育内容の量を削減することなく，授業の質的改善を進めるというものであった。すなわち，知識の増減に触れることなく学習過程の質的改善をめざすとする先の学習指導要領の路線を再確認するものであり，このたびの学習指導要領改訂をめぐる審議を基本的に方向づけるものとなった。

2　改訂に向けての審議

ところで，教育課程企画特別部会は，①教育目標・内容と学習・指導方法，学習評価の在り方を一体としてとらえた学習指導要領等の在り方，②育成すべき資質・能力を踏まえた教科・科目等の目標・内容の見直し，③カリキュラム・マネジメントや，学習・指導方法および評価方法の改善を支援する方策，などの審議を通して，学習指導要領を見直す視点や基本的な方向性を提示することが求められた。

そのために，まずは，改訂の対象となる平成20年版学習指導要領について，その到達点と残された課題を次のようにあげた。

・前回改訂の検討にあたり，育成を目指す資質・能力を踏まえて教育課程を整理することの重要性は認識されていたものの，議論の蓄積が乏しかった。

・教えるべき内容に関する記述を中心に，教科等の枠組みごとに知識や技能の

内容に沿って順序立てて整理したものにとどまっていた。

・言語活動の充実が，各教科等を貫く改善の視点として掲げるにとどまり，成果をあげるまでには至らなかった。

「論点整理」にカリキュラム・マネジメントが提起された背景には，これら先の学習指導要領が積み残した課題の存在を無視することはできない。めざすところであった「言語活動の充実」が，国語科の枠のなかにとどまり他の教科等にまで貫ききれなかったこと。そのことを改訂の問題意識として引き継ぎ，道半ばであった「言語活動の充実」の到達をめざすとして，"教科等横断を側面とするカリキュラム・マネジメント"の提起に託したということである。

一方，育成をめざす資質・能力から学習指導要領を見直すことを提起するにあたり，次のような点から審議が進められた。

まず，教育方法の改善としてアクティブラーニングの導入を審議の中心に位置づけて多くの時間をあてた。その審議の過程において，"特定の型の普及"をめぐる議論がなされ，特定の方式の普及・定着を意図するものでないことを確認し，その旨を「論点整理」に盛り込んだ。

次に，教育目標・内容と学習・指導方法，学習評価の在り方を一体としてとらえて審議を進め，学習指導要領の在り方を探った。従来，学習指導要領の告示後に指導要録の在り方を中心に学習評価を検討してきたように，内容・方法の検討と評価の検討を段階を踏んで行ってきた。これに対して，このたびの改訂では，当初から，内容・方法・評価を一体的に検討するとして審議を進めた。さらに，"教育課程"の強調である。その基盤には，教育課程全体で教育効果を得るという考え方があり，そのねらいの一端を次のように記した。

・教科等を学ぶ本質的な意義を大切にしつつ，単独では生み出し得ない教育効果が得られる教育課程を探求する。

・学びを教科等の縦割りにとどめず，教育課程を見渡して相互の連携を図り，教育課程全体としての効果を発揮する。

これらをめざす取り組みとして教育課程と各教科等との往還が説かれ，その一環として，各教科等の授業をはじめとする教育活動を教育課程に位置づけ，教育活動相互の連携や横断を促し，必要な資源の投入を図るカリキュラム・マネジメントが打ち出された。

そこには，教育課程を起点にして内容と方法，それに組織を連関させ，学校全体として教育の成果を高めるねらいが込められている。教育課程の編成から

実施さらには評価・改善を通して，教科等の縦割りや学年を越えた学校全体の取り組みを生み出すなど，教育活動と組織運営とを効果的に結びつけ，学校の全体的な改善をめざす。カリキュラム・マネジメントの提起には，教育課程と組織運営の相乗的な結合による学校の教育活動と組織運営の見直しが含まれており，教育課程の確立を起点にして，内容・方法・組織の一体的な把握を通して，学校改善をめざす学校経営の求めがある。

3　教育課程への資源の投入

　これら教育課程の強調には，学習指導要領改訂にあたり繰り返し指摘される点との関わりがある。内容・方法の見直しと学校内部組織の改革との乖離であり，学習指導要領の改訂が学校の組織および運営にまで及ばないという課題の存在である。

　学習指導要領改訂の趣旨や理念が，学校さらに教室まで届かないということがよく言われる。それは，情報が学校や教師に届かないというよりも，改訂の趣旨や理念が授業や組織の改善などに具体化されない，実質化されないということを意味するものである。まさに，学習指導要領改訂を送り届ける立場にとって，学習指導要領改訂の趣旨や理念の学校組織への浸透をめぐり，コアまで達せず表層にとどまることへの改善・克服が関心事であり続けている。

　実際に，学校現場の体制・組織に沿ってみると，特定の教科等を通して学習指導要領が学校や教室に入っていく過程がとらえられたり，あるいは，総則は管理職を中心に，各教科等は教職員それぞれ分担して受け止めるといった，学習指導要領改訂の受容をめぐり"暗黙の棲み分け"がとらえられたり，さらには，学習指導要領を通過させたり阻んだりする組織文化というフィルターがとらえられたりすることもある。

　これら学習指導要領が教科等ごとに分解され教育課程が希薄化していくことに対して，細分化を抑止し結合を図り学校の組織力を生み出す立場から，教育課程を核にして内容と方法と組織の結合を図るカリキュラム・マネジメントの提起であり，教育課程企画特別部会の「論点整理」には，教育課程への諸資源の投入によって学校の組織力を生み出すねらいが打ち出されている。

　ただ，その実践化に関わる方策や条件整備についての検討は，多くをその後に委ねる形となっており，フォローアップが問われることになったと指摘しておきたい。

資質・能力ベースの改革と
カリキュラム研究の課題
―教育課程論的関心の再評価―

京都大学　石井英真

1　資質・能力ベースの改革の中の
カリキュラム・マネジメント

　現代社会，特に産業界からの人材育成要求を受けて，「コンピテンシー（competency）」（職業上の実力や人生における成功を予測する能力）の育成を重視する傾向（コンピテンシー・ベースのカリキュラム改革）が世界的に展開している。日本でも，教科横断的な資質・能力の育成に向けて学習指導要領が構造化されるなど，内容ベースからコンピテンシー・ベース（資質・能力ベース）へとシフトする動きがみられる。そして，資質・能力の育成に向けて，教科の壁を超えて，学校外とも連携しながら教育活動を進めていく必要性から，カリキュラム・マネジメントが位置づけられることとなった。

　カリキュラム・マネジメントについては，行政以外の諸エージェントに裁量をゆだねつつも質を保証する，分散型のガバナンス構造を構築する課題を一つの背景としている。そしてそれは，市場化に向かう新自由主義的な方向性とそれへの対抗軸を模索する動きとの相克の中にある。ゆえに，カリキュラム・マネジメントの三つの側面（①教科等横断的な視点，②PDCAサイクルの確立，③地域等の外部の資源も含めた，人的・物的資源等の確保）については，より包括的な学習成果の数値化や，行政の掲げる達成目標に向けたPDCAサイクルの効率的遂行による主体的従属（説明責任の論理と教職の専門性の軽視）に向かうのか，専門家が行う質的判断を信頼し，ヴィジョンの協働構築と自律的な学校運営（応答責任の論理と教職の専門性の尊重）に向かうのかが論点となる。

　後者の方向性を志向するなら，カリキュラム・マネジメントの側面①に関して，カリキュラムづくりを，内容や活動やスキルのマッピング（表づくり）ではなく，具体的な子どもの姿をイメージしたヴィジョン（学校教育目標）の対話的共有と教師のカリキュラム構想力（教科横断的かつ長期的に学びをイメー

ジしつないでいく鳥観的視野）の練磨を軸として，側面②に関して，目標・評価のサイクルを，機械的な作業（ノルマ（目標）の達成と達成自体の自己目的化）としてではなく，創造的な実践（飽くなき価値追求）として捉えていくことが重要だろう。そして，側面③に関しては，行政による条件整備や必要なサポートの不十分さを現場の自助努力で補わせることで，結果として現場からカリキュラムづくりの力を奪うことにならないよう，カリキュラムづくりの主体として現場を尊重し権限を委ね，エンパワメントしていくことが求められる。

　だが現実には，前者の方向性に進みがちである。そのような問題状況は，より合理的で自由な社会をめざした先に，個別化・流動化・フラット化・標準化が進んでいるポスト近代的社会状況という磁場も大きく影響しているが，カリキュラム研究や教育研究に内在する課題も見出すことができる。まず，日本では「何を教えるのか」という教育内容論レベルが学習指導要領で規定されていることもあり，研究者や教師によるカリキュラム研究がもともと未成熟である。そして，1980年代の「教育技術の法則化運動」や1990年代の「新しい学力観」や「学び」論を経由することで，また，「教育計画」から「学びの履歴」としてカリキュラム概念が捉え直されることで，カリキュラム論は授業論に，授業論は学習論に解消され，技術主義的・心理主義的傾向を強める形で，カリキュラム概念の拡散とカリキュラム研究，特に教育課程（教育計画としてのカリキュラム）の編成に関する研究の空洞化が進んでいる。「教育課程経営」から「カリキュラム・マネジメント」への概念の変化も，上記のようなカリキュラム研究の「学習化」状況や心理主義の高まりの文脈の中で捉えられる必要がある。

　さらに，1990年代に教育研究に影響を与えたポストモダン言説は，既存の価値や規範をラディカルに問い直した結果，価値相対主義や教育目的論（哲学・思想・社会構想）の空洞化を招いた。規範論，教育目的論の空洞化と学習論の隆盛という状況下で，コンピテンシー・ベースの改革が進行することで，教科指導においてすら内容論（「何を学ぶか」）の吟味を経ずに，能力一般や学び方（「どう学ぶか」）が直接的に目的・目標論の位置に据えられるようになった。それはスキル主義による形式化や心理主義による脱政治化を加速させる危険性をはらんでいる。そして，今や「学習科学」は，教育方法の効果に関わる手段的位置づけのみならず，規範論を欠いたまま，教育目的論レベルの議論を規定する言説にもなっており，その没価値的で自然科学的な言説は，経済界・経営

学の手法やレトリックを教育の領域に流入させる機能を果たしている。

2　カリキュラム・マネジメントを持続的な学校改善につなげる方策

　PDCA サイクルのように，教育の技術的側面はしばしば教育の形式化・機械化・標準化と結びつく。ゆえに，そうした傾向を批判しそれに対するオルタナティブを探ろうとする者の多くは，教育を技術的合理性に回収されない倫理的・政治的実践として捉えて，目的・手段関係や，目標を明確化しそれに基づいて評価すること自体を否定しがちである。だが，教育は倫理的・政治的実践であると同時に，それは何らかの形（方法・システム）を発明するという点で，技術的過程でもあり，いわば制作（ポイエーシス）的性格を持った実践（プラクシス）というべきものである。こうした教育という営為の本質論をふまえるなら，技術的合理化・システム化の進む学校経営の中に，規範性や価値葛藤を含んだ人間的活動を読み取り，形式的な経営技術論（目標達成）を実践共同体論（価値追求）として読み直すことの重要性が見えてくる。

　そこから実践的には，カリキュラム・マネジメントから，「学習する組織」づくりとしての学校改革（面の授業改善）への道が開けるであろう。資質・能力ベースの改革を，教師たちが協働で，目の前の子どもや学校の実態や課題について話し合い，「自分たちの学校ではどんな子どもを育てたいのか」を問い，改革のゴール・イメージとしての学校教育目標（めざす子どもの姿によって語られ学校全体で追求され続ける改革のヴィジョン）を共有する営みにつなげる。新しい取り組みのよさを頭で理解するだけでなく，それに向けて実践し，実際に子どもたちの姿が変わってはじめて，教師たちは取り組みの意味を実感し授業は変わっていく。そこで，ヴィジョンの対話的共有と教師たちが本業で協働し対話する場づくりとを結びつけるべく，学習する組織の中心として授業研究を生かしていく。たとえば，授業後の協議会の議論は，PDCA サイクル（成果や方法へと急ぐ評価的思考）としてではなく，逆に，出来事の意味のエピソード的理解（学びの多様性やプロセスの一回性を掘り下げる解釈的思考）としてでもなく，めざす子ども像の内実をこそ実践においてさぐり確認しつづけることとして（価値追求的思考），そして，子どもの学びのプロセスや授業という営みの本質に関する理解を研究的に深めることとして遂行することが重要である。

目標達成を価値追求の営みとして捉え直すことは，理論的には，価値や内容の選択・決定をめぐるポリティクス（教育的決定の相互行為過程）を主題化するカリキュラム政治学，およびその制度論的基底である学習指導要領の法的拘束力の是非等の教育課程行政の古典的論点の追求を要請する。理念や機能に関わる規範的議論とリソースに関わる実証的議論，そして，主体的な実現可能性に関わる実践的議論，これらの接点において，学校が計画化して保障すべきでかつ保障できる内容，資質・能力，活動の範囲を限定すること。学校で何をめざし何を教えるかを，誰がどういう手順と約束事をもって決定するかという，教育課程の決定過程の原理と実態を解明すること。それについて，どれくらいの条件整備が必要かを明確化し，政策的な実現を要求すること。学力論と政策立案・評価論や条件整備論とをつなぐ論理や実証的研究方法論を構築していくような，教育課程行政と教育課程経営をめぐる学際的研究が期待される。

　学校経営一般ではなく，カリキュラム・マネジメントであることの意味は，教育実践の内容・方法・評価と，管理運営過程や条件整備とをつなげて考える点にある。学校の業務改善や組織改革が，教師の専門的力量の形成，および子どもたちの学力や学びの質の保障につながるとは限らない。逆に，授業改善はそこに閉じていたのでは，取り組みの安定性や持続性を欠き，子どもの学力や学びの質の保障につながりきらない。また，目新しいカリキュラムや手法の導入は，一過性の取り組みとなりがちで，教室の日常的な風景を変えるには至らない。学校の組織マネジメントと授業研究という，学校の取り組みのマクロ（外枠部分）とミクロ（本丸部分）の両極を，めざす子どもの姿の探究という軸でつなぎ，PDCAサイクルから価値追求へとシステムと関係性の転換を図る。そうした学校改革を推進する幹の部分を構築しつつ，それにつながる形でカリキュラムレベルの取り組みを位置づけ構想・推進していくことが必要だろう。

［参考文献］
・石井英真編『授業改善8つのアクション』東洋館出版社，2018年。
・石井英真「教育方法学─『教育の学習化』を問い直し教育的価値の探究へ─」『教育学年報第11号　教育研究の新章』世織書房，2019年。
・石井英真『授業づくりの深め方』ミネルヴァ書房，2020年。
・石井英真『再増補版・現代アメリカにおける学力形成論の展開』東信堂，2020年。

学校現場における「教育課程経営」の受け止めの現状と課題

名古屋市立駒方中学校　　首　藤　隆　介

1 今次改訂学習指導要領下における学校・教師の裁量

　多くの学校現場では，「教育課程」は「学習指導要領」とほぼ同一視されており，各学校で教師集団が創造すべきものとして認識されていない。多くの教師にとっての教育課程経営は，教科書の内容をどう扱うかといった授業方法レベルに矮小化されている。学校教育目標等の学校全体の方針は，教務主任や管理職が作成する行政提出用の形式的なものであり，一般の教師の間で議論されることが少なく，そもそも議論する必要性も感じていない場合が多い。

　このような現状を受けてか，今次改訂された中学校学習指導要領（平成29年告示，以下「今次学習指導要領」とする）や同解説総則編（以下『解説』とする）では，従前と比べ「教育課程」とその「経営」について論じている部分が多い。教育課程は，各学校が子どもや地域の実態を十分考慮して家庭や地域社会との連携を密に編成すべきとする等，そこで展開されている経営論では各学校の自律性や創意工夫がこれまで以上に必要とされており，「法的拘束力」をもたない1951年版の『学習指導要領一般編（試案）』で提起された教育課程経営論との類似性もみられる。

　しかし今次学習指導要領改訂に伴い，法的拘束力が緩和されたわけではなく，学校教育法施行規則で規定されている各教科等の授業時数も変化していない。また，各教科等において示される目標や内容等が，従前に比べ「大綱化」されたわけでもなく（『解説』：13-15頁），各学校・教師の裁量は拡大されていない。

　2019年度から始まった「道徳の教科化」については，むしろ学校・教師の経営上の裁量が実質的に狭まった。これまで中学校では，「総合的な学習の時間」（以下「総合」とする）や学活，道徳といった教科外活動は，学校・教師の裁量が比較的多く，教師集団が組織として経営しなければならない領域として捉えられてきた。また，道徳・学活・「総合」は関連性の高い教育活動で，この

３つの時間を統合して活動することで教育効果が高まると考え，学年裁量の時間として運用してきた地域もある。しかし，実質それができなくなった。教科化で検定教科書が配布されたことにより，道徳は各学級で教科書を使った一斉授業をしなければならないという風潮が強まっていることが原因の一つである。また，道徳の時間数確保のために，道徳の時間に全校集会等を行うこともできなくなり，祝日でカットされた道徳の時間を他の日に補充するといったことが実際に起きている。その結果，相対的に他の各教科や学活・「総合」の授業時数が減ることになったからである。

　授業時数の制約のみならず，授業内容についても，教師が自らの創意工夫によって創造できる範囲が限定されている，あるいは歪められている現状に変わりはない。教科書採択は広域採択制のままで，各学校・教師は選ぶ自由がない。しかし，使用義務はある。教師の創造できる範囲は，与えられた教科書の内容をどう教えるか，という範囲に限定されている。また，実質的に授業内容を拘束するものとして，高校入試がある。教師は，子どもたちの真の学びにつながる内容かどうかは問わないまま，限られた時間数の中で入試に出題される範囲を何とか教えることが，子どもたちや保護者からの要請だと感じてしまう。しかし，受験学力によって子どもたちを選別するという，この根本問題の改善策が，今次学習指導要領改訂に伴い提起されたわけではない。「アクティブラーニング」や「主体的で対話的で深い学び」を授業で行おうと，経験の少ない教師がチャレンジしてもほぼうまくいかず，教室でおしゃべりしているだけの授業になり，それでは受験学力がおろそかになるため，塾でそれを補っているという現状もある。

２　「カリキュラム・マネジメント」に対する懸念

　「カリキュラム・マネジメント」の柱である「教科等横断的な視点」について，年間指導計画を「作成者相互で必要な連絡を適宜行い，学校全体で組織的に進める」ことが『解説』で提起されている（70頁）。しかし教科担任制の中学校では，教師集団として組織的に教科等横断的な視点をもって取り組むことは困難であり，その意義も薄い。学習指導要領，教科書，副教材で扱う順序が決まっている中，さらに受験への対応もせまられる中，新たな内容を扱う時間的余裕もない中，指導順序を組み直すような話し合いをするのは現実的ではない。また，教科横断的な各教科の年間指導計画作成においては，「子どもの顔」

が浮かばない。内容の系統性や関連性等は大切であるが，各学校で教育課程を創造する重要な意義は，目の前の子どもの実態に即したものにするためで，その観点からは，学校で組み直す意義は薄く，むしろそれは学習指導要領で提示すればよい。いずれにしても教師個人の授業づくりのレベルでしか教科等横断的な視点が生かせない状況にある。

ある程度自由な裁量がある「総合」に関しても，導入時から誰が，いつ，「総合」の計画をたて，実際に担当をするのかといった経営論が不十分なままである。実際，多くの中学校で「総合」の時間は学年共通の時間として設定されている。これは修学旅行の事前学習等，学年共通の内容を扱うためである。そうした場合，「総合」を担当する教師は，学年の教師全員がその時間に扱えるような教育内容・方法を計画・準備する等の負担が大きく，それを実際分担して担当する教師の専門性の問題もある。また，「総合」導入当初に，国際理解，環境，福祉等に関する新たな行事を創設した学校が非常に多い。これらの行事の多くは，子どもの実態から教育的必要性があって始めたものではなく，週2時間ある「総合」の時間を「埋める」ために，先進校の事例をそのまま取り入れたものである。元来その学校にあった行事は残したままそれらを加えたため，行事過多な学校が多い。定められた時間数の中で多くの行事やその準備を「やりくりする」ことが，「総合」の「カリキュラム・マネジメント」となっている。

3　目指しうる「教育課程経営」とそのための条件

学校の教育活動の全体計画としての「教育課程」を経営する取組にはどのようなものがあるか。

第一に，教科・教科外活動全体を覆う，現実的・実践的で必要性のある方針の検討である。ここで大切なのは検討過程である。例えば，生徒指導が困難な学校において「授業崩壊」が起きるような場合，具体的にどう指導するのかといった話し合いである。「敬語はしっかり使わせよう」や「チャイム着席の徹底をするために職員はチャイムと同時に授業を始めよう」という方針，服装や頭髪指導等でどこまでを指導の対象にするかといった「生徒指導上のライン」を決めること等を契機にすればよい。「教育目標」や「目指すべき子ども像」は何かといった漠然としたテーマを話し合うよりも，そもそも「本当にこの指導は必要なのか」ということを，目の前の子どもを想定して議論ができる。さ

らにその方針を保護者に説明する過程も大切である。教師の思いやスタンス，共有すべき「子どもへのまなざし」等を保護者に説明する過程を通じて，教師集団でさらに深めていくことになる。

第二に，各学校における「総合」や行事等の教科外活動の見直しの議論を行うことである。これらが本当に教育的価値のある活動なのかどうかを校内で議論し，実施すべきかどうかを検討することである。また，教科外活動として行われてきた活動を各教科で取り扱うように再構成するべきである。例えば環境問題については，専門性をもつ理科の教員が，内容としても系統的に組み立てられている理科の授業の中でより詳しく環境問題を扱う。道徳で扱うような人権問題を，その歴史や法規定等を社会科の歴史や公民で深めていく。「総合」等の教科外活動の時間を減らし各教科の時間を増やすことができれば，各教科の中で体験的な活動を含め専門的・系統的に様々な学習を組織できる可能性が広がる。

ただし，各学校においてこのような議論を行い，実践するためには，授業時数の下限をなくし，特定の教科の時間数を増やすことができる等の学校の裁量が必要である。少なくとも道徳・学活・「総合」においては，各学校の実態によってそのねらいを明確にした上で，これらの授業時数を減らすかわりに各教科の授業時数を増やせるとよい。各学校・教師にこのような裁量すらない現状の制度における「カリキュラム・マネジメント」では，子どもや学校の実態にあった教育活動を組織・運営することにはならないと考える。

[参考文献]
・植田健男・首藤隆介「今次学習指導要領改訂の教育課程経営論的検討」『日本教育経営学会紀要』第61号，2019年，13-22頁。
・首藤隆介「戦後初期の教育課程経営論(I)―学習指導要領における教育課程概念に注目して―」名古屋大学大学院教育発達科学研究科教育経営学研究室編『教育におけるアドミニストレーション』第2号，2001年，35-57頁。

若手研究者のための研究フォーラム

　2019年の第59回大会より，従来の「若手研究者のためのラウンドテーブル」を発展させる形で，「若手研究者のための研究フォーラム」を開催した。今回のフォーラムでは，"若手のネットワークと活動をどう考えていくか"をテーマに，学会若手ネットワーク担当の末松が司会及び話題提供を行い，これからの3年間の方向性を提案，検討する機会にした。具体的には，①学会での若手問題への対応，②学術会議若手ネットワークへの対応について議論，共有した。

　学会での若手問題については，2013年の第53回大会より「若手研究者のためのラウンドテーブル」が再開され，試行錯誤を重ねながら，毎年，少しずつ交流が深まり，いい流れができてきた。日々大きく変化する研究環境に流されずに，着実に交流を進めていく重要性を確認するとともに，若手研究者を取り巻く環境を分析し，今後の教育経営研究の方向性を考えてきた。

　そして，2016年の第56回大会からは「研究環境を分析する」段階を終え，「新しいテーマのあり方」を議論するために，運営の推進・調整を図る若手担当に加えて，3年間を通じた世話人が企画・運営を担う体制を整え，「転換期における新しい教育経営学を探究する―若手研究者が考える新たな研究テーマと課題」と題して議論を進めてきた。

　また，学術会議若手ネットワークについては，若手研究者の相互交流事業が学会間で継続的な課題になっており，教育学の関連学会でも若手主体の活動が活発になってきている。それらと本学会の活動の関係性，各学会の活動の独自性などを相互に検討し，学会内の若手交流とともに，中長期的な課題として学会間ネットワークのあり方を考えていきたい。

　本フォーラムでは，以上の若手問題の各事項についての議論，共有のほか，教育経営学の知的蓄積の検討，今後の学問のあり方を議論し，学会の枠を超える自主的な取り組みの可能性も含めて，継続的に交流やアイデア交換をし，若手ならではの自由な視座をもとに，これからの教育経営学のあり方を議論していきたい。

若手のネットワークと活動を
どう考えていくか

東京学芸大学　末 松 裕 基

1　報告の目的と学会における若手問題への対応

　本報告は，これまでの学会での若手問題ならびに学術会議若手ネットワークへの対応を振り返ることで，これからの若手研究者のネットワークと活動のあり方を検討することを目的としている。

　日本教育経営学会では，2000年の第40回大会において初めて「若手研究者のためのラウンドテーブル」が開催され，その後，2013年の第53回大会において再開することになり，2018年の第58回大会に至るまで，企画・運営のあり方が模索されてきた。ここでは便宜的に第40回大会の企画を第1期と呼ぶことにし，第2期（2013年〜2015年大会）の企画をまとめると**表1**の通りである。

　第2期の成果は若手の交流の促進である。若手の会の再開により，大会後の会員間の研究交流が進み，日々大きく変化する研究環境に流されずに，着実に交流を図る重要性を認識した。若手が個々に感じてはいるが，相対化し共有する機会が従来は得られなかったことから，若手研究者を取り巻く環境の検討も進んだ。テーマや議論の軸が定まらないという検討が容易でない課題が多い状況もここで見えてきた。さらに，実践的研究に加えて基礎研究の重要性や，ミクロな視点に加えてマクロな視点による研究の意義も確認された。そのほか学会紀要に報告が掲載され，会員との議論の共有も可能になり，企画・運営も含めて自然な流れで，テーマ，内容，人選を検討できた。

　その一方で，第2期では，企画・運営を大会校の責任事項とするか，運営体制を組織するかが課題になり，若手の会の目的，課題研究など他の学会活動との関係，関与する会員の範囲，議論の継続性や蓄積の考え方も曖昧であった。

　内容面では，3年サイクルで焦点化したテーマ設定が必要なことや，「臨床的アプローチ」などこれまでの学会の成果を発展させる課題設定のあり方，若手の置かれた環境分析に加えて，それを乗り越える研究の構想の必要性を認識するに至った。また，議論が若手の職務上の苦労話に偏ることや課題研究とは

表1　第2期（2013年～2015年大会）における「若手研究者のためのラウンドテーブル」

2013年・第53回大会（筑波大学）「教育経営学における新しい研究課題と方法の検討」 　　　　　　　　　世話人・司会：大林正史（鳴門教育大学） 発表者：末松裕基（東京学芸大学）「イギリス学校経営改革研究を手がかりに」 　　　　仲田康一（浜松大学）「学校―地域連携の社会学的探求の意義」
2014年・第54回大会（北海道教育大学釧路校）「転換期の教育経営学と若手研究のこれ 　　　から」 　　　　　　　　世話人・司会：織田泰幸（三重大学），末松裕基（東京学芸大学） 発表者：篠原岳司（滋賀県立大学）「変動する公教育に教育経営学はどのように応答する 　　　　のか」 　　　　辻野けんま（上越教育大学）「教育経営研究における学校経営論の再考―日独 　　　　比較研究の視点から―」
2015年・第55回大会（東京大学）「転換期の教育経営学と若手研究のこれから(2)」 　　　　　　　　　世話人・司会：織田泰幸（三重大学），押田貴久（宮崎大学） 発表者：畑中大路（山口東京理科大学）「学校経営研究における研究知・実践知の往還 　　　　―研究方法論の検討を通じて―」 　　　　阿内春生（福島大学）「隣接領域や政策決定現場との協働の可能性―政策科学 　　　　を志向する立場から―」

（＊所属は全て当時）

　違って若手として挑戦的な検討を行う必要のあることもこの時期に確認した。その他，理事会と同時刻開催で「何をやっているか分からない」とよく耳にしたことや，院生に個人研究以上を求めるのは難しいこと，それまで世話人，発表者が全て男性であること，若手の範囲を広く考えるが30代後半以上の参加者が少ないこと，科研などの予算獲得は時期尚早という点も議論を交わした。

　第2期では，以上を踏まえて今後の企画や方向性を議論し，継続した開催を希望し，その際，新しく委員会化はせずに，幹事・世話人を置くなどプロジェクトチームのような形態で柔軟な運営を行っていくことにした。若手の議論・交流の良い機会として，学会の将来を見据えつつも，気軽に真面目に，会のあり方も含めて急がずにその後も企画・運営することになった。

　続く第3期（2016年～2018年大会）では，学会の事務局に若手担当を置くことになり，「若手研究者のためのラウンドテーブル」の運営の推進及び連絡調整を担うことになった。末松が同担当になり，3年間の世話人も置くことにし，織田泰幸，篠原岳司両会員に依頼した。この三者を中心に，今後の基本方針を協議し，研究環境を分析する段階を第2期で終え，新しい研究のあり方を今後議論することにし，「転換期における新しい教育経営学を探究する―若手研究者が考える新たな研究テーマと課題」と題して**表2**の企画・活動を行った。

　第3期の成果は，若手ならではの自由な視座で，教育経営学の新たな研究課題と方法の探索を重ねた点である。具体的には，①スクールリーダー研究は何

表2　第3期（2016年～2018年大会）における「若手研究者のためのラウンドテーブル」

2016年・第56回大会（京都教育大学）　司会：篠原岳司（北海道大学），織田泰幸（三重大学） 話題提供者：川上泰彦（兵庫教育大学）「研究者としての『生き残り』に向けた研究テーマの探索」 　　　　　福嶋尚子（千葉工業大学）「歴史研究としての学校経営政策分析の可能性」
2017年・第57回大会（茨城大学）　司会：篠原岳司（北海道大学），織田泰幸（三重大学） 話題提供者：高橋望（群馬大学）「教育経営学における比較研究の意義」 　　　　　金川舞貴子（岡山大学）「教職大学院における教育経営学の意義」
2018年・第58回大会（鳴門教育大学）　司会：篠原岳司（北海道大学），末松裕基（東京学芸大学） 話題提供者：榎景子（九州大学）「社会変動下における生活空間と学校の相互変容をいかに対象化できるか―『知的態度としての方法論』を意識しながら―」 　　　　　織田泰幸（三重大学）「教育経営学における理論研究の意義―概念の俗流化／改革モデルの形式化への抵抗―」

（＊所属は全て当時）

のための研究知か，②教育経営研究上の社会的文脈，歴史，比較研究の重要性，③実践への研究者のスタンス，④政策との向き合い方，⑤研究の生産性の捉え方，⑥学校の変革や改善過程を捉える視点が教育経営学の強みや独自性になることを議論した。研究とは，科学とはという根本的問いにも向き合い，学問の独自性や継承発展の姿勢そのものを問い直すことも意識した。

　第3期では，大局的に問題を捉える視点と従来の固有の課題を発展させる視点が提案できれば充分刺激的な企画になり，明確な目標や蓄積を見出しにくいが，そういうこと自体を議論していく必要があることも認識するに至った。運営面では，継続した関与の可能性や現実性を考えた体制づくりとして，学会理事に若手担当を置くことや研究推進委員会等の既存組織への無理のない位置づけ，予算化が必要ではないかとの意見が出た。成果は見えにくいが大切な交流の場になっており，職務の変化で金曜日の学会への参加や若手同士の交流も難しくなっており，若手の会の交流や企画・運営自体に一定の意義があることも確認した。そのほか，女性発表者を3年間継続できたことや，課題も多いがそれらは3年間続けて分かった成果でもあった。

2　学術会議若手ネットワークへの対応

　学術会議若手ネットワークには，今後もその方針や活動の性質を見極めながら対応することを提案した。他学会では，SNSを活用した若手の交流機会も増加していることから，今後も他学会の若手担当者と情報交換をし，本学会の対

応を焦らずに考えたい。日本教育学会の若手育成委員会設置をはじめ，アンケートやワークショップなど若手を中心とした活動が活発になっていることから，学術会議に加えて関連学会との関係から本学会の独自性を検討する必要もある。

　この5年ほど，他学会でも若手ネットワークが構築され，担当理事を置いた予算に基づく運営がなされていることや，学術会議のポスター発表への参加，学会誌論文掲載者や研究奨励賞受賞者の学術会議若手フォーラム発表への推薦など他学会の動向を情報共有し，本学会の対応を検討する必要がある。

3　これからの若手のネットワークと活動をどう考えていくか

　現実的に大学院生は個人研究で手いっぱいのことが多く，就職間もない者が新たなテーマや課題を自由に議論することもさほど容易ではなくなっている。そうだとしても，互いに考えていることや学問のこれから，学会のあり方を語る場所や機会がなくなると，いよいよ学会としての地盤沈下は5年後，10年後に起きることは目に見えている。学会としてなんらかの手立ては必要で，本学会の若手の会には意義があり，また学会大会とは別に会を開催することも考えられ，合評会や教育経営学の思想史検討会も可能である。若手も委員会活動や科研等会合で多忙なため，研究推進委員会に若手部門を置いて，多世代でフォーラムやラウンドテーブルのあり方を議論し，個別の組織や企画をつくらずに若手問題を検討・運営することも考えられてよい。これまでにもこの点は問題提起をしており，今後も，全国理事会や総会で継続審議してほしい。

　第2期と第3期で交流が深まりいい流れもできているほか，学会に限らず自主的な勉強会も重要で，若手の研究上の共通言語が確実になくなってきているため思想史のような形で，教育経営研究の精神史——もしくは簡単に言うと研究者養成をしてきた大学の教育経営関連研究室の学説を生み出す際の原動力になってきた地下水脈のようなもの——を，他世代へのヒアリングも行って重要図書や著作集などを通じて学び，それらを乗り越えることを考えてよい。ただ，学会としての取り組みというよりはこれは自主的な勉強会でよい。

　学会の若手交流は中長期的な課題であり，今後も継続的に交流やアイデア交換をしたい。年齢にはさほどとらわれずに運営して，全国理事会と同時刻開催だと参加する会員が限られるが，プログラムに設定することで参加しやすい者も多い。また，企画・運営に関与する者に偏りも生じてきており，公平性や透

明性もなくなる恐れがあるため，運営も工夫しながら，この 3 年間で少しずつ今後，若手活動を中心に担う会員に問題意識を引き継いでいきたい。

　本フォーラムでは，以上の若手問題の各事項の議論，共有のほか，若手図書の合評会，教育経営学の知的蓄積の検討，今後の学問のあり方を議論し，学会の枠を超える自主的な取り組みの可能性も含めて，継続的に交流やアイデア交換をしていきたい。研究上の共通言語が成立しにくい時代ではあるが，若手会員が互いに考えていること，学問のこれから，学会全体のあり方を語るような場所や機会が存在し，交流のあり方そのものについても協議される空間をつくっていきたい。若手ならではの自由な視座をもとに，多くの参加者の意見交流によって，これからの教育経営学のあり方を議論していければと思う。

4　議論のまとめ

　以上を踏まえて，当日は参加者と主に次の点を議論した。まず，学会内外が専門分化するなかで，経営学的な視点に問題関心が狭まっているが，自らが大学院生時代に育てられたように研究を進めざるをえないため，自分の研究はどこに位置づくかを相対化する必要がある。その認識をもとに新たな学問体系に依拠した研究が進み，今後も多くの可能性が残されている。出身研究室によっては，教育経営の概念が基盤になっているとは限らないが伝統がないわけではなく，関連する古典といかに向き合うかその環境は存在した。出身研究室で共通言語が異なり，議論が難しい場合もあるが，若手の会があることで，乗り越えることができている。また，大学院で自らの専門分野を対話できる環境がない現状や研究室で体系的な理論を学ぶ機会がなく，そのため学会がそうした機能を担う必要がある。さらに，学会の設立理由や活動意図を把握しないまま入会している実態もある一方で，本学会はスクールリーダー教育が必要との規範論に乗らないと参加しづらい面もあり，たとえば社会教育経営を考える場になっていない。以前だと本学会は教育というものを理解するよい場だったが，近年はスクールリーダー教育と教職大学院をどうつなぐかという有用性の議論に偏り，かつて自分が望んだ議論とかけ離れてきている。そのような視野から知的蓄積がなされることに危機意識を感じ，たとえば，学説的に固有名詞を踏まえた議論の継承や思想史，理論史の真摯な取り組みがないと学会の将来は危うい。その議論のなかで，世代間の課題共有や若手の会の存在理由が今後も検討されていく必要があるとの認識が示された。

課 題 研 究 報 告

実践の学としての教育経営学研究の固有性を問う⑴
―教育経営実践のリアリティにせまるとは
どういうことか―

多様な子どもと向き合う教育経営実践を対象化することの困難さ

立命館大学　武井哲郎

1　問題の所在

　教育経営実践の対象化を試みる中で指摘されてきた論点の一つに，子どもの実態や変容をどのように位置づけるべきなのかという問題がある。かつて紀要第33号で「子どもと教育経営」という特集が組まれて以降，折に触れて「子どもを中心に位置づけた教育経営研究の必要性」（林 2007：29頁）が訴えられてきた。そして，「臨床的アプローチ」という言葉とともに研究と実践の関係を問い直そうとする動きが広がる中，子どもの実態や変容を分析の変数に組み込む教育経営研究はその数を増やしつつあるように見える。

　他方で，多様な特性や背景を有した子どもたちの存在を視野に入れながら教育経営実践のリアリティを描き出そうとする研究に関してはまだまだ発展途上にあると言わねばならないだろう。そもそも日本の学校の多くは，同年齢であれば多少の個人差はあるとしても基本的に同質であるという前提のもと，あらゆる子どもを「平等＝同じ」に扱う文化を長きに渡って有してきたとされる（志水 2002）。たとえば障害を有すると判断された子であれば盲・聾・養護学校や特殊学級に就学することが原則となっていたため，障害のない（と当時は考えられていた）子どもだけで通常の学校ないし通常の学級を編成することが可能ではあった。背景にある法・制度や文化の問題に違いはあるものの，厳しい家庭環境を抱えた子どもや外国につながる子どもについても通常の学校でその存在が「不可視化」（盛満 2011）されてきた経緯を考えれば，教育経営の「実践」そのものがマイノリティとされる子どもの存在に対してそれほど顧慮を及ぼしてこなかったと言えるのかもしれない。

　しかし，身体的・経済的・文化的な差異によって学校から排除されるリスクの高い子どもたちとどのように向き合っていくのかという課題が，2000年代以降の教育経営の「実践」にとって避けて通ることのできないものとなった。ゆえに，教育経営学研究が「実践の学」であり続けようとする以上，多様な特性

や背景を有した子どもたちの存在を前提に議論を進める必要が生じている。実際に，2016年の学会第56回大会の「共生社会の実現と教育経営の課題—多様性に教育はどうこたえるか—」という公開シンポジウムでは，マイノリティとされる子どもの包摂に資する教育経営とはどのようなものなのか，その探求が試みられた。このシンポジウムでの報告をまとめた柏木（2017）の言葉を借りれば，「学校は包摂よりも排除を促しやすい装置を内在させている」点をふまえながら「問題を抱える子どもをケアし，その個性を尊重しながら，いかに集団として教育活動を行うのか，その具体的な戦略を理論的かつ実践的根拠を含めて提出すること」（78-79頁）が教育経営学にとって喫緊の課題となっている。

そこで本稿においては，多様な子どもと向き合う教育経営実践のリアリティにせまるとはいかなる作業なのか，「障害」をめぐる問題に焦点を当てながら検討したい。「障害」に着目する意義としては，1)特殊教育から特別支援教育への転換が図られて以降，障害のある子どもを通常の学校でどのように包摂するのかが全国的に摸索されてきたこと，2)教育経営学の中で特別支援教育を主題とする研究はまだまだその数が少ないものの，インクルーシブ教育の実現が叫ばれる中にあって今後も引き続き障害のある子どもへの対応が課題となる可能性が高いことが挙げられる。具体的には，まずインクルーシブ教育の展開が教育経営の実践に投げかける問題の所在を簡単に確認したうえで，障害のある子どもへの対応をめぐる教育経営実践のリアリティを描き出すとはどういうことなのかについて考察を加える。

2　リアリティへの接近とその困難

日本ではインクルーシブ教育の展開にあたって，障害のある子と障害のない子が「同じ場で共に学ぶこと」の追求と，個々のニーズにあわせた指導を提供できる「多様な学びの場」の整備という，時に相矛盾する二つの目標が掲げられてきた。そのため，何をもって障害のある子の〈包摂〉が果たされたと考えるのか，学校・教育委員会として依拠する価値の内実が問題となりやすい。たとえば，ある小学校が障害のある子の「教育的ニーズ」に手厚く応答することを組織としての目標に掲げ，特別支援学級に在籍する児童の数を増やしてきたとして，それを〈包摂〉の実践として評価すべきなのか。それとも，より望ましい配慮を実現させるという“善意”の裏側で，障害のある子を通常の学級から〈排除〉する実践と捉えるべきなのか。あるいは逆に，障害の有無にかかわ

らず全ての児童が通常の学級で共に学ぶことを原則とする小学校を〈包摂〉の
モデルケースと位置づけてよいのか。通常の学級で共に学ぶことにこだわるあ
まり，子ども同士の関係性の中で劣位に置かれる状況が作られてしまったら，
その実はむしろ〈排除〉ではないのか。特別支援学校や特別支援学級に在籍す
る児童生徒の数が増加を続ける中，「同じ場で共に学ぶこと」の追求と「多様
な学びの場」の整備のバランスが教育経営実践上の課題となっている（武井
2018）。

　では，こうした課題を前にして，教育経営学研究が実践のリアリティに迫ろ
うとする作業はいかなる特徴を帯びるのか。まず確認したいのは，既存の学校
教育の枠組みから排除されてきた子どもの包摂という研究面でも実践面でも多
くの主張が入り乱れてきた問題を扱うことの困難さである。障害の有無にかか
わらず同じ場で共に学ぶことを原則とすべきか，それとも個々のニーズにあわ
せた手厚い教育を多様な学びの場で行うべきか，これら二つの主張の背後には
養護学校の設置が進んだ1970年代から続く対立の図式が隠れている。一例とし
て，障害の軽減・克服を目的とした当事者への介入であれば，多様な学びの場
の整備を求める側がその重要性と必要性を訴えてきたのに対し，同じ場で共に
学ぶことを求める側はむしろ軽減・克服すべき対象として障害を位置づけるこ
との暴力性を強く非難してきた。インクルーシブ教育の実現が国内外で課題と
なるにつれて研究面でも実践面でも両者の溝は埋まりつつあるようにも見える
が，医療や教育が障害者本人の身体に治療を施し社会に適応させようとするこ
との問題性をどう考えるかなど，同じ場で共に学ぶことを求める側が提起する
論点には学校での指導の在り方に対して根本から問い直しをせまるものも含ま
れる。障害のある子どもへの対応をめぐる教育経営実践のリアリティを描き出
そうとすれば，フィールドに参与する側もこの歴史的・理論的な対立の渦の中
に身を置かざるを得ない。

　とりわけ問題となるのが，研究で得られる知見の有用性をめぐる葛藤である。
たとえば，障害のある子のニーズに手厚く応答するための特別支援学級を核と
した校内組織の在り方をフィールド・ワークから明らかにすることは，専門性
を備えた教員の不足に悩む学校にとって有用な知かもしれないが，それが障害
の有無による分離を促すものである限り，通常の学級に在籍することの意義や
効果に期待する保護者にとって歓迎できるものではない。では，特別支援学級
に在籍する児童の数が増え続ける状況を変えるべく，同じ場で共に学ぶ機会を

政学一事例研究によるアプローチ』有斐閣，2019年，213-221頁。

・柏木智子「子どもの貧困対策研究の立場から」『日本教育経営学会紀要』第59号，2017年，77-80頁。

・倉石一郎「包摂／排除論からよみとく日本のマイノリティ教育一在日朝鮮人教育・障害児教育・同和教育をめぐって」稲垣恭子編著『教育における包摂と排除一もうひとつの若者論』明石書店，2012年，101-136頁。

・盛満弥生「学校における貧困の表れとその不可視化一生活保護世帯出身生徒の学校生活を事例に一」『教育社会学研究』第88集，2011年，273-294頁。

・志水宏吉「学校世界の多文化化一日本の学校はどう変わるか」宮島喬・加納弘勝編『国際社会2　変容する日本社会と文化』東京大学出版会，2002年，69-92頁。

・曽余田浩史「臨床的アプローチの枠組み」小野由美子・淵上克義・浜田博文・曽余田浩史編著『学校経営研究における臨床的アプローチの構築一研究一実践の新たな関係性を求めて』北大路書房，2004年，39-47頁。

・曽余田浩史「臨床的アプローチから見た教育経営学の現状と課題」『日本教育経営学会紀要』第60号，2018年，42-56頁。

・武井哲郎「特別支援教育とインクルーシブ教育」日本教育経営学会編『講座　現代の教育経営2 現代の教育課題と教育経営』学文社，2018年，46-55頁。

［付記］

本稿は JSPS 科研費18K13074の助成を受けた研究成果の一部を含む。

教育経営実践の中での学校（実践）と研究者の関係性の再考

大阪教育大学　臼 井 智 美

1　「リアリティ」を問う視点一実践者と研究者の関係性

　本稿は，「教育経営実践のリアリティを問う」＝「教育経営実践の記述方法を検討する」といった，実践に関する情報をいかにぶ厚く収集し実態を詳細に

描いていくか，という問いを立てるものではない。なぜなら，「実践」は見る者の立場や考え方，目的によって多様に見られ得るため，忠実さや精緻さを突き詰めても唯一の"真の"姿を描き出せるわけではないからである。研究者自身の研究関心と視点で枠づけられた範囲でしか情報は収集されない。つまり，研究目的が何かによって，収集される情報は異なるのである(1)。

　そもそも，外部にいる研究者は，内部にいる実践者に情報を提供してもらったり情報収集・観察の機会を与えてもらったりしないと，内部の"実態"を描けないという大きな制約がある。もらえる情報の精度や質，量には常に限界があるゆえに，忠実に精緻に描けるはずがないのである。その意味において教育経営実践の「リアリティ」として描かれるものは，研究者の研究関心や教職員の日頃の関心によって切り取られた一部分であることを免れない。だからこそ，「リアリティ」を問うのであれば，まずはその実態がそのように描かれたときの研究関心（つまりは研究目的）と，実践者と研究者の関係性を問う必要がある。研究者が学校の一場面を描こうとしたとき，情報源である学校の協力は不可欠であり，情報提供に協力するか否かは学校側の意思（"品定め"）に依存する。だから，その"品定め"の過程も検討対象に入れなければ，得られた情報の評価とその情報に基づいて産出された知の有用性を議論できない。

　本稿では，「教育経営実践のリアリティを問う」とは，研究目的を問うことと表裏の関係にあるとの立場から，"実態"をそのように描いたその描き方に映し出される学校（実践）と研究者との関係性という観点から「教育経営実践のリアリティを問う」とは何かを検討する。

　教育経営学研究での「研究者―実践者関係，研究―実践関係」については，「『解釈的アプローチ』と『臨床的アプローチ』は，学校経営現場から離れたところで生産される，『〜あるべし』といった規範に対する批判意識という点では共通しているが，研究の目的を前者が『説明』に，後者が『有用性』に置いているという点ではちがいをもつ」(2)といった特徴づけがなされることがある。本稿ではそのような，「有用性というよりも，学校経営現象を『リアリティ』をもって説明できる研究知の産出」をねらう（解釈的アプローチ）か，「プロセス・コンサルテーションによる学校経営実践改善とそのプロセスにおけるアクションリサーチによる学校経営研究知の産出」をねらう（臨床的アプローチ）か，という意味で「研究目的」を捉えるものではない。むしろ，次のような考え方，すなわち「研究の活用には，政策や実践に直接影響を与える道具

的活用に加えて，政策担当者や実践者の知識，理解，態度に影響を与える概念的活用があり，とくに後者について研究することが必要である」[3]といった，産出する研究知が実践者に「道具的に」活用されるか「概念的に」活用されるかといった，どのような活用のされ方を意図するかという意味で「研究目的」を捉える。その理由は，研究知の活用の主体は実践者だとみるからである。臨床的アプローチでは「学校の中で作業仮説としてはたらいている暗黙知を，外部者の視点をもつ研究者と内部者たちとの対話や協働作業を通して形式知化し，それを検証・修正する。その修正された形式知をもとに新たな実践を行い暗黙知化していく。こうした暗黙知と形式知の相互循環のくり返しによって，実践的有効性の高い形式知を創造するとともに，学校の力量を高めていく」[4]ことが目指されているが，そこでは意図的であれ無意図的であれ，実践者に対する研究者の主導性や優位性が想定されている。しかし，外部者である研究者は（外部者である限りにおいては）プロセスの直接的な担い手にはなれず，担い手はあくまでも実践者である。また，産出された知はそれ自体が実践的有効性をもつのではなく，有効に実践で活用されたから有効性をもったといえる。そうであるならば，説明目的の研究知であれ，有用性目的の研究知であれ，その知の産出過程や知の活用での実践者と研究者との関係性を視野に入れる必要がある。

2　「目先の対応のための処方箋」の機能

　教育経営実践研究の一つの特徴として，再現性が必ずしも高くない点を指摘できる。その理由は，ある研究が「その形」にまとめられたということは，「その形」になるような学校（実践）と研究者との関係性があったからであり，たとえ研究方法が洗練されても，同じ方法を採れば他の人がやっても同じような関わり（関係性）が学校との間に作れるわけではないからである。そのため，参与観察などの事例分析により知見を導き出した研究の成果に対して過剰に一般化を求めることは，研究成果の価値を損ないかねない[5]。つまり，「他の事例にも応用可能か」と問うことや，「○○さんだからできた研究」として例外視することが，教育経営実践研究を深めていく上での学校（実践）と研究者との関係性の持つ正負の影響を無視したものになりかねない。仮に，ある学校組織の変化を論じようとした論文が"その程度の"量や質の資料しか根拠にできていないとき，それは情報収集の仕方が悪かったという研究方法のち密さの問

題ではなく，"その程度の"情報しかもらえない関係だったと考えることができる。つまり，論文上に記された研究方法は，それが理想の方法でかつそれが可能だった場合もあれば，それしかやりようがなかったという場合もある。研究成果として導き出す知見の質に大きな影響を与えているにもかかわらず，これまでの教育経営研究においては，こうした学校（実践）と研究者との間のいわば緊張関係＝「闘い」(6)については，大した注意を払ってきていないように見える。

　もちろん，臨床的アプローチが「『技法』というより『研究と実践の関係のありよう』」に問題意識をもつものだとわざわざ説明されるように，臨床的アプローチの提唱を契機として，「現場や実践から距離を置いたところで規範論を主張」するのではなく，学校現場と一緒になって課題解決に取り組んでいくという研究者と学校との関係性の構築が必要だという考え方(7)は，現在ではより広く共有されているだろう。しかし，臨床的アプローチは，「実践性を標榜してきたにもかかわらず，学校をめぐる実際の問題にうまく応えられない従来の学校経営研究や教育経営学のあり方に対する批判や反省」を出発点としてもっていたにもかかわらず，「実際の問題」に対する直接的な解の提示には否定的である。ゆえに，設定した研究目的が仮に学校（実践）側の期待とは異なる場合，その時点で実践者からは実践者が決めた範囲での情報しか提供されないことになる。

　「学校としては処方箋的なことへの期待があり，研究者の姿勢とずれが生じる」(8)との指摘に見られるような，コンサルテーションのニーズをめぐる「ずれ」は，まさに学校（実践）と研究者との関係性を象徴的に表している。「ニーズが施策への目先の対応のための処方箋を求めているものであることも少なくないと考えられる。ただ，そのようなものであっても，それをきっかけにしてより本質的な問題にアプローチする可能性はあるわけである」(9)と指摘されるように，生徒指導やカリキュラムといった課題への「目先の対応のための処方箋」に研究者が専門家としてどのように応えるかが，その後の学校（実践）と研究者との関係性，つまり，学校組織開発につながるような，より長期での関わりの道を開く契機となる。つまり，学校との関係構築の最初期においては，処方箋となるような専門的知識の提供なり組織の問題状況の診断なりができることが，次の段階の関係構築へ移行するためには不可欠である。加えて，「実践研究のむずかしさは，実践が計画的・組織的に展開されるよりも状況対応

的・妥協的に行われること，実践の組織や過程が明確に総合的に把握しにくいこと，1〜2年で実践し課題解決することがむずかしいこと」[10]といった特徴をもつことから，それなりに長期に関われる関係性が学校（実践）と研究者の間には求められる。

3　学校（実践）と研究者の関係構築に必要な研究者の力量

　学校（実践）と研究者の関係構築の難しさは，それが一朝一夕にはなしえないところにある。「研究者は学校現場で自らの専門的知識や研究的知見を生かそうと努めるが，教職員がストレートに受け止めてくれることは少ない。研究者は，学校現場とのかかわり方，教職員とのコミュニケーションのとり方を，試行錯誤を含めて経験的に獲得していく」[11]と指摘されるような困難は，とりわけ，若手研究者にとって教育経営実践研究を行う難しさとして指摘されてきた[12]。また，学校では管理職を含め教職員の異動があるため，ある時に構築された関係がその後も同等以上の程度で維持される保障がない。つまり，その学校との関わりが長期に及ぶものになるかどうかは，研究に着手した段階で予めわかっているわけではない。そのため，組織開発や学校の力量向上といった結果が観察できるほどの長さで関係を維持するためには，お互いをよく知るといった密なコミュニケーションや親しさとは異なる種類の結びつきが必要になる。

　「教職員集団との関係づくりについて，一定の認知を得るために，いわば『瀬踏み』にあたる営みが準備されている。それが授業の参観であり，そのコメントであり，さらに取り組んでいる研究に対する助言である。これらの発言を通して，研究者にとって，授業の参観を通して教職員集団との関係づくりが始まるのである。その際，教職員と研究者との関係づくりにあって，授業がく共通言語＞として役割を果たすのである。授業について，どれほど適切なコメントができるか，それが，その後の関係づくりに影響を及ぼすことになる」として，「授業を観察する能力，授業のプランや実際を進める能力，授業を通して対話する能力」が「教職員との関係づくりをはかる能力」として指摘されている[13]。つまり，学校（実践）との関係構築の手段として，授業について「ものが言える」能力が必要だということであり，これは教育経営学の研究対象として直接的に授業を扱う[14]かどうかとはまた別の要素として立ち現れている[15]。人の異動があってもなお関係が維持されるためには，上述のような

「目先の対応のための処方箋」の有効性だけでなく，その結果としての研究者の専門的知識や力量への信頼が必要である。つまり，研究者はなんらかの知識の専門家として「認められる」必要がある（"品定め"の結果，良い品だと見なされる必要がある）。

　こうした，学校（実践）と研究者の間の一連の「闘い」の中で，いかなる知が活用され効果をもったのか，そのことが次の段階としてどんな関係性を拓いたのか，そうした過程の記述を内包することが，両者の関係性の「リアリティ」を描くことにつながるといえる。

［註］

(1)　にもかかわらず，情報を収集しても"実態"の一部分しか描けないことが限界や問題点と見なされがちである。その場合には，なぜ"実態"をそのように描くのかという「研究目的」が議論されるべきであるのに，そうではなく，より多面的に描くことが"実態"に迫る望ましい方法だという「研究方法」への問いや，描かれなかった部分に光を当てる必要があるのではないかという「研究対象」への問いに置き換えられたりしがちである。

(2)　藤原文雄「教育経営学における教育経営実践への視線」日本教育経営学会編『講座　現代の教育経営3　教育経営学の研究動向』学文社，2018年，145頁。

(3)　竺沙知章「『エビデンスに基づく教育政策』と教育経営研究」日本教育経営学会編『講座　現代の教育経営4　教育経営における研究と実践』学文社，2018年，47頁。

(4)　曽余田浩史「臨床的アプローチの枠組み」小野由美子・淵上克義・浜田博文・曽余田浩史編著『学校経営研究における臨床的アプローチの構築―研究―実践の新たな関係性を求めて』北大路書房，2004年，46-47頁。

(5)　水本は「質的研究論文ではしばしば『今後ケースを増やして一般性を高めることが課題である』というような決まり文句が述べられる。しかし，固有性と当事者性にこだわるからこそ得られる知とそのような『言い訳』は矛盾する」と述べ，学校経営研究の妥当性を測る基準となってきた「客観性」「一般性」「有用性」の観点を再検討する必要があると指摘している。水本徳明・畑中大路・臼井智美・柏木智子「学校経営の質的研究の展望」『京都教育大学大学院連合教職実践研究科年報』第8号，2019年。

(6)　例えば次のような指摘が参考になる。「サービスに関する言説は，サービスに関与する人，つまり客や提供者が『どういう人なのか』については，考えてこなかった。人と人の間でやりとりされる情報の交換，資源の交換や統合などが問題とされてきた。（中略）しかし，人と人が出会い一緒に価値を作り出すという活動をする限りに

おいては，人は自らを提示し，相手を見極め，承認するということを避けることができない」として，この見極めや承認の過程を「闘い」と概念づけている（山内裕『「闘争」としてのサービス　顧客インタラクションの研究』中央経済社，2015年，94頁）。また，その「闘い」については，「相手を対等な人であると認識するとき，闘いの関係にならざるをえない」という。その理由は，「客と闘わないということは客を自分に従属する存在として扱うということである。闘わないことは，相手を取るに足りないと見なすことに他ならない」からだという。

(7)　浜田博文「『臨床的アプローチ』の成果と課題―研究知の産出を中心に―」『日本教育経営学会紀要』第51号，2009年，108-110頁。

(8)　水本徳明「学校経営コンサルテーションの課題―第1回フォーラムでの議論を中心に―」『学校経営に関わるコンサルテーションのニーズ・手法・理論に関する研究』（科研費基盤B：19330167）2009年3月，60頁。

(9)　同上，63頁。

(10)　大脇康弘「教育経営研究における理論知と実践知」日本教育経営学会編『講座 現代の教育経営4　教育経営における研究と実践』学文社，2018年，37頁。

(11)　同上，27頁。

(12)　畑中大路「学校経営研究における研究知・実践知の往還―研究方法論の検討を通じて―」『日本教育経営学会紀要』第58号，2016年，88-89頁。

(13)　天笠茂「[研究事例D] カリキュラムマネジメントに対するコンサルテーション」小野由美子・淵上克義・浜田博文・曽余田浩史編著『学校経営研究における臨床的アプローチの構築―研究―実践の新たな関係性を求めて』北大路書房，2004年，82-83頁。

(14)　これまで教育経営学研究として「授業」に着目した研究は，教育課程の編成・実施（教育課程経営）の文脈，校内研究・研修（授業研究）の文脈，教師の力量形成や職能成長の文脈，教員養成教育の文脈などで行われてきた。しかしながら，授業を＜共通言語＞とする学校と教育経営学の研究者の関係性については，議論の俎上に上ってきていない。

(15)　臨床的アプローチを発展させるための今後の課題の一つとして，「研究者および実践者（スクールリーダー）の支援的な実践の力量形成」が挙げられている。「プロセス・ファシリテーションの力量形成を行う必要がある。そのためには，ファシリテーションの知識や手法（形式知）の開発・習得だけでは十分ではない。経営現象を捉える直感や五感（暗黙知），相手に省察を促すとともに自ら省察する力，ショーンのいう「高地（従来の知識や経験が通用する状況）」にとどまるのではなく「沼地（それらが通用しない複雑で不確実な状況）」に入り，多層性や矛盾をかかえ込みながら相手とかかわりあうスタンスを磨く必要がある」という（曽余田浩史「教育経

営研究における臨床的アプローチの展開と今後の課題」日本教育経営学会編『講座現代の教育経営 4　教育経営における研究と実践』学文社，2018年，24頁）。ここで指摘された研究者の力量は，本稿で問題提起した学校（実践）と研究者の関係構築に必要な研究者の力量を捉える観点とはまた異なる。こうした観点の多様性も含めて，教育経営実践研究を行う研究者に必要な力量が何かを明らかにしていく必要があろう。

「教育経営実践のリアリティにせまる」と問うことが教育経営学の固有性にとって何を（失うことを）意味するか

東京学芸大学　末　松　裕　基

1　本報告の目的

　本報告では，教育経営をめぐる複数性（plurality）の担保の可能性——実践，政策とは異彩を放ちながら，両者を推し進めるような研究知がありうるのではないか——を論じる。それは教育経営学の固有性を政治性の強度から考え，説明力の深度と耐久性を意識することになる。「教育経営実践のリアリティにせまる」と問うことは，教育経営学の省察機能を担保しない議論につながる恐れがある。それは，教育経営が政治，権力とは切り離すことができない固有の性質をもつからであり，この点を考慮しない研究が氾濫することは，教育経営の固有性を破壊することになり，学校現場を支援するほど，学校現場は研究知によって不自由になることが生じかねない。教育経営学の固有性に迫ることの難しさは，吉本二郎がかつて述べたように，まずは教育経営概念の射程の広さにある（吉本 1987：228-229頁）。さらに，現代の新自由主義下では経営管理主義（managerialism）の影響も教育経営は強く受ける。経営管理主義とは，経営的概念で構成される手法でもっぱら社会問題を解決しようとする考え方で，NPM の名のもと，学校現場は不十分な裁量のまま効率性の追求を求められ，成果指標や業績評価を通じて行政からの規制は一層強固となる。

2　経営管理主義下の実践にいかに向き合うか
　　──教育哲学，教育思想史との対話

　研究が教育実践や教育現場にいかに向き合うかは，教育哲学および教育思想史の領域でも意識的に議論が蓄積されている。田中毎実は「55年体制の崩壊と産業社会の高度化とともに，教育理論の多くは脱イデオロギー化し，技術合理性の性格を帯びてきた。有用性や有効性を価値基準としてテクノクラートの管理体制と協働しているのは，これらの個別諸分科である」と指摘する（田中2009：28頁）。そして，教育哲学が臨床性や実践性をもつとすれば，それを支えるのは言説の徹底的反省に習熟するための思想や輸入理論の真摯な学びであるとして，「このいささか時代遅れの現実離れした『修行』によってこそ，教育現実構成についての集団的反省に主体的に参与する力をもつことができる」（田中 2009：31-32頁）とする。ただし，「教育の政策立案や実践に関する意思疎通において主導権を握ることは，途方もなく困難である。簡単に言えば，この教育哲学の参加は，いわば『最初から負けるとわかった戦』なのである」（田中 2009：32頁）と悲観的とも言える認識で論を終える。

　しかし，古屋恵太は「負けるとわかった戦」の突破口を見出す。教育哲学では，近代合理主義のもとで構築された理論─実践図式を批判することに加えて，臨床を冠した研究の底流にもある有用性の論理すら近代的なものとして思想史的に文脈化・相対化されてきたことを明らかにする。教育哲学の意義を論じることが教育政策のコンテクストの分析と不可分のものとなったことを確認し，「行政側の人間であれ，教育哲学者であれ，伝統的な理論─実践図式に現在の議論を回収しようとする動向には，注意を促す必要がある」として，「こうした動向は，近代教育思想批判を教員養成課程の教育哲学の内容に組み込むことで生じてきている変化や生じ得る可能性をかき消すことになりかねない（中略）近代教育思想批判に立脚した教育哲学は，あくまで思想史と連携し，具体的な社会・歴史と結びついた人間観・教育観を提示しながら，現場という内部が社会構造・教育行政等はもちろん，自らも関わる教育実践をも異化できる文化─歴史的道具という意味の外部をあらかじめ備えることができるようにするような教員養成課程にこそ貢献する」と述べる（古屋 2011：101-105頁）。

　以上からわかるのは，理論─実践の対応関係が批判されるだけでなく，臨床性や有用性そのものが相対化されていることだ。それとともに，研究とは異な

る次元にある大学教育に論議を位置づけ直すことで新たな可能性を見出そうとしている。この点，松浦良充の議論も参考になる。彼は学問がただちに実践的意義を持たず，学問が教育政策を直接に批判せずとも存在価値がある場として大学教育を位置づけ，実践と研究の関係に教育という別の次元の問題を差し込んでいる。また大学が「知の共同体」から「知の経営体」に変貌しつつあるが「経営体にこそ，哲学・思想が必要である」と論じる（松浦 2010：120頁）。

　これらが意味するのは，実践と研究の関係をただちに，両者の対応関係として有用性や臨床性の次元で考えるのではなく，教育を介在させることで，両者のもつ性質やコンテクストを組み直す視点の提示である。これは教育経営学の現代的価値が問われる際に，教職大学院や研修でスクールリーダー教育が問題になる構図と似ている。ただ，「知の経営体」が生み出す知識をそのまま教育を通じて実践と接合してよいわけではない。松浦が「哲学・思想が必要」と言ったのは，「知の経営体」になることでどのような変化が生じ，何が問われるべきかを考えよということだと引き取ることができる。

3　研究と実践の関係を高等教育の現代的課題から考える

⑴　学術機関としての大学の変化──国家のイデオロギー装置から官僚的機構へ

「知の経営体」に変化する大学を哲学するために，文学理論と現代思想を専門とするビル・レディングス（Bill Readings）の議論をさらに参考にする。彼は『廃墟のなかの大学』（1996年）で，大学の存在理由は近代社会に見られた国民国家のための文化という理念や使命を担うものではなくなり，大学は超国家的官僚的企業体に変化したとし（レディングス 2018：3-4頁），文化的使命を奪われた現代の大学が，資本主義下の官僚的制度以外のなにものでありうるか「知の経営体」の哲学を問うている。グローバル化を受けて大学は近代社会のように国民国家の文化のためのイデオロギー装置ではなくなり，大学が生み出す知識に大きな変化が生じ，その結果，今日の大学は「一つの官僚的機構であると理解すべき」（56頁）とする。国民主体生産の中心に大学を据えるというメタ物語が崩壊し，従来，大学がその活動の目的や意味の指示対象として機能する理念をもっていたのに対して，現代の大学は努力が向けられる外的指示対象をもてないことから，その結果「厳密に何が知識として教えられ，何が

生産されるかは，ますます重要ではなくなる」（17-18頁）。大学が生み出す知識がこのように「脱指示化（dereferentialization）」することで，すべてのことが文化として規定され，文化が事物や理念の特定の指示内容をもたず，それ自体として何かを意味することをやめるという理解である（23-24頁）。

　以上は，現在の研究知の課題状況を描写するが，彼は現代の大学はバスケットボールの NBA とも類比できるとする。大学と NBA はその活動を統治する官僚的組織をともにもち，その組織的機能と外的効果は外的指示物に依存しない（55頁）。さらに，現代の大学では，旧来の「文化」に代わって「エクセレンス」が謳われ，それは指示対象を欠くだけでなく「たった一つの境界線しか引かない。つまり，官僚主義という無制限な権力を守る境界線である」（45頁）。そのため研究者の位置づけも大きく変わり，対抗的イデオロギー，知性，学識の持ち主というよりは，官僚的有能さをもっているかどうかが評価基準になる（57頁）。そして，研究がシステムの再生産と区別することができなくなるにつれて，研究の内容は問題でなくなり，結果として「大学という制度のなかで研究，教育，専門的訓練がますます一つに収斂することになる」（75-76頁）。

　教育学で"理論と実践の往還"の表現がよくなされるが，これらも以上のエクセレンスの意味合いと同様である。研究，教育，専門的訓練が一つに収斂することも，現在の教育経営学が同じく抱える問題状況である。

⑵　文化と社会問題の接点の喪失──研究活動＝システム内部の交換価値

　国民国家衰退を受けて，文化としての研究が衰退する一方で，カルチュラル・スタディーズなど，より民衆に近づくアプローチが模索され流行するが，それらは指示対象をもっていない[1]。

　これらを教育学に当てはめると，国民国家の衰退に伴い，理論的研究（＝文化を示す規範）が成立しにくくなり衰退し，臨床研究や実践研究が流行したととらえられ，ただし，実践研究や学校現場重視の流れは明確な指示対象を欠く。"理論と実践の往還が見られない"などいくらでも主張することはできるが，そもそも研究が生み出すものが脱指示化されている状況では，このような議論をいくら重ねても社会問題との関係性が生まれない。レディングスが大学とNBA を類比したが，NBA の試合結果が実社会の本質的意味とおよそ関係のない点を彼が指摘していたことを思い出すと（55頁），これらの課題をより一層

理解しやすくなる。大学で生み出す知が，外的指示対象との関連ではなく，システム内部の問題になる。エクセレンスはシステム内部の価値の単位として架空の物差しとして機能し，研究知が意味の決定因にならない。思索そのものが問題への応答にならない（160，163-164頁）。外的指示対象をもたないことから“どのような研究もあり”となり，それは排除や包摂をいくらでも語れるものの，社会問題との接点がもてない。これらは脱指示化に直面した現在の実践重視の研究の必然的課題を表す。

4 理論―実践の対応関係を超える ――複数性という視点，知識人の問い直し

現代の教育経営にはさまざまな者が関わるようになったが，教育経営を語る方法は単純化している。これらを相対化し，研究知のあり方を考えるのは学会の使命だが，そもそもその使命が丁寧に語られない。この状況を問題化し，議論することが教育経営学の固有性を考えることにつながる。英国の教育経営学者ヘレン・ガンターは，教育経営学が向き合うべき課題は「教育経営についてのフィールド研究，理論，専門的実践のうちにある複数性（plurality）について認識すること」として「共通のものとして必要となるのは，ひとつのテーブルを囲んで座っているように，人びとが分離できるが同時に結びついてもいるような場所である。これらの空間が取り除かれるとき，人びとはある型にひとまとめにされ，全体主義が経験されることになる」と述べる（Gunter 2015：p.2, 6）[2]。現代において教育経営をめぐる複数性を担保し，実践―研究―政策の間に民主的な距離を保つ必要性はこのような理由から説明できる。

実践の学としての教育経営学の固有性を問うのであれば，それを存在と機能の両面――いかにして批判と効果をともにもつか――から考える必要がある。知識産出の前提や課題をメタ的に問うことから始めなければならない。経営管理主義下で教育経営に関わる者の業務の特性が〈労働〉に堕し，教員と研究者の関係性も“理論と実践”という名のもとに有用性に基づくものや消費的関係性が生じやすい。かつてミシェル・フーコーが知識人の役割を問い直したが[3]，教育界でも改めてそれが問われる。教育経営が政治や権力とは切り離せない性質をもつということは，それらとの関係をいかにもつか，そして研究や実践においてそれらにいかに抵抗するかということだ。特定のイデオロギーが優勢化するための言説構造の効果的な構築が行われている[4]。そのため，一見，政

治的実践とは距離がある研究営為によって，われわれが言説闘争に実際に参加する際の視点——効果的な言説戦略とは何か——を得たり，または，概念連関のありようへの認識の深化によって，自らの規範的見解に対する論理的矛盾や思わぬつながりを当人が発見したりすることが必要だ。つまり，われわれのイデオロギーを鍛え上げ，自分がいかなる世界の実現を求めているかを明確化する（寺尾 2019：153-154頁）。研究や実践の関係を組み替えるものとして，研究に基づく大学教育の重要性が問われる必要があるのはそのためである。講演や研修で研究した気になっていないか。学校へのコンサルテーションや政策関与が研究者の役割と思っていないか。調査やデータに溺れて研究者の使命を忘れていないか（反基礎付け主義）。または実践を見下し，歴史研究や外国研究に居直って（もしくは後ろめたさを感じながら）学生への教育を疎かにしていないか（基礎付け主義）。これらの立場にも甘んじることができないことが現代の教育経営学の難しさであり魅力である。

［註］

(1) 大学がカント的哲学を重視した段階からフンボルトによる文化の重視，大衆文化研究に移行したとレディングスは理解する（119-120頁）。現代の大衆文化研究では，文化の言葉は，われわれがそこから排除されるような歴史的広がりと批評的同時代性の両方をもつメタ言説的プロジェクトをもはや表さない（142頁）。

(2) ガンターが問題視するのは「教育についての考えや論争のなかにある複数性が，どれほど蝕まれ，実際に愚弄されつつあるか」（Gunter 2015：p.44）ということだ。それによって，学校教員や研究者が差異を認めて対話することができなくなり，互いの業務の性質が〈労働〉に堕す。ハンナ・アーレントが人間の複数性に対応する活動力として政治の条件にしたのが〈活動〉で，生命維持のための消費が〈労働〉である。〈労働〉は業務をこなしその生産物を消費する差し迫った必要の充足を超えた創造性や耐用寿命を一切もたずに反復される。「思考する者としての自己を求め，対話を通じた他者とともにある複数性は，労働のような必要性から生じるものではなく，それがそうであるという理由のために尊重される。アーレントは，政治が統治者の地位・権限や統治に関するものになってしまったことに気をもむようになった。けれども，彼女にとって，政治とは差異と類似性がともに許され，それゆえにやり取りすることが許されるような，人と人とのあいだに生じる空間に関するものである」（Gunter 2015：p.73）。

(3) フーコーは制度の恣意性と自由の空間の享受を問い，生の普遍的必然の観念を退

けることを研究目標に掲げ次を述べた。「わたしの役割は——そしてこれはひどく思いあがった言葉なのですが——，人々は彼らが自由であると感じているよりはるかに自由であるとか，人々は歴史のとある時期に築きあげられてきた若干の主題を真理として，明証として受け入れているとか，そして，このいわゆる明証なるものは批判と破壊の対象となりうるものであるとか，を人々に明らかにすることです。人々の精神のなかで何かを変えること——これが知識人の役割なのです。」（フーコー 2004：3‐4頁）

(4) 権力行使，価値の序列化，ビジョン構築などあらゆる政治行為は論争性を概念から剥ぎ取る。このような脱論争化はイデオロギーの主要機能である（寺尾 2019：143頁）。

［引用・参考文献］

・田中毎実「教育哲学の教育現実構成力について」『教育哲学研究』第99号，2009年，28-33頁。
・寺尾範野「イデオロギー研究は『政治における正しさ』について何をいいうるか—マイケル・フリーデンの諸研究の検討を通して」田畑真一・玉手慎太郎・山本圭編著『政治において正しいとはどういうことか—ポスト基礎付け主義と規範の行方』勁草書房，2019年，133-157頁。
・フーコー，ミシェルほか『自己のテクノロジー——フーコー・セミナーの記録』田村俶・雲和子訳，岩波書店，2004年。
・古屋恵太「理論—実践論議から脱出し，教育に内在する外部の確保へ—『歴史セクション』の成果と展望—」『教育哲学研究』第103号，2011年，100-105頁。
・松浦良充「意味としての大学／機能としての大学」『教育哲学研究』第102号，2010年，120-132頁。
・吉本二郎「教育経営の課題」日本教育経営学会編『現代日本の教育課題と教育経営』ぎょうせい，1987年，223-233頁。
・レディングス，ビル『廃墟のなかの大学〈新装改訂版〉』青木健・斎藤信平訳，法政大学出版局，2018年。
・Gunter, H., *Educational Leadership and Hannah Arendt*, Routledge, 2015.

討論のまとめ

長崎大学 畑 中 大 路

1　今期の研究推進委員会の目指すところ

　今期の研究推進委員会は，本委員会に課せられたミッションである「教育経営研究の方法論の開発：教育経営研究らしさの探究」を手掛かりとしつつ，「実践の学としての教育経営学研究の『固有性』を問う」を主題として3年間の研究を進めていく。1990年代以降進められる「学校の自律性改革」や人口減少時代への突入，昨今の教職大学院拡充といった社会的・制度的影響を受け，教育経営学がとりうるべき「立ち位置」は再考を迫られている。教育経営学はかねてより，教育実践との距離が近い学問領域として捉えられ，「実践の学」と呼称される傾向にあるが，その事実を改めて再考する時期に差し掛かっているといえよう。そこで，今期研究推進委員会では，教育経営学がとりうるべき射程はどこまでであり，その中でいかなる研究をなしうることが可能であるのかといった「教育経営研究らしさ」について検討することを目途とし，1年目である今回は，「教育経営実践のリアリティにせまるとはどういうことか」をサブタイトルとして掲げ，課題研究報告を実施した。当日は武井会員，臼井会員，末松会員による報告を受けた後，主に，①教育経営学における諸概念をめぐる議論，②「研究者の立ち位置」に関する議論がなされた。

2　教育経営学における諸概念の議論

　報告者3名からは，それぞれが捉える「教育経営実践のリアリティ」について報告がなされた。この報告を受けフロアからは，3名が用いた用語の定義に関する各会員の認識が飛び交う形となった。その具体としては，「教育経営は『行為』なのか『機能』なのか」，「『行為』と『機能』の間にある『意味づけ』の存在をどう捉えるべきか」，「『研究』の対概念として用いられることが多い『実践』を，教育経営学はどう捉えるべきなのか」，そして「教育経営実践とは何で，本課題研究の主題に掲げられている『実践の学』とは一体何なのか」と

いったものである。

　上記のように，様々な角度から教育経営学における諸概念について議論がなされたが，本報告の限られた時間の中で諸概念の整理がなされたわけではない。むしろ，本報告はその整理の難しさを共通理解する機会になったとともに，これまでの教育経営学会で当該諸概念についての議論が十分になされてこなかったことが改めて認識されることとなった。今後の教育経営学，及び本委員会が検討課題として挙げる「実践の学としての教育経営学研究の『固有性』を問う」うえで，継続して検討していくべき論点であるといえる。

3　「研究者の立ち位置」に関する議論

　2000年代の教育経営学会においても，「臨床的アプローチ」の追究を手掛かりとして，「研究者の立ち位置」の検討は行われている。しかし，本稿冒頭で示した通り，教育経営学をめぐる状況は当時と大きく変化しており，改めて「研究者の立ち位置」を検討する必要がある。そこで本報告では，上記について検討するうえで，「臨床的アプローチ」に着目がなされるに至った背景や，臨床的アプローチがもたらした「功罪」を紐解きながら議論がなされた。その具体としては，「教育経営学研究に内在する『実践コンプレックス』（実践に『役立たない』という現場からの指摘）にいかに向き合うか」，「教育経営の当事者ではない研究者が，教育経営について語る意義とは何か」，「現場が研究者へ期待する『医師―患者モデル』の関わりをどう受け取るべきか」，「『臨床的アプローチ』の提唱以降，『実践』に傾斜するあまり『研究』への意識（教育経営研究の『固有性』）が薄らいでいるのではないか」といったものである。これらに対し報告者からは，自身が向き合う「実践」との関わり方やスタンスについての応答がなされた。

　また最後にフロアから，教育経営（実践及び研究）のサイクルからは，本来，教育が目指すべきである子どもの「学び」や「育ち」といった力学やダイナミズムが零れ落ちてしまう現状があり，その点についても着目すべきではないかといった論点が提示された。当該指摘は本報告で取り上げた「教育経営実践のリアリティにせまる」ためには必要な視座となるものであろう。しかし，教育経営（実践及び研究）が捉えるべき「子ども」とはいったい誰なのか，果たして教育経営学の対象となりうるのか，また，どのような研究方法論でその知見を一般化可能であるのかなど，検討すべき課題は残る。

海外の教育経営事情

　今期国際交流委員会では，アメリカ，イギリス，オーストラリア，ニュージーランドを中心に「新時代における学校管理職と教育経営改革の国際比較研究」をテーマに研究を進める。学校経営，教育政策，教育改革をめぐる様々な潮流と最新の展開を視野に入れた上で，校長の専門性と育成システム，学校組織運営の事例，新時代の教育経営システムについて論究する。

　紀要第62号では，アメリカを事例として，教育経営改革のうち学力テスト結果の利活用に関する動向を取り上げる。特に連邦政策として近年広がりをみせる処遇連動型の教員評価に焦点を当て，学力結果のデータを扱うことの難しさの一端を確認する。

アメリカの教員評価にみる
学力テスト結果の利活用をめぐる課題
―ワシントン D.C. の Value-Added モデルを中心に―

大阪産業大学 西野倫世

1 はじめに

　全国学力・学習状況調査等の蓄積に伴いその利活用が模索される一方，そもそも教育に関するデータ自体に大きな限界性が存在するという声もきかれる[1]。こうした本質的困難を抱えた中，学校現場において学力テスト結果の利活用が進んだ場合，校長の学校経営行動にいかなる影響を与え，どのような対応がとられうるかを慎重に検討することは，差し迫った問題と言える。

　本稿は以上の問題意識の全てに応じうるものではないが，「テスト至上主義」として知られるアメリカの動向を紹介し，学力結果のデータを扱うことの難しさの一端を確認することを目的とする。アメリカではテスト政策が進展する中，「教師の貢献度」を問う視点から素点など従来の測定原理が見直され，新たな測定原理に基づくデータの蓄積及び利活用が進みつつある。その測定原理の代表例が Value-Added モデルであり，後述の通り可能な限り他の要素と分離して「教師の貢献度」析出を目指す等の特性から「公正」と評されてきた[2]。他方，近年では連邦政策の影響から処遇と連動した教員評価に同モデルを使用する動きが広がり，論争を呼んでいる[3]。とりわけワシントン D.C. は，連邦政策に先立って教員評価制度 "IMPACT" を2009年より始動したため，先行事例として国内外の論者から注目を集めている[4]。加えて，その後改訂を重ねる中で同モデルの比重減少等があり実質的な影響が弱まっていることから，データを扱う際の難しさを検討する上で近年の状況も視野に入れた考察が可能となる。

　以下では，まず IMPACT の開発背景と概要を確認した上で，Value-Added モデルのデータセットを提示し，考察の前提とする。次に，現地インタビュー調査に基づき改訂の背景を探るとともに，学力結果の利活用に対する校長の学校経営行動を確認する。その上で，わが国への示唆も念頭に若干の考察を加える。

2　ワシントン D.C. 教員評価制度 IMPACT の概要

(1)　IMPACT 開発の背景

　まず，教員評価制度が刷新された経緯を述べておく。アメリカでは学力形成における教師の重要性を示す研究が蓄積される中[5]，教員評価の結果が教師の成果を示すものではないことが問題視されていた。ワシントン D.C. も例外でなく，例えば2007年の第 8 学年国語では「習熟」割合が12%であるのに対し，教員評価では95% が「満足できる」結果を得ていたという[6]。

　この「形骸化した教員評価」問題に対応するため，まずワシントン D.C. では従来の教員評価で重視されてきた「経験年数」と「教師の質」の関連が検証され，その相関関係が否定された[7]。そこで，学区教育委員会は教師の質を実質的に捉える必要性を提起し，後述する特性から「公正」と目されていた Value-Added モデルにその中心的役割を期し，IMPACT の開発に着手した。

(2)　IMPACT の概要

　次に，IMPACT の概要を確認する。IMPACT では，①業績による教師の質の識別，②評価結果の処遇反映，③職能開発の強化が目指された。なお，IMPACT は複数の評価枠組みをもつが，上述の通り Value-Added モデルが核心的原理となるため，以下では同モデルを適用する枠組みに基づき論を進めることとする。

　第一に，教師の質の識別に向けて新たな評価基準が設けられた。その中には，「同僚との協調」（ 5 %）や「学校全体の学業成績」（ 5 %），「専門職としての意識」（必要に応じて減点）といった指標もみられる一方，IMPACT 内の比率の高さから重視されていると言えるのが「学業成績」（50%）と「授業視察」（40%）である。「学業成績」は次節で詳述するように，学力保障に対する「教師の貢献度」を示し，Value-Added モデルに基づき算出される。「授業視察」に関しては，外部評価者による視察が新たに設けられ，年間 5 回の授業視察のうち， 3 回は校長等の管理職， 2 回は学区で雇用・訓練されたメンター教員が担当する仕組みが整備された。

　第二に，上記の評価結果に基づき，教師の処遇が決定されることとなった。IMPACT の評価結果は100～400点で数値化され，点数に応じて「優れて効果的」（350～400点），「効果的」（250～349点），「最小限度に効果的」（175～249

点），「非効果的」（100〜174点）の 4 段階で評価される。「優れて効果的」の評価を得た場合は最高 2 万5,000ドル（約250万円）の報奨金が支給されるのに対し，「非効果的」の場合は即刻解雇，「最小限度に効果的」でも翌年改善がみられなければ解雇等，かつてないほど厳しい教員処遇策が導入された[8]。

第三に，職能開発に関して本稿に必要な限り述べれば，上述の授業視察後，個人面談で評価の通知とフィードバックが行われる。教師はオンラインシステムにアクセスし，自身の評価結果及び長所・改善点等がまとめられた成長プランを確認できるという[9]。

以上のように，IMPACT は多様な指標に基づく厳格な評価を標榜しつつも，「学業成績」を最も重視するものと言える。次節では，その評価尺度に採用された Value-Added モデルの概要とデータセットを提示し，特質を確認する。

3 学力テスト結果のデータ整備状況

⑴ Value-Added モデルの概要

Value-Added モデルの概要を簡潔に述べれば，今年度の予測点数を過去の成績・社会経済的要因等に基づいて導出し，それを基準値に実際の点数と比較することで，学力保障に対する「教師の貢献度」を析出するものと説明できる。

ワシントン D.C. の場合，児童生徒の過去の成績（数学・国語），児童生徒の社会経済的要因（性別，給食費の減免率，英語の習熟度合い，障がいの有無），児童生徒の前年度の出席率に関するデータから，当該年度の予測点数が算出される[10]。この予測点数と実際の点数の差から各教師の「Value-Added スコア」が決まる。なお，対象教科は 2 教科（数学・国語），対象学年は第 4 〜 8 学年であり，学区の標準テストが用いられる[11]。紙幅の都合上省略するが，具体的な算出式は上記データを用いた多次元の行列計算から成る。この解釈手続きから同モデルの発想の特質を捉えれば，第一に従来の測定原理が児童生徒の特性として統制外の要因を含むと判断された点，第二に教師の責務を問おうとした帰結として“学力の伸び”という動的尺度が採られた点を読み取れる。

現在アメリカには数種類の Value-Added モデルが存在するが，ワシントン D.C. のモデルはいかなる特色をもつのか。ここでは，その特色を明らかにするため，まずテネシー州のモデルを確認したい。なぜなら，同州のモデルは他州に先立って1990年代から実施された元祖であり，代表的な型として注目を集めているからである。

⑵ テネシー州における Value-Added モデルのデータセット

テネシー州の Value-Added モデルのデータセットは「SAS Institute」という統計会社から提供され，**表1**と**図1**が示される。

表1は，学校全体の学力成長度を教科ごとに示したものであり，当該年度の予測成長度と実際の成長度を比べて「同等か高い場合」，「わずかに低い場合」，「低い場合」それぞれが G（緑），Y（黄），R（赤）と評価・表記される。なお，著しい高低には「*」印が付される（極めて高い＝ G*，極めて低い＝ R*）。この表記から，同校における同一母集団間・同一学年間の経年比較が可能となる。

表1　学校全体の学力成長度（算数）

算出された学校全体の成長度					
学年	3	4	5	下記の基準と比較した場合の学校全体の成長度平均	
成長度の基準値		0.0	0.0	成長度の基準値	州
州の3年間平均		- 0.3	- 0.1	成長度の基準値	州
2007年度成長度		- 0.6 Y	10.1 G*	4.7	4.9
（標準誤差）		(1.4)	(1.7)	(1.1)	(1.1)
2008年度成長度		14.8 G*	5.3 G*	10.0	10.2
（標準誤差）		(1.4)	(1.4)	(1.0)	(1.0)
2009年度成長度		3.5 G*	- 3.8 R*	- 0.1	0.1
（標準誤差）		(1.4)	(1.3)	(1.0)	(1.0)
3年間の平均成長度		5.9 G*	3.9 G*	4.9	5.1
（標準誤差）		(0.8)	(0.9)	(0.5)	(0.5)

（出所：拙稿2016から転載）

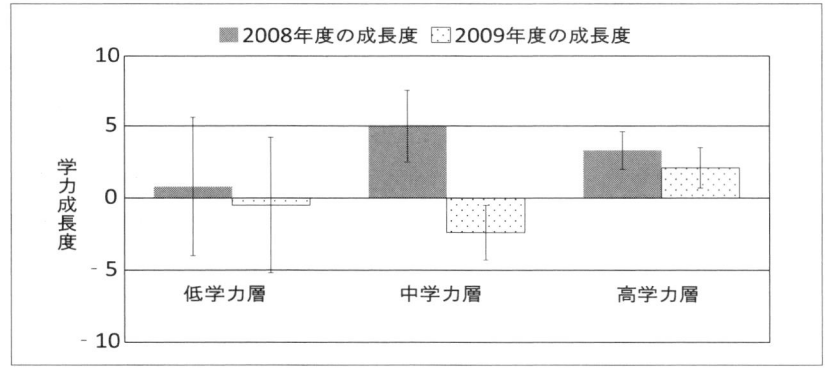

図1　ある教師が担当する児童の学力層別成長度（算数）

（出所：拙稿2016から転載）

図1は，ある教師の担当する児童の学力成長度を経年比較したもので，児童を成績別に「低学力層・中学力層・高学力層」に分けた上で，それぞれの学力成長度が前年と比べていかに変化したかが示されている。

　上記データセットは単なる数値に止まらず，色分けやグラフを用いて学力成長度の進捗状況を可視化している点に特徴を見出せる。この工夫が功を奏したか定かではないが，テネシー州では校内の職能開発や学校全体の教育課程計画にデータセットを活用したという報告もみられ(12)，学力結果を授業改善につなげる際の手がかりを示す可能性もある。とはいえ，どんな教師が"学力を伸ばす"のか，その教師の資質・能力はValue-Addedモデル導入前の校長の経験則や印象を覆す／再確認するものだったのか等は明らかになっておらず，冒頭で述べた教育に関するデータの本質的困難が解消されたとは言えない。

　他方，こうしたデータセットが整備された理由は説明されていないものの，図1をみると同じ教師でも学力層ごとに伸ばした度合いが異なること，そしてこの教師の場合，高学力層の学力伸長には貢献したことは分かる。その意味で，少なくとも教師によって得意分野が違うという発想から成る点を読み取れる。

(3)　ワシントン D.C. における Value-Added モデルのデータセット

　では，本稿の着目するワシントン D.C. は，Value-Added モデルの評価結果をいかなる形で提示しているのか。IMPACT の結果は「Mathematica Policy Research」という統計会社から提供され，図2のデータセットが示される。

　このデータセットは2013年度のもののため後述する改訂後の表記となっているが，各成分得点は1.00〜4.00点で採点され，IMPACT 内の比率に応じて傾斜得点が換算される。その合計が最終得点である。例えばこの教師は，400点満点中374点なので「優れて効果的」の評価を得るというわけである。なお，「専門職としての意識」は，無断欠席・遅刻や学校の方針・手続きの遵守等に基づき教師として望ましい水準に達していないと判断された場合のみ減点対象となる。ここでは減点されていないので，この教師は水準を満たしていると校長等が判断したことを確認できる。

　本稿の立場から特筆すべきは，IMPACT で通知される学力テスト結果は，Value-Added スコア＝数値のみという点である（表2参照）。つまりワシントン D.C. では，上述のテネシー州のように「学力成長度の経年比較」や「学力層別の比較」といった踏み込んだ分析は一切行われていない。先取りして述べ

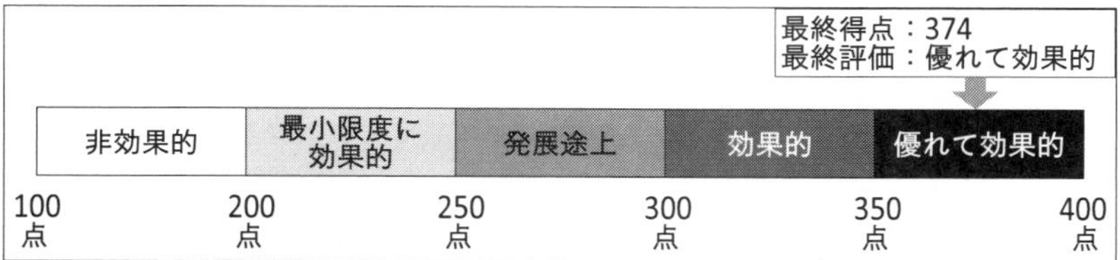

成分	得点周期	得点	成分得点	割合	傾斜得点
授業視察	管理職 1 周目	3.66	3.61	40%	144
	管理職 2 周目	Informal			
	外部評価者 1 周目	3.55			
	管理職 3 周目	3.66			
	外部評価者 2 周目	3.55			
Value-Added スコア	年度末	3.70	3.70	35%	129
教師作成の学業成績	年度末	4.00	4.00	15%	60
同僚との協調	管理職 1 周目	4.00	4.00	10%	40
	管理職 3 周目	4.00			
専門職としての意識	管理職 1 周目	No Change	No Change	N/A	No Change
	管理職 3 周目	No Change			
最終得点					374

図 2　ある教師の IMPACT の評価結果（国語）

（出所：現地収集資料から一部体裁のみ修正）

表 2　当該教師の Value-Added スコア詳細

Value-Added	国語	算数
予測点数	42.21	N/A
実際の点数	43.33	N/A
素点	1.1	N/A
得点	3.7	N/A
Value-Added スコア	3.70	

（出所：現地収集資料から一部体裁のみ修正）

れば，この表記が同モデルに対する現場の不信感を助長した可能性がある。

既に述べた通り，IMPACT 改訂によって Value-Added モデルの比重が減少したが，果たして何が問題視されたのか。一般に改訂に際しては，従来のものに何らかの問題があるため変更を加えるはずだが，管見の限り学区教育委員会はその理由を公式文書で明らかにしていない。しかし，後述のように改訂の背景について現地調査を行った結果，学力結果のデータを扱う際の難しさに直面している実態が浮かび上がった。次節では 3 つの変更点について現地インタビュー調査を中心に問題状況を考察し，校長の学校経営行動の一例を紹介する。

4 教員評価制度の改訂にみる問題状況

⑴ Value-Added モデルの比重減少

まず，IMPACT の核心的原理とされた Value-Added モデルの比重が減少した。導入当初は IMPACT 内で50％という最も高い比率を占めていたものの，2012年の改訂以降35％に減じられ，「授業視察」（40％）に次ぐ比率となった[13]。その理由について，経済学の観点から教員政策を研究するバージニア大学 Wyckoff 教授は，次の問題を指摘する（筆者インタビュー2017/9/4）。

第一は，教員評価結果の通知時期に関する問題である。というのも，IMPACT の結果が通知されるのは年度末であるため，仮に最低評価だった場合は即刻解雇となり，挽回の余地がない。前掲のデータセットでは数値のみ通知される点も鑑みれば，ワシントン D.C. の Value-Added モデルは「改善」というより，「評定」を主眼とする可能性が高いと言える。

第二は，Value-Added モデルの信頼性に関する問題である。改訂前の IMPACT においては，同モデルが最も高い比率の指標であることは既に述べた。にもかかわらず，その算出式は先に触れた通り多次元の行列計算から成るため難解であり，教師はなぜその評価結果を得たか納得できないまま解雇の不安にさらされるという。こうした理由から，処遇と連動した教員評価に用いるにはストレスが多いと批判が高まり，比重を減らされたと推察があった。

⑵ テストの変更

次に，2014年度以降，Value-Added モデルに用いるテストが，学区の標準テストから PARCC（Partnership for Assessment of Readiness for College and Careers）テストに変更された。これはわが国の学習指導要領に相当する「共通コアスタンダード」（Common Core State Standards）と連動した試験であり，高次の思考力の評価を目指す点で PISA 型学力と親和性をもつ。これにより，少なくとも2つの問題が生じているという。

第一に，Value-Added スコアに変動があったという声がある。例えば，ワシントン D.C. の教育困難地域にある A 小学校の国語科教師は，これまで同スコアで好成績を収め，社会経済的に不利な同校でも自身の努力・成果を認めうる Value-Added モデルの特性を好意的に捉えていた。だが，テストが切り替わって以降，同スコアが下がり混乱しているという（筆者インタビュー2017/9/5）。

もっとも，PARCCテストは高次の思考力を問うものであるため，当該教師の
教え方がその育成には十分適合していなかった可能性や，そもそもこの力は教
科横断的に育まれる可能性が高いという前提に立てば，教師個人の貢献度を測
定すること自体不可能とさえ思われる。けれども，ここで問題なのは，教師が
同モデルへの不信感を高めたという事実である。結果として，教育困難校に勤
める教師の効力感形成に寄与しうるという同モデルの潜在的意義の一つが失わ
れつつある点を確認できる。

　第二に，テスト変更に伴い，試験期間の長期化を強いられる学校も出ている。
PARCCテストの受験形態はコンピューター使用型のため，IT環境の充足度に
よって学校間格差が生じるというわけである。例えば，インフラが十分整って
いない学校の場合，従来の筆記型テストでは試験期間が約1週間だったのに対
し，新テストでは3週間以上を要するという。その結果，肝心の授業時間が減
ってしまうという本末転倒の事態に対して批判もある[14]。

⑶　授業視察者の変更

　最後の変更点は，授業視察者である。IMPACTでは校長と学区から派遣され
たメンター教員が視察を担当してきたが，2015年度から校長のみに変更された。
その理由を学区教育委員会に尋ねたところ，次の回答を得た。すなわち，授業
視察及び職能開発はこれまで行政側（メンター教員）も担ってきたが，2015年
度にいわゆる「学校を基礎単位とした教育経営（School-Based Management）」
へシステムが転換され，校長に一任する運びになったという（筆者インタビュ
ー2016/11/16）。この変更に伴い，例えば筆者が訪問したB小学校では，校長
が60名以上に上る全教職員の評価に追われ，多忙を極めているとのことであっ
た（筆者インタビュー2016/11/15）。

　本稿の立場から特筆すべきは，視察者が校長のみになったことで"企図せざ
る利活用"が生起した点である。例えば前述のA小学校の校長は，Value-Add-
edスコアと授業視察の結果に大きな差異がある教師の存在を認めた上で，こ
の改訂を逆手にとった"工夫"を講じているという。すなわち，前年度の教員
評価が低成績の教師は今年度も同等の成績ならば解雇となるため，当該教師を
学校に残したい場合はあえてValue-Addedスコアのない学年（第3学年以下）
に移動させる。なぜなら，同スコアは操作不可能であるのに対して，授業視察
の評価は校長に全ての裁量が委ねられているからである（筆者インタビュー

2017/9/5）。

　上記工夫は，校長が Value-Added モデルよりも自身の「眼」を信頼しており，あえて制度の虚をつく学校経営行動をとったものと把握できる。この逃げ道は同スコアのない学年を含む初等教育段階に限って適応可能であり，行政側も想定済みかどうか定かではない。とはいえ，人事管理の観点からすれば，行政側と現場側の折衷案とも捉えられうる。というのも，従来の「形骸化した教員評価」ではそもそも教師の解雇自体困難であった一方，改訂前の IMPACT では校長の裁量が少なく，現場側が"残したい教師"まで排除されうる。そこで，今次の改訂によって現場側が"残したい教師"に関しては逃げ道が準備され，逆にそれ以外の教師は Value-Added モデル等に審判を委ねるという選択が可能となったわけである。

　もとより教師の仕事がテスト点数のみで判断できない以上，この改訂は調和のとれた人材配置を可能とするものであり，自律的な学校づくりに寄与しうる。その反面，例えば学力保障の責務を十分果たしていないと判断された教師であっても，校長に気に入られていれば学校に残れるといった新たな問題を生みかねない。この特別権力関係の発生が，教職員間のつながりにどう作用し，肝心の児童生徒の学びにいかなる影響を及ぼすかについては，慎重に検討する必要があるだろう。

5　考　察

　これまでワシントン D.C. の教員評価を中心に，アメリカにおける学力テスト結果の利活用をめぐる動向の一端を確認した。最後に，わが国への含意も念頭にこれまでの検討を振り返り，若干の考察を行う。

　わが国の問題状況に照らした際，Value-Added モデルの発想そのものには原理的意義を見出せる。例えば全国学力・学習状況調査等では，点数や順位が強調される一方，その結果を生んだ過程や要因に目が向けられることは少なく[15]，結果的に「学ぶ側」の成果を測定するものとなっている。他方，同モデルは「教える側」の責務に焦点化する中で，社会経済的要因及び"学力の伸び"への配慮という発想が生まれた。ここに，学力テスト結果の責任を「学ぶ側」ではなく，「教える側」に求めようとする志向性を見出せる[16]。もとよりテストで測れるものは学力の一部でしかないという限界はありつつも，その意味でまさにわが国で見逃されている本質的論点に光を当てるものと言え，注目に値する。

　しかし，ワシントン D.C. の事例から捉えれば，同モデルを教員評価におい
て利活用する際の難しさとして，次の課題が浮かび上がる。

　第一に，同モデルは一見妥当に思える測定原理にもかかわらず，実は学校現
場からの信頼度は高くないという実状が示唆された。もっとも同モデルの信頼
性については，担当する児童生徒によって結果が左右しうる点や統制外の要因
を完全に分離できていない等の批判が既にみられた[17]。本稿ではこれに加え，
データセットから得られる情報の乏しさや公表時期が年度末である点，さらに
は新テストへの変更に伴う評価結果の変動等により，現場からの信頼獲得がい
っそう困難になっている実状が明らかになった。

　第二に，教職員間のつながりという観点からも難しい問題をはらむ。学力結
果の“企図せざる利活用”から生じうる問題については既に指摘した通りだが，
そもそも根本的な問題として，処遇連動型の教員評価に Value-Added モデルを
使用すること自体，教師の抱える脅威を増幅させ，協力・協調を弱めるという
指摘がある[18]。こうした文脈での利活用は，ワシントン D.C. に限らず連邦政
策として広まってきた。その中で，「ウェブ（クモの巣）」型[19]とも捉えられ
る学校組織内のつながりは，いかに変容しつつあるのか／つながりを分断する
ものになっていないか。こうした視座から，学力結果のデータ利活用のあり方
を問い直す必要がある。

　とはいえ，本稿の調査では同時に，個人を評価することを一概に否定できな
い側面も見受けられた。結果的には潜在的意義に止まったものの，ワシントン
D.C. の同モデルは教師の効力感形成に一時寄与した実績をもち，特に教育困
難校では個人的な承認が重要な役割を担うことが示唆されたからである。学校
現場の業務改善が急務となっているわが国においても，教師の効力感をいかに
確保していくかは重要な論点と言えよう。

　今後の課題として，本稿はごく限られた地域を対象としたため，全米規模で
学力結果のデータ整備状況を整理・比較する必要がある。その上で，大学院を
はじめとした管理職の養成及び研修の場では，データの利活用方法がどのよう
な形で教授されているかを検討することが求められる[20]。

[注]

(1)　貞広斎子・櫻井直輝「近年の教育行財政研究の研究手法と今後の展開」『教育行財
　　政研究』第42号，関西教育行政学会，2015年，63-72頁。

⑵　本稿は Value-Added モデルの実践面に焦点を当てるものであるが，理念面に関しては，前国際交流委員会をはじめ既にわが国でも検討が進みつつある。山下晃一「教員制度改革の争点と展望—教育評価の問題を中心に—」日本教育制度学会編『現代教育制度改革への提言』下巻，東信堂，2013年，70-86頁。照屋翔大・藤村祐子「アメリカの教員評価をめぐる付加価値評価モデル (Value-Added Model) の動向」『日本教育経営学会紀要』第58号，2016年，118-130頁，等。

⑶　髙橋哲「NCLB 法制下の連邦教育政策と教員の身分保障問題」北野秋男・吉良直・大桃敏行編『アメリカ教育改革の最前線—頂点への競争—』学術出版会，2012年，145-160頁。

⑷　アメリカの論者としては，Dee, T. & Wyckoff, J., *Incentives, Selection, and Teacher Performance: Evidence from IMPACT*, National Bureau of Economic Research, 2013等。わが国の論者としては，山下晃一・榎景子・可児みづき・小島倫世・豊田貴紀「現代アメリカ地方教育行政における『急進的』改革の事例研究：ワシントンＤ．Ｃ．：教育監ミシェル・リーによる教員処遇策」『神戸大学大学院人間発達環境学研究科研究紀要』第 7 巻第 2 号，2014年，79-95頁，及び，大桃敏行・吉良直・堀ひかり・宮口誠矢・金子友紀「公立学校の多様化とアカウンタビリティ政策の展開—ワシントン D.C. を事例として—」『東京大学大学院教育学研究科紀要』第55巻，2015年，425-443頁。

⑸　例えば，学力テスト結果における学校教育の影響（「教師」と「その他の学校要因」）は20% 程度に止まるものの，変容可能な変数が学校教育の影響のみと捉え直せば，比率の高さから「教師」は重要であるという指摘がみられる (Haertel, E., *Reliability and Validity of Inferences about Teachers Based on a Student Test Scores*, Educational Testing Service, 2013)。また，アメリカの教師の下位 5 ～ 8 ％を平均的な教師と置き換えれば，先進国の中で下位にある学業成績が上位に向上するという予測もある (Hanushek, E., The Economic Value of Higher Teacher Quality, *Economics of Education Review, 30* (3), 2011, pp.466-479)。

⑹　District of Columbia Public Schools, *Teacher quality reforms in the Washington D.C. Public Schools*, June 2014.

⑺　Curtis, R., *District of Columbia Public Schools: Defining Instructional Expectations and Aligning Accountability and Support*, The Aspen Institute, 2011.

⑻　IMPACT 初年度の2009年度の評価結果は，「優れて効果的」 3 ％，「効果的」16%，「最小限度に効果的」66%，「非効果的」15% である。前年度は95%だった「効果的」以上の教員が81%に減少し，「効果的」未満の教員が 5 ％から19%に増大した点から，IMPACT 導入によって評価に差がつくようになったと把握できる。Curtis, *op. cit.*

⑼　District of Columbia Public Schools, *IMPACT Overview—SMHC Conference*, 2009. 11. 4.

⑽　Isenberg, E. & Hock, H., *Measuring School and Teacher Value-Added for IMPACT and TEAM in DC Public Schools*, Mathematica Policy Research, 2010.

⑾　学区の標準テスト自体は第3学年から実施されるが，Value-Added スコアの算出には2年間の成績を要するため，同スコアをもつのは第4学年以上の教師となる。なお，同スコアをもつ教師は全体の15％と多くはないものの，2011年時点で徐々に対象の学年を増やす計画があり，将来的に大半が同スコアをもつと見込まれていた。Headden, S., *Inside IMPACT: D.C.'s Model Teacher Evaluation System*, Education Sector Reports, 2011.

⑿　西野倫世「現代米国の学校改善事業にみる学力測定結果の活用状況と課題—テネシー州チャタヌーガ市の Value-Added Assessment をめぐる動向」『日本教育行政学会年報』No.42，2016年，130-146頁。

⒀　2012年度以降の IMPACT 評価基準は「Value-Added スコア」35％，「授業視察」40％，「教師作成の学業成績」15％，「同僚との協調」10％である。評価結果は，**図2**で記されている通り「発達途上」が加わり5段階評価となった。

⒁　Strauss, V., D.C. teacher: How the PARCC Common Core test hurt my students, *The Washington Post*, 2015. 7. 9.

⒂　石井英真「教育実践の論理から『エビデンスに基づく教育』を問い直す—教育の標準化・市場化の中で—」『教育学研究』第82巻第2号，2015年，30-42頁。

⒃　中内敏夫は，学力を「学ばれたもの」（learned outcome）と捉えると，結果の責任が子どもへ帰せられ，教師の教育活動・教育計画を点検する方向に向かないと指摘し，「教えられたもの」（taught outcome）として学力を捉える必要性を提唱した。中内敏夫「習熟について」『教育』2月号，1994年。

⒄　Darling-Hammond, L. et al., Evaluating teacher evaluation, *Phi Delta Kappan, 93* (6), 2012, pp.8-15.

⒅　Harris, D., Clear Away the Smoke and Mirrors of Value-Added, *Phi Delta Kappan, 91* (8), 2010, pp.66-69.

⒆　浜田博文編『学校を変える新しい力』小学館，2012年。

⒇　アメリカでは大学院を中心に管理職養成が行われてきたが，データの使用や効果的な評価の方法を修得できていない等の批判もみられる。Hess, F. & Kelly, A., An Innovative Look, a Recalcitrant Reality: The Politics of Principal Preparation Reform, *Educational Policy, 19* (1), 2005, pp.155-180.

［付記］　本稿は，平成27〜29年度日本学術振興会科学研究費補助金・特別研究員奨励費（課題番号15J01975）の研究成果の一部である。

実践研究フォーラム

　第5期実践推進委員会（以下「本委員会」）に課せられたテーマは「教職大学院におけるスクールリーダー教育に関する構成原理の検討とプログラム開発」である。

　各都道府県で教員育成指標とりわけ校長に関する育成指標が設定されるなど，管理職養成に関する質の高い教育，研修に対するニーズが高まっている。日本教育経営学会（以下「本学会」）でもすでに「校長の専門職基準」を作成し，それにもとづく教材や実践事例が報告されている。本委員会は，これらの状況ならびに学会活動をふまえて，教職大学院における学校管理職等のスクールリーダー教育の高度化，充実に対する検討，提言を行いたい。具体的には，「理論と実践の往還」という言説のレベルを越えて，教育経営に関する教職大学院レベルでのスクールリーダー教育の基本的な構成原理を検討し，具体的なプログラムの開発を行う。

　そこで，現在，本学会の多くの会員が教職大学院におけるスクールリーダー教育を担っており，今後さらに担うことが期待される状況において，会員がスクールリーダー教育者として担う役割とは何か？　そもそもスクールリーダーとは何か？　スクールリーダーを育成・教育するとはどういうことか？　育成・教育の方法はどのようなものか？　その時，いかなる原理や哲学に拠ってそれが成立し得るのか？　などの問いに丁寧に応える議論と具体的提案を目指す。

　以上の問題意識に立ち，本委員会主催の第1回実践研究フォーラムとして，牛渡淳会員（仙台白百合女子大学）と大竹晋吾副委員長（福岡教育大学）の司会のもと，わが国の大学院，特に教職大学院におけるスクールリーダー教育の展開過程（研究・実践の両面）のレビュー（安藤知子委員：上越教育大学），全国教職大学院におけるスクールリーダー教育の提供実態（髙谷哲也委員：鹿児島大学），国内外のスクールリーダー教育の具体事例（棚野勝文委員：岐阜大学，福本みちよ委員：東京学芸大学）の話題提供に基づき，参加者の方々とのディスカッションを行った。

　今後，本委員会が取り組むべき方向性とその内容等について，どのような議論がなされたのか振り返ってみたい。

教職大学院におけるスクールリーダー教育の構成原理をめぐる論点

上越教育大学　安　藤　知　子

1　本報告の役割

　「スクールリーダー（以下「SL」教育）」という語を使用しながら教職大学院のカリキュラム構築に関わる検討をしている研究は多くある。本報告では，歴史的にはおおよそ次に示す3つの時期に区分される論の展開があったことを確認したうえで，それぞれの時期の議論を主導する諸論稿から，SL教育の内容がどのように構想されてきたのかについて読み解き，今期実践推進委員会が教職大学院におけるSL教育の「基本モデル」を検討する際の論点を提示した。

　スクールリーダー教育に関する研究の展開は，以下の3つの時期に区分して整理した。

　①1980〜1990年代：小島弘道らによるSL教育必要論展開期
　②2000年代（教職大学院創設期前後）：学校管理職養成の制度化要請期
　③2009年以降〜今日：教職大学院発足・拡充期

2　スクールリーダー教育の構成原理を考えるための論点

　ここでは，先行研究レビューから抽出しうる議論の視点を3点示した。

(1)　SL教育の対象範囲をどのように捉えるか

　学校管理職に限定しないSL概念を採用する場合には，教育経営の専門的知識基盤が広く捉えられる傾向がある。例えば，組織開発，学校マネジメント，実践コミュニティづくりなどがキーワードとなり，実践の対象化，経験の相対化などコンセプチュアル・スキルの質的向上を意図するカリキュラムが重視されるなどである（大脇2017，松木2013など参照）。

他方で，SL を学校管理職や校長として限定するものでは，学校経営のビジョンや戦略，学校課題解決など，具体的・実践的な手法に焦点づけられたカリキュラムが論じられ，学校管理職の資格や任用システムまで視野に入れた議論になる傾向がある（小島他 2003，2 学会合同提言 2006，加治佐，2019など）。SL として「誰」を想定するかが第一の論点となる。

(2)　カリキュラムの基盤となる「よりどころ」をどのように捉えるか

多くの SL 教育論は，基本的には「省察による経験の相対化を促す」という比較的共通の前提がある。しかし，その「実践の省察」をどのように企図し，何をもって「省察」と捉えるか，どのように省察を促すかといった「理論と実践の往還」の具体化については多様である（山本・曽余田 2016）。また，教師教育者個人の理念や指導力によっても実態は多様である。実務家教員と研究者教員の関係や，教育委員会との連携の在りようなどによっても様々なポリティクスが働いている。本学会として共有可能な理論基盤はありうるか，無いとしたらどうするかという点について，多くの意見交換が必要である。

(3)　アウトカムをどのように想定するか

第三の論点は，SL 教育のアウトカムとしてどのような人材を想定するかである。全国で多様な関係を構築している教育委員会と大学の連携・協働スタイルが，結果的にどのような SL を期待することになっているのか，丁寧に実態を把握したうえで，今後の SL 教育の行方を見通すことが必要である。

3　SL 教育の構成原理検討へ向けて

本委員会がモデルを提示しようとするならば，それは個別具体的なカリキュラム・モデルを描く（一つの架空教職大学院を創る）のではなく，メゾレベルでの SL 育成システムを構想する（一定程度の質を保障された SL の量を確保するための教育システムを設計する）ようなものが必要なのではないか。そうだとすれば，教育委員会との連携や共通理解の有り様も含めて検討しなければならない。教職大学院のみに閉じられた SL 教育の議論では不十分である。学会としてどのレベルでのモデルが提案可能であるのか，この部分を踏み込んで議論すべきであろう。

[引用・参考文献]

・加治佐哲也「兵庫教育大学長インタビュー　未来志向の教職大学院を目指して」
『SYNAPSE』No.68. 2019年，2 - 7 頁。
・松木健一「学校拠点方式の教職大学院とは何か―学校ベースの実践コミュニティの
創造を目指す福井大学の取組を振り返る」『教師教育研究』第 6 巻，2013年，3 -18。
・日本教育経営学会・日本教育行政学会合同提言，2006年。
・小島弘道他『校長の資格・養成と大学院の役割』（2000〜2002年度科研費研究基盤研
究（B)(1)最終報告書）2003年。
・大脇康弘「『教員養成の高度化』と教職大学院の役割」『教育行財政研究』第44巻，
2017年，45-50頁。
・山本遼・曽余田浩史「教職大学院に期待される力量形成」牛渡淳・元兼正浩編著『専
門職としての校長の力量形成』花書院，2016年，87-102頁。

―――実践研究フォーラム―――

スクールリーダー教育の
提供実態と特徴

鹿児島大学　髙 谷 哲 也

1　報告の目的

　本報告は，本実践推進研究において「教職大学院におけるスクールリーダー
教育の構成原理の検討とプログラム開発」を進めていくにあたり，現在教職大
学院において提供されているスクールリーダー教育を概観するとともに，そこ
にみられるいくつかの特徴について整理することが目的である。

　各教職大学院において提供されている実際の教育の詳細な内容は，連携して
いる教育委員会との関係性や置かれている状況によって極めて多様であり（あ
るべきであり），またその内容は固定的でなく変化が著しい。そのような現実
を前提とした場合，教職大学院におけるスクールリーダー教育の提供実態を概
観し，そこから見出される特徴に基づき詳細な調査を実施する対象を検討する

必要があると考えた。

2 各教職大学院のスクールリーダー教育の提供実態調査の概要

実践推進委員会では主に次の7点について，各教職大学院の学生募集要項・パンフレット・ホームページ上の情報等のドキュメントをもとに整理を行った。具体的には，①専攻名（スクールリーダー養成コースが設置されている場合，当該のコース名），②コース概要，③開設年度，④定員，⑤AP（アドミッションポリシー），⑥DP（ディプロマポリシー），⑦CP（カリキュラムポリシー）の7点である。なお，ドキュメント上に表現されていることと実際に各教職大学院で提供されている教育・学習機会の実態が異なっていることは当然あり得るという前提のもとで整理を行った。

3 スクールリーダー教育のもとで目指されているリーダー像と能力の特徴

各教職大学院では，独自の理念によるカリキュラム開発及び教育実践が行われているが，コース概要に表現されている「育成する具体的なリーダー像」や「提供する科目や教育で育む力」に類する表現を抽出した結果を概観すると，今後，スクールリーダー教育の高度化を検討していく際に論点となると思われる特徴として，次の7点が導出された。

①多くの教職大学院で「実践的な課題への対応」「実践的指導力」の重視に言及されている。
②多くの教職大学院で「主導」「リード」「推進」「指導的役割」「リーダー」などに代表される，リーダーシップの重視に言及されている。
③多くの教職大学院で「マネジメント」力の重視に言及されている。
④いくつかの教職大学院で「中核的」「中心的」に表される，中心的役割への言及がみられる。
⑤いくつかの教職大学院で「教育的見識」への言及がみられる。
⑥いくつかの教職大学院で「省察」への言及がみられる。
⑦いくつかの教職大学院で「理論と実践の往還」「理論と実践の融合」への言及がみられる。

①〜③は，教職大学院設置上ならびに設置コースの特性上求められる要素であるため，多くの教職大学院に確認されるのは必然だと考えられる。しかし，「公教育を担う機関としての」それらの内実・意味するところがどのような特徴を有するのか（有すべきなのか）について，多くの教職大学院が掲げているからこそ学会として一定の知見・見解をまとめる必要があるともいえる。その際，スクールリーダーならではの専門性の特徴とは何かという点と，教職大学院ならではの専門的な学びとはいかなるものであるかという点が論点となるだろう。また，教職大学院において獲得される実践的指導力の知的・技術性体系はどのように捉えられるのかについても分析が必要となるだろう。それらの専門的・実証的な調査や検証が蓄積されることによって，教職大学院だからこそ提供することのできるスクールリーダー教育の特質が明確化されると考えられる。

　その意味で，④〜⑦の特徴は，それらに包含される論点であるとも考えることができる。④の「中核的」，「中心的」とは具体的にはどのような意味として捉える必要があるのか，⑥の「省察」とは，スクールリーダー教育の文脈においてはどのような営みを意味するのか，それは教諭の際の「省察」と質的にどのような異同が想定されるのか，などの問いが追究されることが，他の職業におけるリーダー育成との異同や教職大学院における教育の独自性を明らかにすることにつながると考えられる。

　特に，⑤の「教育的見識」の獲得や⑦の「理論と実践の往還（融合）」が意味することの内実をどのようなものとして描くかは，他の職業との異同を明らかにする際の中核を占める要素となる可能性が高く，教職大学院だからこそ提供することが可能なスクールリーダー教育のカリキュラム構成の具体化にもつながる論点であるといえる。

　今後，「教職大学院におけるスクールリーダー教育の構成原理の検討とプログラム開発」を進めていくにあたり，これらの論点に対する専門的・実証的な調査や検証が不可欠であるといえる。

実践研究フォーラム

スクールリーダー教育に関する 国内の動向
―岐阜大学を事例として―

岐阜大学　棚 野 勝 文

1　はじめに

　岐阜大学教職大学院（以下「本学」）学校管理職養成コースにおける学校管理職臨床実習の実践内容を通して，教職大学院におけるスクールリーダー教育に関する構成原理の検討とプログラム開発に関する情報提供を目的とした。

2　学校管理職臨床実習の概要

　平成29年度に設置された本学学校管理職養成コースは，岐阜県教育委員会の人事制度と連携し，教頭名簿登載者等の14名が現職派遣されている。本コースのカリキュラム開発時に力点をおいたのが，学校管理職としての実際的・実践的な資質能力の開発であり，そのために，本学における学修知である理論知と

表1　岐阜大学教職大学院学校管理職養成コース　実習全体概要

講義名	実習概要	実習内容
教育行政実習	1年次 8月〜9月 3単位	教育行政機関におけるヒアリング実習，インターン実習等を通して，指導主事の職務内容と行動様式を把握・分析し，教育行政実務能力等の養成，学校管理職としての教育行政職の理解を目的とした。
学校経営実習Ⅰ	1年次 2月〜3月 3単位	異校種間実習，経験豊かな校長・教頭の所属する指定校における校長・教頭へのシャドーイング・メンタリング実習を通し，望ましい学校管理職をエスノグラフィー的に学ぶことを目的とした。
学校経営実習Ⅱ	2年次 4月〜6月 4単位	所属校における第二教頭（インターンシップ教頭）等として，教頭（第一教頭）へのシャドーイング，インターン実習（部分体験実習）を通して，管理職としての職能開発を目的とした。

実践知の往還の機会として実習を捉え，「教育行政実習」3単位，「学校経営実習Ⅰ」3単位，「学校経営実習Ⅱ」4単位を新たに構築した（**表1**参照）。

3　実習の成果

　上記，実習概要で実践された学校管理職養成コース1期生の平成30年度実習報告書(1)から，各実習とも全体評価は全員が「理解，成果と課題を把握した」以上の評価であり，概ね実習目的は達成できたと理解している。また，実習生の報告において，本学における講義で得た学校組織マネジメント等の理論的知見を応用し，教頭の職務を相対化することを通して，自らが教頭の職責を果たすために求められる力量を捉えたと理解できる内容を見ることができた。

　これら本学における学校管理職臨床実習の実践事例とその成果は，教職大学院における実習が，スクールリーダー教育の理論と実践の往還の貴重な教育機会と教育方法になり得る可能性を示していると捉えている。

［注］

⑴　実習報告の詳細は，『独立行政法人教職員支援機構「平成30年度教員の資質向上のための研修プログラム開発支援事業」教職大学院と教育委員会・学校の協働による学校管理職養成実習のモデル開発事業報告書』岐阜大学教職大学院，平成31年3月を参照。

スクールリーダー教育に関する海外の動向
—ニュージーランドを事例として

東京学芸大学　福本みちよ

1　本事例の背景

　本報告では，スクールリーダー教育に関する海外事例としてニュージーランドを取り上げた。はじめに，本事例の背景を概括する。第一に，1980年代のNPM理論を基盤とした教育改革により，従前の中央集権的教育行政体制から自律的学校経営システムの導入へと学校ガバナンスの大転換が図られた。教育委員会制度の廃止による影響は大きく，校長に求められる機能，学校のアカウンタビリティ，学校支援等が大きく変容した。第二に，同改革の「1機関1機能」の原則により，教育行政の分業化が図られた。結果として，教育省，教育行政関連機関，学校理事会代表機関，校長・教員組合，研究機関，民間を含めた学校支援機関等が協働する文化がもたらされた。第三に，教育委員会制度の廃止と学校理事会を核とする自律的学校経営システムの導入が，学校支援機能の必要性を生み出し，学校支援が確固たるシステムとして確立された。

2　ニュージーランドにおけるスクールリーダー教育

　学校における管理職及び教員を示す用語としては，Principal (Beginning Principal/Developing Principal/Experienced Principal/Leading Principal)，Deputy Principal (Assistant Principal)，Head of Department (Head of Faculty)，Senior Management (subject leader/ middle leader/ team leader 等)，Teacher 等が使用されている。スクールリーダー教育政策では校長，管理職志望者 (aspiring principals)，及びミドルリーダーがその対象とされてきたが，特に2年目までの初任校長の研修・支援にその主眼が置かれてきた。

　教員政策全般を主導するのは，教員審議会（Teaching Council）である。ニ

ュージーランドでは国が直接実施する体系化された法定研修はなく，大学や民間を含めた学校支援機関がスクールリーダー向け，教員向け等の多様な研修プログラムを無料（教育省とのコントラクトに基づく）もしくは有料で提供している。校長に対する支援として効果を発揮しているのが，学校支援機関による個別支援である。

スクールリーダー教育の主たる基盤となるものは，「労働協約」（校長用／副校長等を含めた教員用），「専門職基準」（校長用／副校長用／教員用），リーダーシップ・モデル（校長用／ミドルリーダー用）等である。一方，2017年9月の政権交代前後で教員政策の転換が図られ，2018年8月にスクールリーダー教育にかかわる新たな政策文書（*The Leadership Strategy for the teaching profession of Aotearoa New Zealand*）とそれにもとづくリーダーシップ能力の枠組み（*Educational Leadership Capability Framework*）が出された。これらの中で，新たなリーダーシップ能力のとらえ方を特徴づけているのが，繰り返し強調される「役割や立場に関わらず」という言葉である。従来は，「校長」と「ミドルリーダー」という表現でそれぞれに求められるリーダーシップ能力を提示していたが，今回の2文書は「すべての教員は，その役割や立場に関わらず，リーダーシップ能力を開発する機会が与えられなければならない」という点を重視し，すべての教員が共通して育成すべき9つの教育的リーダーシップ能力を，「影響力の範囲」の違いから3段階に区分して提示している。

また，スクールリーダー教育は研修プログラムやアドバイザーによる支援等を通して行われるが，学校現場でシステム化されているパフォーマンスマネジメントと教育機関評価局（Education Review Office）による第三者評価が効果的に機能することが，スクールリーダー教育の成果にもつながる鍵となる。

[参考文献]

・Education Council. (2017). *Our Code Our Standards: Code of Professional Responsibility and Standards for the Teaching Profession*. Wellington, New Zealand: Education Council.
・Education Council (2018) *Educational Leadership Capability Framework*. Wellington, New Zealand: Education Council.
・Education Council. (2018). *The Leadership Strategy for the teaching profession of Aotearoa New Zealand: Enabling every teacher to develop their leadership capability*. Wellington, New Zealand: Education Council.

・Robinson, V., Hohepa, M., & Lloyd, C. (2009). *School Leadership and Student Outcomes: Identifying what works and why; Best Evidence Synthesis Iteration [BES]*. Wellington, New Zealand: Ministry of Education.

・Wylie, C. (2011). *The Development of Leadership Capability in a Self-Managing School System: The New Zealand Experience and Challenge*. In Townsend, T. & MacBeath, J. (Eds.), International Handbook of Leadership for Leaning (pp.653-671). Dordrecht, the Netherlands: Springer.

実践研究フォーラム

総 括

川崎医療福祉大学 諏 訪 英 広

　当日のフロアには，教職大学院教員（研究者教員，実務家教員），教職大学院修了生，主幹教諭等多様な立場の方々の参加を得，4名の話題提供者に対して多くの質問・意見をいただいた。例えば，教職大学院の多様性を担保し得るメゾレベルでのスクールリーダー育成の構想への賛意，岐阜大学の先進的実践に対する賞賛と教職大学院と教育委員会との関係・要請における制限的状況の懸念，多くの教職大学院が3つのポリシー（アドミッション，カリキュラム，ディプロマ）を作成する際の「拠り所」の不在などである。その他の質問・意見も含めて，まさに，本委員会内で所属教職大学院の事例に基づきながら議論を重ねてきた内容と重複するものであった。つまり，多くの教職大学院におけるスクールリーダー教育を支える根拠や理論基盤の乏しさ，実践上の課題が浮き彫りになったと言える。また，専門職大学院に問われるのは修了後の活躍であり，教職大学院はその点をどのように捉えているのかという問いが出された。ある研究者教員からは，修了生が就いているポジションの追跡調査をしているが，それが教職大学院のプログラムの善し悪しに対する評価かどうかは不明であるとの回答があった。これに関して，ある研究者教員からは，現在教頭になった2名の方が，省察や批判的教育学について学ぶ中で「わからなさ」の重要

性を認識した経験が管理職になった際に「活きている」と語ったとの事例が紹介された。まさに，スクールリーダー教育の成果をどのスパンで何によって捉えていくのかという課題や「理論と実践の往還」の本質を探究することの重要性が確認された。

　フォーラムの中でも何度か委員からの発言があったが，本委員会としては，ワンベストシステムではなく，今後，新たに教職大学院を立ち上げる，あるいは現在のプログラムをリニューアルする際の「拠り所・参照」となり得るプログラム案を提示したいと考えている。その際，教職大学院に限定した閉じた議論ではなく，他領域の専門職大学院の参照，教育委員会のスクールリーダー育成（研修）と教職大学院のスクールリーダー教育の異同，教育委員会を始めとするステークホルダーとの関係を踏まえ，さらには教職大学院ではない教育学系大学院でのスクールリーダー教育も視野に入れた議論を展開していきたい。ただその時，「本学会として」，「教育経営学の研究成果を踏まえた」スクールリーダーの構成原理とその内容とは何かという軸足は常に意識していきたい。

　当日の参加者の皆様，そして，司会としてフォーラム全体を俯瞰し，本委員会に対する今後の検討課題を提示くださった牛渡会員に謝意を申し上げます。

書　評

■書評■

神林寿幸著

『公立小・中学校教員の業務負担』

（大学教育出版　2017年）

国士舘大学　北 神 正 行

　本書は，著者の博士学位論文「公立小・中学校教員業務負担の規定要因」（東北大学，2017年）をもとに，加筆・修正を行ったものであり，「教員の労働時間調査データや政府統計の分析から，2000年代後半以降の日本における公立小・中学校教員に負担をもたらす業務は何かを実証的に明らかにすること」（1頁）を目的としている。そのために，二つの検証課題を設定している。一つは「そもそも日本の教員の業務負担は増大しているのか。仮に教員の業務負担が増大しているとすれば，その要因は何か」という教員の多忙化の当否とその要因を明らかにするというものである。二つは「他国と比べて多忙とされる今日の日本の教員にとって，負担の大きい業務は何か」を明らかにするものである。この目的を達成するために取られた方法が労働経済学アプローチであり，時点間比較と国際比較を取り入れることによって，今日の日本の教員にとって負担をもたらす業務は何かを実証的に明らかにしようとしたものである。

　第1の課題に挑んだのが第Ⅰ部（第1章〜第3章）である。まず，第1章「教員の時間的負担変容に関する実証－1950〜60年代と2000年代後半以降の労働時間調査の比較－」では，1950〜60年代と2000年代後半以降に実施された教員の労働時間調査のデータの比較分析から教員の時間的負担の変容の検証が行われ，教員の多忙問題について重要な発見を提起している。すなわち，1950〜60年代に比べて2000年代以降では教員の労働時間は確かに長時間化しているが，それは周辺的職務（庶務や外部対応等）にかかる時間の増大ではなく，教員の本来的業務である生徒指導や部活動指導などの教育活動にかかる時間の増大によってもたらされているという指摘である。

　第2章「教員の心理的負担増大をもたらした指導環境の変容」では，精神疾

患による病気休職発生率に関するデータを用いて，教員の心理的負担に影響を及ぼす指導環境の変容要因の抽出がなされている。その結果，児童生徒の問題行動や特別な支援が必要とされる児童生徒数の増加，ひとり親世帯の増加，教員集団の変化等の要因が教員の心理的負担の増大をもたらしていることを明らかにしている。

そして第3章「教育改革による教員業務負担増大の再検証―学校選択制導入校と未導入校の比較分析―」では，学校選択制の導入を例に教育改革がもたらす教員の時間的・心理的負担の増大の状況について分析している。その結果，授業準備など一部の教員の本来的業務に費やす時間を増大させ，時間的負担を大きくさせている側面はみられるものの，その影響は部分的なものに止まり，むしろ不登校児童生徒数の増加への対応が教員の業務負担を増大させている要因であることが指摘されている。

第Ⅱ部（第4章，第5章）では，第2の検証課題が扱われている。まず，第4章「教員に心理的負担をもたらす業務の探索」では今日の日本の教員にとって心理的負担が大きい業務は何かを2006年文部科学省「教員勤務実態調査」をもとに分析されている。検証の結果，小・中学校教員に心理的負担をもたらす業務には，周辺的な業務のみならず，本来的業務である教育活動，とりわけ授業以外に行われる生徒指導も含まれている現状が明らかにされている。その中で，小学校の場合は地域対応や生徒指導（個別），中学校では生徒指導（個別・集団），保護者対応，学習指導といった特定の業務時間が長時間化するにつれて，その負担感が大きくなっている実態が明らかにされている。

そして第5章「教員の業務負担に関する国際比較分析―TALIS2013を使用して―」では，TALIS2013の調査データを活用して日本の教員の勤務環境に関する国際比較を行っている。その結果，日本の教員の特徴として周辺的な職務のみならず，授業以外に行われる教育活動に費やす時間も長いという勤務実態を確認するとともに，日本固有の実態として，生徒との面談，進路指導，発達障害などの課題がある生徒への教育的配慮など，個別の生徒指導が教員の心理的負担を増大させている可能性について言及している。

このように，本書は日本の教員の業務負担の現状についてさまざまな調査データを活用しながら分析し，その変容とともに負担をもたらしている要因を実証してみせた研究として大きな意義を有するものだといえる。特に，従来の研究で見落とされてきた「生徒指導がもたらす教員の業務負担」という知見を導

出した点や労働経済学アプローチに基づく研究方法は，今後の教員の多忙研究や業務改善に関わる研究に新たな段階をもたらすものだといえる。

我が国では，2006年に文部科学省が実施した「教員勤務実態調査」を契機として，2000年代後半以降，教員の多忙問題や長時間労働が社会的問題として認識され，教育政策上の重要な課題の一つとして取り上げられている。しかし，そこでの言説は単に教員の多忙な状態が指摘されるに止まり，どのような業務が増大したのか，なぜ増大したのか，それらは教員にどのような負担（時間的負担，心理的負担）をもたらしているのかといった分析は必ずしも十分に行われてこなかったという研究上の課題が存在してきた。そのため，提案される改善策についても，教員の業務負担を増大させているとされてきた周辺的業務の排除論や分業論に傾斜することが多かった現状がある。それに対して，本書の研究成果は教員の多忙や業務負担の問題の解決に向けては，教員の本来的業務である教育活動そのものの在り方まで踏み込んで検討しなければならないことを示しているといえる。それは見方を変えると，「子供と向き合う時間の確保」を目指している現在の教員の働き方改革の在り方や方策等について，根本から問いなおす必要性を指摘するものだといえる。

最後に，こうした本書の意義を踏まえながら，今後の期待として以下の点を指摘しておきたい。第1は，筆者も今後の課題として提示している点であるが2016年度に再度文部科学省が実施した「教員勤務実態調査」のデータや学校選択制以外の教育改革，例えば学習指導要領の改訂等の与える影響等の検証を進めてほしいという点である。それによって，より実効性のある方策の提案が可能になると考えられる。第2は，教員の業務負担の軽減に向けては，個人レベル，学校レベル，行政レベルという三つの段階での取り組みが必要となるが，その点での研究の進展を期待したい。特に，現在，教員の働き方改革に関わって「チーム学校」の推進が政策的に進められているが，その効果の検証とともに，事例分析などによる効果を発揮する学校経営的条件や行政による支援策の効果検証など質的調査にも取り組んでもらいたい。第3は，個人レベルでの対応策として本書で提案されている個々の教員が生徒指導に関する力量を向上させる方策についての研究である。そこでは，今回の再課程認定に合わせて「教員養成コア・カリキュラム」が提示されているが，そこで示された「生徒指導」領域の全体目標・到達目標等と著者が考える教員の業務負担軽減に寄与する生徒指導に必要な資質・能力とは何かを明らかにする研究である。

■書評■

楊　川著

『女性教員のキャリア形成
―女性学校管理職はどうすれば増えるのか?』

（晃洋書房　2018 年）

岡山大学　金川舞貴子

　本書は，著者の博士学位論文（九州大学 2014年）をもとに一部加筆・修正を加えたものである。女性教員には人間関係調整力や協調性，社会性に富む特性があるにも関わらず，管理職として積極的に登用されていない現状を問題視し，「女性学校管理職はどうすれば増えるのか」と直球の問いを掲げ，女性学校管理職人事の内実に迫り，「女性教員が学校管理職に至るまでのキャリア形成を規定する要因を明らかにすること」（1頁）を目的とした意欲的な研究である。

　本書は，序章，全5章，補章，終章から構成されている。序章では，先行研究の詳細なレビューによる研究枠組みの構築と研究方法が提示されているが，本書の特徴の一つはその分析枠組みの提案性にある。従来の教員・管理職人事研究や女性管理職研究が，「管理職任用制度」と「教員のキャリア形成の契機」のいずれか一方からのアプローチであったのに対して，本書は両ファクターを取り入れることで，両者の相互作用の中で女性教諭のキャリア形成がなされ，管理職としての任用につながっていく多様で複雑な実態をより包括的・体系的に解明しようとしている点で独自性に富む。さらに，女性教員に排他的に機能する可能性のある「システム内在的差別」の存在を昇任プロセスの分析枠組みに組込むことで，男性中心のモデルを暗黙の前提とする従来の任用制度研究に警鐘を鳴らし，「教育行政学，教育社会学への新たな分析枠組み」（23頁）として提示したことの学術的・社会的意義も大きい。

　第1章では，都道府県・政令市の学校管理職任用制度及び女性学校管理職の登用状況を検討し，自治体ごとにその登用率，管理職任用制度と運用，登用促進実態には大きな差があることを明らかにしている。そして，各自治体の女性学校管理職登用の促進政策・姿勢の有無と女性管理職率の高低・昇降をクロス

させ，自治体を4タイプに分類する。続く第2～4章は，そのタイプに沿って，「女性管理職登用の促進政策・姿勢が存在し，女性管理職率が上昇しているA自治体」「登用促進姿勢はないが，高い女性管理職率を維持しているB自治体」「登用促進政策も姿勢もなく，女性管理職の割合が下降しているC自治体」「登用促進政策・姿勢が存在するにも関わらず，女性管理職率が低いままのD自治体」を選定し，任用制度調査や人事担当者，男女中堅教員，女性学校管理職へのアンケートおよび丹念なインタビュー調査・分析を通して，管理職登用やキャリア形成の促進・阻害要因を解明していく展開である。読者としては，それら自治体の違いはなぜ生まれたのか，興味を喚起されながら読み進めることができる。補章は，女性管理職の拡大期と縮小期を両方経験したE自治体を取り上げ，その要因を分析することで，本書の知見を補強している。

　終章では，一連の分析から得られた結論がまとめられている。まず，女性学校管理職のキャリア形成実態は，「管理職任用制度」と「教員のキャリア形成の契機」という2つに着目することで体系的に解明でき，両者は外円—内円という「包括的な関係」（図終—1，146頁）で表されることである。例えば，女性教員のキャリア形成に影響を与えた要因である「先輩管理職との出会い」（内円部）によって，管理職選考試験の受験資格要件である「校長，市町村教員の推薦」（外円部）を得られるといった両者の連動が示されている。次に，女性管理職登用の促進政策だけでは女性教員の管理職昇任に必ずしも機能せず，学校経営に携わる経験，異動範囲の狭さ，意欲喚起，力量向上の機会等が確保されることで初めて政策は意味をなすということである。さらに，「システム内在的差別」は人事異動，校務分掌，勤務評価・業績評価，管理職選考試験という様々な制度運用に現れ，その阻害要因の克服には女性管理職会・中堅女性教員研修会の自主研修や相談機能が効力を持つことである。筆者はこれらを踏まえ，冒頭の問いに対する具体策として，①「異動範囲の広域性」の再検討，②教職早期からの主任職への積極的配置，③管理職選考試験制度における評価基準の検討，④育児・介護等への多様なサポートを挙げている。

　以上のことから評者が感じる本書の意義を挙げたい。まず女性学校管理職増加の問題は，具体目標の設定や受験資格の緩和といった任用促進策の遂行のみの問題ではないことを研究的に明らかにしたことである。さらに，「システム内在的差別」がいつ，どの段階で阻害要因として作用するのかを具体的に究明し，その克服の方途を示したことも意義深い。女性教員の管理職へのキャリア

志向の低さは，「女性特有の特性」では決してない。「制度がはらむ『システム内在的差別』や個人の経験，家族の諸負担，家族関係等の総合的な条件のもとで構築されたと理解されるべき」（152頁）問題である。ゆえに，素朴な意識改革を唱えるのではなく，女性に背負わされがちな重石＝社会制度の「歪み」を直視し，それを前提にした上でキャリア形成をしやすい制度の設計が不可欠である（153頁）。その際，諸制度を分断したものとしてバラバラに運用するのではなく，キャリア形成の問題として養成段階からの一貫した制度として考える必要性は非常に重要な知見である。特に現在，自治体ごとに，教員のキャリアステージで求められる資質能力を明確化した「教員育成指標」が作成され，それに基づく一体的な養成・採用・研修が目指されている。固定的・画一的で，従前のキャリア形成を再生産する装置にしてしまうのか，それとも，諸制度に潜む前提を自省し，性別を問わず様々な経験や学びを保障し多様なキャリア形成を促すものとして機能させるのか。そこに一石を投じる研究と言えるだろう。

　最後に，本書にさらなる検討を期待したい内容で締めくくる。筆者は，従来の男性中心の働き方や労働慣行等に基づくキャリア形成モデルに女性教員を適合させ，「男性並みに」働く女性教員を生み出したいわけではないはずである。筆者も指摘する学校管理職の長時間労働の問題や，教員が抱く学校管理職や学校経営そのものに対するネガティブなイメージは，男女問わず管理職への魅力を失わせ，管理職へのキャリア志向を減退させる。とするならば，これまでの男性を前提とする「教員・管理職の働き方そのものを改善する視点」（153頁）や職の在り方に関して，もう少し踏み込んだ議論が欲しいところである。さらに本書は，「女性管理職をいかに増やすか」を問うため，管理職を教職キャリアの「あがり」として単線的なイメージで捉える前提の妥当性やキャリア選択の多様性について充分な議論がなされていない。また，女性管理職増加の先にどのような教育界や社会を想定しているのか，男女共同参画社会の内実とは何かという前提となる議論の不十分さにも若干の物足りなさを感じる。本書の趣旨からするといささか拡散的な議論に陥ってしまうのかもしれないが，女性学校管理職の増加は一つの目標にはなり得ても，最終目的ではないはずである。

　また，これまで「女性的」なものと見做されてきた育児・介護問題を女性管理職政策の問題と捉えて支援策を提案するのは，女性に対する一種の特別視を前提とした議論に陥り，結果としてある種のジェンダー意識を持続させるのではないだろうか。教員政策を俯瞰した，より抜本的な改革の提案を期待したい。

畑中大路著

『学校組織におけるミドル・アップダウン・マネジメント
―アイデアはいかにして生み出されるか
（M-GTA モノグラフ・シリーズ 4）』

（ハーベスト社　2018 年）

大分大学　福 本 昌 之

　本書『学校組織におけるミドル・アップダウン・マネジメント―アイデアは
いかにして生み出されるか』（ハーベスト社，2018年，全164頁）（以下，本書）
は，「ミドルリーダーが学校経営へ参画するプロセス」を解明し，その育成に
資する知見を導出することを目的とし，その研究方法として M-GTA（Modified
Grounded Theory Approach：修正版グラウンデッド・セオリー・アプローチ）
を採用した意欲的な著作である。

　本書は，M-GTA モノグラフ・シリーズの 1 巻として刊行されたもので，全
8 章で構成されている。全体の把握のために，各章の内容を紹介しておく。前
半では，序章において「ミドルリーダー育成が最大の懸案事項である」（ 9 頁）
という明確な問題意識に基づいて，学校経営プロセスを捉える研究方法として
M-GTA を採用する意義を示している。第 1 章「概念整理」では，ミドルリー
ダー概念を整理するとともに，ミドル・アップダウン・マネジメントの学校経
営における意義を検討している。第 2 章「ミドル・アップダウン・マネジメン
トの実際(1)」では運動会の運営という短期的な事例を，第 3 章「ミドル・アッ
プダウン・マネジメントの実際(2)」では校内研修における授業研究継続という
長期的な事例をとりあげ，それぞれにおいてミドル・アップダウン・マネジメ
ントの実際を分析している。

　後半は M-GTA を用いた分析に充てられている。第 4 章「M-GTA の特徴と
分析手順」において研究方法の特徴と分析手順を解説した上で，第 5 章「M-
GTA を用いたミドル・アップダウン・マネジメントプロセスの分析」では分

析枠組に則して要因間の相互作用プロセスを分析している。補章「M-GTA 分析結果の応用」は M-GTA 分析結果の応用例に基づき，教育実践および学校経営に対する M-GTA の活用・貢献可能性が考察されている。

　以上のように，各章は簡潔に整理されており，初学者にとっても理解しやすい構成となっている。

　本書の特徴は，研究対象（ミドル・アップダウン・マネジメント）と研究方法（M-GTA）の両面にあり，とくに注目したい点は 2 点ある。第 1 は，「ミドル」という概念の整理を試み，その上でミドル・アップダウン・マネジメントに注目し，「巻き込み」というプロセスを析出し，描写していることである。

　序章で簡潔に示されているとおり，ミドルリーダー育成は現代の学校経営において重要な懸案事項である。大量退職に伴う若手教員の採用が増える中で，学校運営を円滑に進めることが求められている。とりわけ，従前の学校の知と新たな課題に応えていくための知をどのように構築していくかは，学校経営上の重要課題である。

　しかし，ミドルリーダーの捉え方は多様であり，その役割や機能も明確ではない。それゆえに，例えば，各教育委員会において作成されている教員育成指標では漠然と初任層でも熟練層でもない中間層にある教員の備えるべき個人的資質能力を仮設しているように見える。また，教職員の人口動態に基づき，熟練層の経験知を初任層に伝達する仲介者として役割を措定する向きも見られる。ただし，このような施策の重点は個々人の能力を高めることで組織の力が高まることを期待する，いわば個人モデルに依拠している。

　一方，人々の集合体としての組織の力に注目する視点も発達してきた。その代表的なものが，1980年代の日本企業の強みを分析し，その知見に基づき野中郁次郎らによって提唱された知識創造論である（野中郁次郎『知識創造の経営―日本企業のエピステモロジー』日本経済新聞社，1990年など）。彼らはイノベーションの源泉を知識の創造であると捉え，組織の中でメンバーの持つ諸力を統合した組織知として活かすことが組織活動にとって重要であると提起した。この知識創造のプロセスを探究する中で提起されたのがミドル・アップダウン・マネジメントである。

　しかし管見の限り，学校の管理運営におけるミドル・アップダウン・マネジメントの概念は知識創造論として共通理解されているわけではない。トップダウンによる命令や指示とボトムアップによる報告や相談を予定調和的に調整す

る機能がミドルに委ねられており，その総体を総称するものと解されている場合もある。

このように「ミドル」の捉え方，ミドル・アップダウン・マネジメントについても多様な捉え方が交錯する中で，「アイデアはいかにして生み出されるか」という野中らの提唱した知識創造論に通底する問題式を副題として立て，本書が示す「学校組織におけるミドル・アップダウン・マネジメント」というテーマ自体が研究者にとっても教育現場の関係者にとっても時宜にかなった著作である。

本書ではミドル・アップダウン・マネジメントにおけるミドルリーダーの学校経営への参画プロセスを明らかにするため，「巻き込み」に注目している。この概念を析出するにあたって本書が採用したのがM-GTAである。

M-GTA研究会のウェブサイトに記された木下（2009）によれば，その原型となったグラウンデッド・セオリー・アプローチ（GTA）はデータに密着した分析から独自の理論生成を可能とする質的研究法として1960年代に提案されたものである。

木下（2009）によれば，GTAにおいて理論は「研究者のためではなく，ヒューマンサービスの実践を支える作業仮説として必要との基本認識」があり，ゆえに「研究結果の実践的活用は，GTAにあっては副次的目的ではなく一義的目的であり，そこから，研究者と実践者の新しい相互的関係の可能性が拓かれる」としている。

学校現場のリアリティの記述に際してどんな言語表現を用いるかは，実践家と研究者の相互理解を図るための理論構築の上で重要な鍵を握る。理論を一般化するためには抽象的な表現が適するが，現場に密着した具体性の高い言語は特異的で一般化しにくい。それは一言で言えば，学校現場での諸実践が文脈に強く依存しているからである。オリジナルのGTAはデータを切片化によって一般化を目指すが，修正版であるM-GTAはデータの切片化を行わないことで分析テーマと分析焦点者の2点からデータを収集することでプロセスをより精緻に捉え，実践的活用に資する知見を得ようとする。

質的研究においては「分厚い記述」が求められる（佐藤郁哉『質的データ分析法―原理・方法・実践』新曜社，2008年）。学校経営という文脈限定的なヒューマンサービスの中で，いつも目前にある事実に基づいて，新たな理論を導出することは容易ではないが，本書の前半に示されたミドル・アップダウン・

マネジメントのプロセスの記述はその特徴を巧みに描き出している。

　また，本書は分析結果の提示に留まらず分析結果の応用についても分析・考察を行っている点で特徴的である。すなわち，筆者自身の行った教員研修において分析結果から導き出された理論知を活用した演習を行い，その結果として，「M-GTA が研究者と実践者をつなぎ，また，理論・実践双方への貢献可能性を持つ研究方法論であることが窺える」と示している。研究対象においても研究方法においても今後の研究によってさらに発展させる余地は大きいが，道標として重要な価値を持つ。その意味において，本書は，教育現場のマネジメントに関わる実践者にとっても，ミドルリーダーのあり方を考える上で貴重なテキストであると同時に，本書の研究対象と研究方法の両面について貴重な知見を提示するとともに，課題も示唆しており，学校経営研究の発展にとって必読のテキストでもあるだろう。

※木下康仁（2009）「M-GTA は，どのような意味で GTA の「修正版」なのでしょうか。」（M-GTA 研究会実践的グランデッド・セオリー研究会ウェブサイト）
　https://m-gta.jp/m-gta/：2020/1/31最終確認。

■書評■

藤村祐子著

『米国公立学校教員評価制度に関する研究
―教員評価制度の変遷と運用実態を中心に―』

（風間書房　2019 年）

宮城教育大学　本 図 愛 実

　学校教育の本質として，組織的な子どもの成長支援があると考えた場合，それらに対する公費の適用方法について論点は多岐にわたることになる。そうした中で，教員評価は，組織，支援，公費をめぐる論点全てに関わる，教育経営および教育政策における重要要素である。子どもと社会の変化への適合にむけ，専門職集団である学校に関わる組織と，全ての子どもの成長のため支援の在り方は常に見直しが求められることになる。したがって，教員評価に関わる参照すべき情報が世に知らしめられることの意義は大きい。

　こうした文脈において，本書は，アメリカ社会における教員評価の生成と論点を網羅した，辞典的な性質も含む優れた著作である。以下のような構成および内容により，アメリカにおける教員評価が，参照例として効率的に理解できるように示されている。

　序章では，本研究の目的と方法が示されている。その目的とは，アメリカ公立学校教員評価について「制度の意義，特質及び課題を明らかにすること」である。そのために，①教員評価制度史の通観，②80年代以降の連邦政府の介入動向，③2001年の No Child Left Behind Act（NCLB 法）による展開，④オバマ政権以降の今日的状況，⑤訴訟事案，⑥教員評価制度改革の先進州として位置づけられるミネソタ州，をとりあげることとしている。これら①〜⑥は独立の章ともなっている。

　第 1 章では，公教育成立時の教員査定から教員評価への変容が先行研究を踏まえつつ概観されている。すなわち，20世紀初頭において，教員の適格性を住民に説明するためであった教員に関する評価は，1930年代には能力報酬がイーストモンドらによっても示され，職能成長の促進を含意するようになった。

1973年には連邦教育局による教員の選考と評価に関する調査研究が行われるようになり，ボルトンのように評価それ自体に協働性を埋め込む研究者も現れるようになった。

　第2章では，連邦教育政策や指針の展開を踏まえ，80年代後半以降，連邦政府の人的・物的支援を受けつつ，研究機関や非政府組織が教員の専門職構想を進めていったことが記されている。具体的な試みとしては教員評価合同委員会による人物評価スタンダード，教育アカウンタビリティ・教員評価研究センターによる教員評価プログラム，全米教職専門基準委員会による資格認定制，などがある。

　いよいよ本書の視点は，第3章において，学力テスト得点重視のNCLB時代へと移る。しかし，同時代においては単純な業績主義ではなく，能力報酬を基本としながらも，業績の捉え方の精緻化や職能開発の視点が提示されたのであった。フロリダ州とミネソタ州の取組が取り上げられており，とりわけミネソタ州では専門職集団としての自律的な評価システムの構築が目指され，ローズヒル学区では，学区内リード教員の下にスマートチームが同一教科や学年で編成され授業研究等を行い，それらによる授業観察は教員の形成的評価として活用されている。

　第4章ではオバマ政権において，NCLB法の枠組みにおいて教員評価が進められたことが，コロラド州デンバー学区を事例としつつ記述されている。同区では自律的な教員評価が展開されていたが，NCLB法に由来する業績主義モデルを部分的に採用しつつ，同僚教員による評価，個人の職能開発支援などを含む制度が形成された。

　第5章は司法における論点と今日的な司法判断の様相が示されている。公費支出が揺らぎ，メガ財団等による民間資金が公教育に流れ込むようになった今日，争点は，適正手続きだけではなくなっている。教員指標，教員身分保障，教員評価の公表について妥当性が争われている。司法の基本姿勢は，連邦政府による学力テスト得点重視の支持であった。教員評価への圧力は連邦政府だけではない。指導力の低い教員を解雇しない教員評価制度は，マイノリティ生徒の教育を受ける権利を侵害しているとする訴訟が原告を生徒たちとして提訴された。この事件の判例 Vergara v. California は今後主要判例の一つとなるだろう。

　第6章はミネソタ州の事例研究である。NCLB法に関わり生徒の学力成果を教員評価の項目とする連邦政府の要請に対し，多元的な評価指標が開発される

とともに，形成的評価と総括的評価が3年間をサイクルとして設定された。形成的評価には，学校教育目標，生徒の学力達成，専門職学習コミュニティ，同僚による授業観察における達成目標が含まれる。専門職的協働性が重視された評価制度として位置づけられている。

　こうして明らかにされたアメリカ教員評価制度の特質とは，連邦政府の基軸性，多様なアクターの関与，州の制度枠組みと学区の運用実態のかい離，総括的評価機能の限界性（形成的評価機能の重視），評価制度を通した学校組織の再編化，教員間の協働性，学区当局と教員団体の共同性であるとまとめられている。

　さらに改革の変遷から，「教員評価制度改革の意義」も記されている。すなわち，90年代までは，プログラム改革が指向され，形成的評価と総括的評価，メリットペイ，キャリアラダー，同僚評価など，デザインとテクニカルな側面が重視されていた。その後，教育の効果概念が矮小化されつつ，連邦政府主導で教員評価制度が提案され，多様なアクター間において合意形成が問題化した。そして今日では，技術論に基づく整備ではなく，「教職の本質的な改善を促すことで教職の質向上目指す仕組み」が展開されつつあるとする。

　以上みてきたように，本研究の目的は明快に達成されていると評することができる。また，評価制度の年代別動向が示された後に，司法上の議論を用いて制度に内在する論点と課題を吟味し，さらにミネソタ州を例にとり，連邦政府の基軸性に対し州政府と学区それぞれのレベルでどのような対応をとったのかが詳述されている。多元的アクターが織りなすアメリカ教育政策過程の解明において模範となる論理展開である。

　以上のような好著であるから，以下には参照例としての論点について述べておきたい。第一は，本書が示唆する連邦政府の基軸性についてである。基軸となりうるのは票田向けの政治メッセージが巨額の補助金として現実化することによる。低所得層の教育環境改善といった政策の場合は効果測定が容易であるが，標準テストの得点上昇は学校教育の第一義ではなく，にもかかわらず，それらが政治メッセージとなれば，負の連鎖が始まる。広島で心をうつスピーチを披歴したオバマ前大統領（民主党）さえも，教育政策は共和党前政権を引継ぎ，その路線を強化した。公費に替わる巨額資金の提供者であるメガ財団の主たちの思考は政治家以上に大衆的である。著者が示唆する，「教職の本質的な改善を促す」教員評価の今日的な様相は，はたしてどれくらいアメリカ社会の

中で本質的なのだろうか。州政府レベルでは連邦政府の方針に沿って学力測定と教員評価を連動させ，学区レベルでは自律性と職能開発を織り込むといった，ミネソタ州の採る巧妙さは，どの州においても採りうるのか，それをしない地域の教員の職能成長はどうなっているのだろうか。今日，職能成長を導かない教員評価が機能しうるのだろうか。

　第二は，教員評価の目的と成果の明確化である。本書でも登場する著名な教育史研究者ダイアン・ラビッチは，貧困と格差ならびに不景気について産業界は教員をスケープゴートにしているとする。自国第一主義を掲げる大統領の下，アメリカ経済は現在好調であるとされる。しかし，再び経済が不調となれば公費による教育がまたぞろ悪者扱いされるのではないか。能力報酬が定着してきたとはいえ，教員評価による成果を社会にわかりやすく伝えるべきではないか。そもそもアメリカの教員評価は職能成長と子どもの成長に寄与してきたと本当に言えるのか。教員評価は，組織的な教育活動の重要な要素であるが，目的ではない。組織的な教育活動の成果を納税者に伝え共感を得ていく地道な作業の積み重ねが教職員集団の自律性を守るためには重要であることが，改めて本書から示唆される。

教育経営学研究動向レビュー

　今期の研究推進委員会（2018-21年）では，実践の学としての教育経営学研究の「固有性」を追究することに主眼を置いている。その柱の一つとして，今日の教育経営学（の下に集まる研究者）が自らの学術的な特質や課題などをいかに認識しているのかという「自己認識」の解明を掲げてきた。

　本レビューは，これらの一助となる基礎的資料を提供できるよう，特に近年，間断なく打ち出されてきた教育改革の動きに対して，教育経営学がいかに向き合ってきたか，自らの課題をいかに語ってきたかを整理検討することを目的とする。その際，教育経営学の自己言及の営みが衰退しつつあることに鑑み，直接に語られる自己認識だけではなく，他の近接学会が近年の教育改革をいかに取り上げているかを比較することで，教育経営学の自己認識の現在を相対的に浮き彫りにできるよう努める。

　従来，学校経営の自律性確立を志向してきた本学会にとって，改革動向のなかでも，その制度的条件整備ともいえる学校ガバナンス改革と，自律的学校経営の主体となる教師に大きな影響を与える教員制度改革は特に重要となる。また，これらは複数の近接学会も多く取り上げている。ゆえに本稿では，これら二つの動向に焦点化しながら，他学会との比較による相対化を通じて，教育経営学の固有性や自己認識への接近に資するためのレビューを試みた。

教育改革動向と教育経営学研究に関する研究動向レビュー

長崎大学 　榎　　景　子

1　はじめに

　今期の研究推進委員会（2018-21年）では，実践の学としての教育経営学研究の「固有性」を追究することに主眼を置いている。その柱の一つとして，今日の教育経営学（の下に集まる研究者）が自らの学術的な特質や課題などをいかに認識しているのかという「自己認識」の解明を掲げてきた。

　本レビューは，これらの一助となる基礎的資料を提供できるよう，特に近年，間断なく打ち出されてきた教育改革の動きに対して，教育経営学がいかに向き合ってきたか，自らの課題をいかに語ってきたかを検討することを目的とする。その際，教育経営学の自己言及の営みが衰退しつつある（平井 2003）ことに鑑み，直接に語られる自己認識だけではなく，他の近接学会が近年の教育改革をいかに取り上げているかを比較することにより，教育経営学の自己認識の現在を相対的に浮き彫りにできるよう努める。そのために，各学会が取り組んだ特集，公開シンポジウム，課題研究等を主な素材とする(1)。

　従来の研究動向レビューにおいても，教育改革動向との関係については，例えば2003-06年の研究推進委員会によって扱われた（浅田・小野田 2004，平井 2005，石井 2006）。本レビューはこうした蓄積にも学びつつ，その後の改革動向に対して教育経営学研究がいかに向き合ってきたのかを扱う。

　従来，学校経営の自律性確立を志向してきた本学会にとって，改革動向の中でも，その制度的条件整備ともいえる学校ガバナンス改革と，自律的学校経営の主体となる教師に大きな影響を与える教員制度改革は特に重要となる(2)。また，これらは複数の近接学会も多く取り上げている。ゆえに本稿では，これ

ら二つの動向に焦点化しながら，他学会との比較による相対化を通じて，教育経営学の固有性や自己認識への接近に資するためのレビューを試みる。

2　教員制度改革と教育経営学研究

　まず，教員制度改革に対する各学会の取り組みを整理・検討する。周知の通り近年わが国では，従来の教員制度を大きく変えるような改革が進められており，諸学会でも特集等が組まれてきた（表1）。

　この改革動向に最も強い反応を示した学会は，当然のことでもあるが，日本教師教育学会であった。本レビューが対象時期とする2000年代中盤から現在にいたるまで5回の特集のほか，2015年の中教審答申については公開シンポジウムの開催とその書籍化も行われた（日本教師教育学会編 2017）。

　各特集の企画趣旨では，改革の個別論点だけでなく，全体動向を大局的かつ

表1　教員制度改革と各学会での取り組み

主な答申・制度改革（改革のポイント）	関連する特集／公開シンポジウム／課題研究
'06 中教審答申「今後の教員養成・免許制度の在り方について」（教職大学院制度創設の提言／教員実践演習の新設／教員免許更新制の導入） '07 教育三法改正 　中教審答申「今後の教員給与の在り方について」 '08 教職大学院（専門職課程）設置 '09 教員免許更新講習全面実施 '11 教職実践演習新設 '12 中教審答申「教職生活の全体を通じた教員の資質能力の総合的な向上方策について」（教員養成の修士レベル化／「学び続ける教員像」確立／教職生活全体を通じた一体的改革（大学―教委間連携）） '13 ミッションの再定義（教職大学院の拡充・重点化／実務経験教員率数値目標設定／「新課程」（ゼロ免課程）廃止） '14 地方公務員法改正（能力と業績に基づく人事管理：'16〜教職員人事評価制度の実施義務化） '15 中教審答申「これからの学校教育を担う教員の資質能力の向上について〜学び合い，高め合う教員育成コミュニティの構築に向けて〜」（教職課程科目の大くくり化と科目区分の撤廃／採用試験の統一実施の提案／教委一大学間連携，教員育成協議会設置と教員育成指標策定） '16 関連三法改正	**日本教育経営学会** '08 課題研究「教職大学院経営と教育経営研究」 '14 特集「教育改革と教職員の資質向上」 '16 特集「学校組織のリアリティと人材育成の課題」 '17 公開シンポジウム「教職大学院における教育・研究と教育経営学の課題」 **日本教師教育学会** '07 特集「教員制度の改革と教師教育のゆくえ」 '10 特集「教師教育政策の検証」 '13 特集「教師教育の自律性―中教審答申（2012/8/28）を視野に入れながら―」 '16 特集「教師の育ちと仕事はどう変わるのか〜専門性・専門職性のゆくえを考える〜」公開シンポジウム「中教審答申で教師教育はどう変わるか？」 '17 特集「『指標化』『基準化』の動向と課題」 **日本教育行政学会** '11 公開シンポジウム「中教審（平成18年7月）後の教員養成・研修改革の展望」 '12 特集「教員人事行政における『質保証』」 '14 公開シンポジウム「高等教育政策と教員養成の『高度化』を考える―政策形成力学と日本の『大学における教員養成』」 '17 特集「教員政策の教育行政学的研究」 **日本教育制度学会** '18 特集「教員養成・研修制度の変革を問う」 **日本教育社会学会** '10 特集「ゆらぐ教員世界と教職の現在」 ※公開シンポジウム・課題研究は翌年に報告掲載

批判的・建設的に分析する志向性が見受けられる。特集所収の各論文は，教師の育ちや力量形成を強く意識しており，政策過程分析でもアクター間関係等の構造や外形のみに還元せず，教育的価値の実現への影響を意識的に問い，内実に踏み込んだ分析・考察に努めている（cf. 佐藤2016，油布2017）。

　他方，日本教育行政学会では，特集「教員政策の教育行政学的研究」（2017年）の編集方針を「いたずらに教員政策を批判することではなく，教員制度の変化の効果を（何の証拠もなしに）拙速に予測することでもなく，努めて変化の背景を読み解くことに力点を置く」（青木2017：3頁）と強調する等，政策過程の没価値的な単純記述等を目指す向きもある。この他の同学会の特色としては，他学会が教員養成に注力する傾向にあるのに対して，教員人事行政を包括的に対象化したり（2012年特集），研修・評価・給与・教職員組合等を含めた総合的な枠組みを設定したり（2017年特集）する点が挙げられる。

　日本教育制度学会は，2006-11年の6年間は紀要での特集企画を休止したこともあり，近年の教員制度改革に関する特集としては2018年の1回のみとなっている。養成制度・研修制度の内容や課題，論点等について，主に法制解釈を中心とする観点から検討されている。

　日本教育社会学会は2010年に，1988年以来22年ぶりに教師に関する特集が組まれた。「1990年代以降の世界的な構造変動のなかで，従来もっていた教師の役割や機能，教職の世界がどのように変化してきたか」（第86集「編集後記」）という課題意識の下，教員制度改革を視野に入れつつも，全体的には「教職」自体に関心が寄せられる（加野2010，油布2010，金子2010，佐久間2010）。

　これら他の近接諸学会では，策定過程や個別教員への影響等，教員制度改革自体（政策）に焦点化するのに対して，本学会では，改革の作用を受けつつ実際に教員を養成する場，あるいはその力量を向上する場である大学や学校が，諸改革を「どう受け止め，どう取り組んでいけばよいのか」（第56号「まえがき」）という組織的実践（受け皿）や，それら組織の「現実と理論との関係について問い直しを図ること」（第58号「まえがき」）に焦点化する傾向にある。

　第一に，一連の改革の中でも特に教職大学院が重視されている。その設置年度である2008年には，課題研究において先行的・試行的実践が取り上げられた。拡充期とも言える2017年には公開シンポジウムが行われ，「この仕組みは，これからの教育経営学の『学としての持続的な発展』にとって，いかなる意味をもたらしていくか」（第60号「公開シンポジウム扉」）との課題意識が表明され

る等，本学会にとって教職大学院が有する特別な意味，換言すれば両者の不離一体性が強く意識されていた。こうした動向には，スクールリーダー教育について先導的に理論構築を進めてきた本学会の使命感を明瞭に見て取れる。

第二に，教員制度改革における「実践的指導力」の向上を抽象的に批判するのではなく，学校組織の具体的な文脈に絶えず位置づけながら把握する点が特色の一つと言える。例えば，学校で直面する問題を汎用性ある形で想定できるという発想に警鐘を鳴らし，実践の内実が現場の状況に依存するという把握から，「より本質的に問題を読み解く力」の育成が指摘される（竺沙 2016）。関連して，教職の特性という観点からだけでなく「組織人育成」という観点からも教員の成長を議論することが必要との主張もある（臼井 2016）。

第三に，改革の鍵として組織学習への着眼・期待が大きい。例えば，大学における教員養成には「開放主義理論と教員養成論の相克」等の多様な「アンビバランス」がある中で，それに対処するためには，大学が陥る「学習（に対する）障害」を乗り越え，対立要素が両立するための「組織行動のマネジメントという観点から大学を構成する組織成員の協働」を具体化すべきとの論考がある（安藤 2014）。これは他学会（日本教師教育学会）での「互いに無関与による『自律性』ではなく，大学教員の協働組織の下での自律性の在り方を検討しなければならない」との指摘（松木・隼瀬 2013：26頁）に対して，本学会の強みである組織学習論から展望を与えるものとなっている。

第四に，教員制度をめぐる重要概念の一つである教師の「自律性」について，単に実現すべき規範として理想的に語られるだけでなく，学校現場や教員の実情に即して，問題点や否定面を含んで現実的に語られている。例えば90年代以降の新自由主義・新保守主義を基軸とする教育改革の下で，現実には教員の「自律性からの退却」が起きていること（菊地 2016）や，技術的合理性と官僚制的効率性という性質を帯びた学校組織と教師の省察的実践との間には葛藤があること（竺沙 2016）等，重要な指摘がなされている。

3　学校ガバナンス改革と教育経営学研究

次に，学校ガバナンス改革に対する各学会の取り組みを整理・検討する。2000年代中盤以降の改革動向としては，主に，①学校における目標管理体制の強化（新しい職の設置による階層構造化，学校評価等），②地域・保護者の学校参加と連携・協働の推進，③「チームとしての学校」体制の構築（関連して，

教師の業務負担軽減に向けた「働き方改革」含む）等が進められてきた。

　これらのうち、①は各学会の特集等で個別テーマとして設定して議論されるというより、②の動向も含めた包括的なテーマの下に論じられる傾向にもある。だが課題の組み立て等は、以下に示すように各学会により大きく異なっており、ここから、それぞれの自己認識を読み取れるようにも思われる（表2）。

表2　学校組織改革および学校と地域の連携推進と各学会での取り組み

主な答申・制度改革	関連する特集／公開シンポジウム／課題研究
'04 学校運営協議会制度の創設 '07 教育三法改正（新しい職の設置、学校評価） '11 学校運営の改善の在り方等に関する調査研究協力者会議「子どもの豊かな学びを創造し、地域の絆でつなぐ〜地域とともにある学校づくりの推進方策〜」（「新しい公共」宣言、CS1割以上を目標） '15 中教審答申「新しい時代の教育や地方創生の実現に向けた学校と地域の連携・協働の在り方と今後の推進方策について」	**日本教育経営学会** '06 特集「教育改革と学校経営の構造転換(3)―学校経営の自律化に向けた評価と参加の在り方」 '10 特集「学校の組織力と教育経営」 '11 公開シンポジウム「保護者・地域が支える学校運営の可能性を探る」 '12 特集「教育経営と地域社会」 　　公開シンポジウム「これからの参加型学校経営と教育ネットワークづくり―香川県での取り組みを事例として―」 **日本教育行政学会** '07 課題研究「学校ガバナンスの主体の構成原理」 '09 特集「教育政治の諸相」 **日本教育制度学会** '07 公開シンポジウム「学校と地域の新しい関係づくりをどう進めるか―これからの公立学校像を考える―」 ※公開シンポジウム・課題研究は翌年に報告掲載

　本学会では、90年代後半以降の教育改革動向を踏まえ、2004-06年の特集テーマに「教育改革と学校経営の構造転換」を掲げて議論を重ねている。その最終年度で焦点が当てられたのが「評価」と「参加」であった。そこでは、「学校経営の自律性確立」という、これまで学会として重視してきた価値の実質化に向けて、「制度的整備の総括」と「論理構造の明確化」（堀内2006：3頁）が教育経営学の課題と考えられると述べられる。

　教育基本法・教育三法改正後は、中央集権化と目標管理体制が強まったとして、政策動向への率直な危機感・批判を表明する学会がある一方、本学会は上記の学校経営の自律性確立への関心が貫かれ、現実の仕組みの中で自律性を支える主体をいかに組織化するかに焦点が絞られていく。例えば2010年特集では、近年の教育改革の中で「学校の組織力」が問われているとの認識（第52号「まえがき」）の下、新たな職の導入（榊原2010）や保護者・地域連携（玉井2010）等の観点から、学校組織の現実的な業務上の課題や展望が検討される。

　他方、日本教育行政学会は、これらの改革動向を「学校ガバナンス」（2007年課題研究）や「教育政治」（2009年特集）というテーマで検討している。前

者では，教師は，学校の自律性確立という政策目標の中で，学校の成功に貢献する経営の「主体」であることが求められる一方で，「判断なき業務の遂行」を進んで担うような「客体化」が進行していること（勝野 2008），保護者は統治「主体」となり続けようとする「客体」としての位置にあること（岩永 2008）等のアンビバレンスが描かれる。後者では，これらの改革動向が「『教育のなかの政治』というアリーナ」（第35号「まえがき」）の問題として扱われることで，ミクロ・ポリティクスを抑圧・隠蔽し教職員に防衛的な姿勢を採らせる危険性（水本 2009）や，教師―保護者間のコンフリクトの実態（小野田 2009）が示されるなど学校組織の複雑性に迫るものとなっている。

　2010年代には，②地域・保護者の学校参加と連携・協働の推進に関して，本学会を含め諸学会の公開シンポジウムで実践家も交えて具体的な取り組みの紹介が増える（日本教育制度学会 2007年，日本教育経営学会 2011年）。特に本学会では，上記のアンビバレンスやコンフリクトよりも，「学校運営を支える機能」（平井・花岡 2012）に焦点化するなど，政策親和的ないし実践的検討が進められ，理論的考察や批判的分析はさほど盛んとは言えない。他方，2012年特集「教育経営と地域社会」では，教育経営学研究として全体を貫く問いや課題は必ずしも明確ではないが，学校と地域の連携における子どもや教師の専門性

表3　「チーム学校」および「働き方改革」と各学会での取り組み

主な答申・制度改革	関連する特集／公開シンポジウム／課題研究
'14 TALIS 調査結果公表 子どもの貧困対策推進法／大綱策定（学校に「子どもの貧困対策のプラットフォーム」の役割を要請） '15 中教審答申「チームとしての学校の在り方と今後の改善方策について」 中教審答申「新しい時代の教育や地方創生の実現に向けた学校と地域の連携・協働の在り方と今後の推進方策について」	**日本教育経営学会** '13 公開シンポジウム「教育経営における『つながり』の再構築―子どもの成長を支援する多様な協働へ―」 '15 公開シンポジウム『チームとしての学校』の現在とこれから―多様な専門性・役割を持つ人々による協働―」 '16 課題研究「日本型教育経営システムの有効性に関する研究：新たな学校像における教育の専門性(1)―担い手（スタッフ）に着目して―」 '17 課題研究「〃(2)―システム形成の歴史に着目して―」 '18 課題研究「〃(3)―『チームとしての学校』をめぐる改革事例に着目して―」 公開シンポジウム「学校における働き方改革と教育経営学の課題」 **日本教育行政学会** '15 課題研究『チーム学校』のポリティクスと連携・協働の在り方」 '16 公開シンポジウム「教職員の労働実態と教育行政学の研究課題」 '18 課題研究『教員の多忙化』問題と教育行政学研究の課題」 **日本教師教育学会** '16 特集「教師の育ちと仕事はどう変わるのか」 ※公開シンポジウム・課題研究は翌年に報告掲載

の位置づけ等，今後深めるべき論点が意欲的に提示された点は注目に値する（岩永2012，浜田2012）。

最後に，教育経営学の自己認識への接近を念頭に置きながら，③「チームとしての学校」体制の構築に対する各学会の取り組み状況を整理する（**表3**）。

この動向に対し，最も活発に議論を続けてきたのは本学会であると言える。中教審答申以前から，子どもの生活実態の変容と教育現場の困難に教育経営学がいかに向き合うべきかを議論してきた（2013年公開シンポジウム）。答申直後は特集こそ組まれていないが，先行的実践の検討（2015年公開シンポジウム）や，2016-18年は「日本型教育経営システムの有効性に関する研究：新たな学校像における教育の専門性」とのテーマで課題研究が行われている。

近接学会では，日本教育行政学会が2015年に課題研究を行っている。同学会では「『チーム』・連携・協働などの諸概念…の意義や有効性…本当に現場の実情に合致する…か」等が理論的・実践的な知見の下に吟味され，「今後の展開予測・課題析出・合意提示」が試みられている（山下2016）。他方，「チーム学校」政策が教職員の働き方や業務改善への戦略的方策とも位置づけられる中で，同学会はむしろ教職員の労働実態や多忙化問題の方が重点的に検討されるようである（2016年公開シンポジウム，2018年課題研究）。

日本教師教育学会では，2015年の3答申を受けて組まれた特集（2016年）の中で，安藤（2016）が「チーム学校」論議による教師の仕事と育ちの変容可能性を検討している。安藤論文では，同政策にみられる教師役割の問い直しは，単に外部から要請されるだけでなく，教職の内部的変化（脱人格化，私事化）の現れでもあると把握される。ゆえに「教師教育者が方法を間違えれば…単純労働として『教育業務』に従事する，現在よりも専門職意識が希薄で非自律的・非主体的な教師が量産される」との危惧が述べられる（33頁）。

本学会は，これら他の近接諸学会と同じく政策動向への慎重な検討姿勢を示しつつ，他方で「その是非を含めて方向性を示すこと」を本学会の「社会的責任」とし，「今日の教育経営現実に適応可能で，日本的特質を生かすことのできる教育経営構造を…提示」することを目指していた（第59号課題研究「討論のまとめ」）。前述の課題研究（2016-18年）では，国際比較を通じた同政策の特質と課題，日本の教員の職務拡張の歴史から見た今日の学校の諸機能整理への示唆の提示，事例分析を通じたSSWの専門職としての内部化や外部性の意味・意義の検討等が行われ，一定のまとまった知見が生み出されたと言える。

　他方，同課題研究では「教職の専門性」概念の限界を踏まえ（cf. 浜田 2016），学校の内部組織と外部関係全般を射程に入れるために「教育の専門性」という新たな概念を立てて分析されている。この概念が，既成の概念ではすくい取れないものをつかむ新たな理論の形成へとつながるのか，今後の検討が待たれるところである。

4　まとめにかえて

　以上，他学会との比較から浮かび上がるのは，価値相対主義の陥穽（かんせい）を避ける形での教育・学校経営の自律性確立への強い志向性や，教育組織の現実・文脈の中で，より良い実践の創造に寄与したいとの意識の高さ，教育にかかわる諸主体の「善」なる部分への信頼・活用等，本学会固有とも言える特色である。

　他方で，こうした現実の仕組みの前提視や実践的寄与意識の高さがむしろ，相対的に政策への批判的吟味を抑制させるとともに，「教育改革」自体を捉える理論的枠組構築のための知的営みを減退させる恐れもある。このことは，例えば，改革がもたらす構造的問題への意識・探究が不十分なまま，自律的主体としての教師や学校現場に過剰な期待を寄せることにもなりかねない。だとすれば，これまでも指摘されてきたことと重なるが，教育経営学研究は，改革をめぐるマクロな構図の把握・分析（石井 2006）と自らの知性・理性の用い方（水本2018）に改めて向き合う必要が生じていると言える。同時に，そうした分析を難しくしている要因，例えば，研究者が政策形成あるいは現場に寄与することの裏返しとしての共犯関係の問題や，それに伴う教育経営学研究の学問としての自律性の喪失等の課題についても分析していくことが求められる。

［注］

(1)　もとより各々の所収論稿は個人の考えに基づくところも大きいため，その限界は念頭に置いておく。なお，日本教育学会も重要な存在だが，本レビューでは学会の固有性や自己認識に焦点を当てることから，個別専門学会に注目することとして，包括的な学会である同学会は一旦，検討の範囲外としておく。

(2)　2014年の教育委員会制度改革も教育経営のあり方を大きく揺るがすものであったが，本学会では翌年に特集「教育経営の独立性を問う」（2015年）が組まれたものの，その中で分析対象の一つとされたに過ぎない。日本教育行政学会等の近接学会が複数回にわたって検討していたことに比べれば，本学会での関心はそれほど高くない。

こうした点からも教育経営学の自己認識の一端が見えてくる。

［引用文献］

・青木栄一「教員政策の教育行政学的研究」『日本教育行政学会年報』第43号，2017年，
　2‐6頁。
・浅田昇平・小野田正利「学校現場での実践性を志向する教育経営学研究のレビュー」
　『日本教育経営学会紀要』第46号，2004年，216-225頁。
・安藤知子「教員養成・研修プログラムの改革をめぐる大学における『組織学習』の
　課題」『日本教育経営学会紀要』第56号，2014年，13-23頁。
・安藤知子「『チーム学校』政策論と学校の現実」『日本教師教育学会年報』第25号，
　2016年，26-34頁。
・石井拓児「『現代日本社会と教育経営改革』に関する研究動向レビュー」『日本教育
　経営学会紀要』第48号，2006年，246-259頁。
・岩永定「学校ガバナンスと保護者の位置」『日本教育行政学会年報』第34号，2008年，
　238-241頁。
・岩永定「学校と家庭・地域の連携における子どもの位置」『日本教育経営学会紀要』
　第54号，2012年，13-22頁。
・臼井智美「学校組織の現状と人材育成の課題」『日本教育経営学会紀要』第58号，
　2016年，2‐12頁。
・小野田正利「保護者と教師のコンフリクト―対等にモノが言える時代の中で―」『日
　本教育行政学会年報』第35号，2009年，77-93頁。
・勝野正章「学校ガバナンスにおける『主体』としての教師」『日本教育行政学会年報』
　第34号，2008年，234-237頁。
・金子真理子「教職という仕事の社会的特質―『教職のメリトクラシー化』をめぐる
　教師の攻防に注目して―」『教育社会学研究（日本教育社会学会）』第86集，2010年，
　75-96頁。
・加野芳正「新自由主義＝市場化の進行と教職の変容」『教育社会学研究（日本教育社
　会学会）』第86集，2010年，5‐22頁。
・菊地栄治「教師教育改革の批判的検討と教育経営学の行方―〈多元的生成モデル〉
　の可能性―」『日本教育経営学会紀要』第58号，2016年，13-23頁。
・榊原禎宏「新たな職の導入と学校の組織力」『日本教育経営学会紀要』第52号，2010
　年，15-36頁。
・佐藤学「転換期の教師教育改革における危機と解決への展望」『日本教師教育学会年
　報』第25号，2016年，8‐15頁。
・佐久間亜紀「1990年代以降の教員養成カリキュラムの変容―市場化と再統制化―」

『教育社会学研究（日本教育社会学会）』第86集，2010年，97-112頁。
・玉井康之「保護者・地域との連携と学校の組織力」『日本教育経営学会紀要』第52号，2010年，37-47頁。
・竺沙知章「これからの人材育成と教職大学院の課題」『日本教育経営学会紀要』第58号，2016年，24-35頁。
・日本教師教育学会編『緊急出版　どうなる日本の教員養成』学文社，2017年。
・堀内孜「学校経営の構造転換にとっての評価と参加」『日本教育経営学会紀要』第48号，2006年，2-15頁。
・松木健一・隼瀬悠里「教員養成政策の高度化と教師教育の自律性」『日本教師教育学会年報』第22号，2013年，24-31頁。
・水本徳明「学校空間のミクロ・ポリティクス」『日本教育行政学会年報』第35号，2009年，60-76頁。
・水本徳明「『教育行政の終わる点から学校経営は始動する』か？―経営管理主義の理性による主体化と教育経営研究―」『日本教育経営学会紀要』第60号，2018年，2-15頁。
・浜田博文「『学校ガバナンス』改革の現状と課題―教師の専門性をどう位置づけるべきか？―」『日本教育経営学会紀要』第54号，2012年，23-34頁。
・浜田博文「公教育の変貌に応えうる学校組織論の再構成へ―『教職の専門性』の揺らぎに着目して―」『日本教育経営学会紀要』第58号，2016年，36-47頁。
・平井貴美代「教育経営学のアイデンティティ」『日本教育経営学会紀要』第45号，2003年，37-47頁。
・平井貴美代「『教育改革と学校経営』に関する研究動向レビュー」『日本教育経営学会紀要』第47号，2005年，258-269頁。
・平井貴美代・花岡萬之「総括　保護者・地域住民の学校関与をめぐって」『日本教育経営学会紀要』第54号，2012年，118-121頁。
・山下晃一「総括『チーム学校』のポリティクスと連携・協働の在り方」『日本教育行政学会年報』第42号，2016年，238-241頁。
・油布佐和子「教職の病理現象にどう向き合うか―教育労働論の構築に向けて―」『教育社会学研究（日本教育社会学会）』第86集，2010年，23-38頁。
・油布佐和子「教員養成の再編―行政主導の改革のゆくえ」日本教師教育学会編『緊急出版　どうなる日本の教員養成』学文社，2017年，46-69頁。

＊特集，公開シンポジウム，課題研究等の報告・文献名は**表１・２・３**への表記をもってかえる。なお，公開シンポジウム「報告」と課題研究「報告」は，いずれも表に示した大会実施年の１年後に各学会の年報や紀要に集録されている。

日本教育経営学会第59回大会報告

　日本教育経営学会第59回大会を，2019年6月7日から9日の間，名古屋大学において開催致しました。大会参加者（臨時会員を含む会員）は333名でした。かくも多数の会員のみなさまに名古屋までお越し頂きましたこと，心より感謝申し上げます。

　今回の大会における自由研究発表は，個人研究及び共同研究あわせて，最終的に50件（事前発表辞退1件，当日発表辞退2件）でした。10の分科会会場で，実践事例から理論的考察に及ぶ幅広い研究が報告され，活発な議論がなされました。

　大会実行委員会が設定した公開シンポジウムでは，「新学習指導要領のもとでの『教育課程経営』の理論的・実践的課題」をテーマとして，植田健男会員（花園大学教授）のコーディネートのもと，先ず今次学習指導要領改訂における教育課程の経営をめぐる現状と課題が提起され，天笠茂会員（千葉大学特任教授）からは，主として中教審教育課程企画特別部会での議論の状況，石井英真京都大学准教授からは教育方法学の立場から今次改革とカリキュラム研究の課題，首藤隆介会員（名古屋市立駒方中学校教諭）からは学校現場における教育課程経営の受け止めについて報告がなされました。休憩を挟んでそれらをもとに，主としてシンポジアスト間で活発な議論が交わされました。

　この他，学会の委員会企画として，初日には，若手研究者のための研究フォーラム「若手ネットワークと活動をどう考えていくか」，ラウンドテーブル「『実践研究』の方法論についての探求」，関係機関連携担当企画としてラウンドテーブル「『社会総掛かりでの教育』の実現に向けての研究課題」が設定され，参加者で熱心な議論が行われました。また最終日には，研究推進委員会による課題研究「実践の学としての教育経営学研究の固有性を問う—教育経営実践のリアリティにせまるとはどういうことか—」，実践推進委員会による実践研究フォーラム「教職大学院におけるスクールリーダー教育に関する構成原理の検討とプログラム開発」が行われ，理論・実践の両面にわたる教育経営学研究の今日的な意義と課題について意見交換がなされました。

　会員の皆様のご協力により以上のように，無事，盛会のうちに今回の大会を

終えることができたものと思っております。実行委員会一同，心より御礼を申し上げます。大会実行委員会としては，自らの非力を顧みず，大会開催のお声が掛かったことを名誉と受け止め，また，「アドミニストレーション」を研究する者がこうした会を企画・運営できるのは，当然の「資質・能力」であると理解して大会開催に臨みました。少しでも多くの方々に参加して頂けるよう，参加費は元より懇親会費も可能な限り金額を抑えるとともに，参加者が安心して議論できる快適な環境づくりを標榜して努力致しました。あるいは私どもの力量の低さや不手際から参加者の皆様にご迷惑をお掛けしたかもしれませんが，何とぞその熱意に免じてご容赦頂ければ幸いです。

　次回は千葉大学において，記念すべき第60回大会が開催される予定です。名古屋大会にも増して，皆様のお力添えによりさらに充実した大会となることを，心より祈念致しております。

（第59回大会実行委員長　植田健男）

日本教育経営学会会則

第1章　総　則

第1条　本会は日本教育経営学会（The Japanese Association for the Study of Educational Administration）という。

第2条　本会は，教育経営の研究と実践を促進し，その普及を図ることを目的とする。

第3条　本会は次の事業を行う。

(1)　大会および研究会の開催

(2)　学会紀要（「日本教育経営学会紀要」），会報等の発行

(3)　会員の研究および共同研究の促進

(4)　内外の関係学会との連携

(5)　教育経営の関係機関及び団体等との連携

(6)　教育経営の研究と実践の普及活動

(7)　その他本会の目的達成のための事業

第2章　会　員

第4条　本会の入退会には，次の手続きを必要とする。

1．本会に入会するには，入会申込書その他必要な書類を提出し，当該年度の会費を納入することを必要とする。

2．入会にあたり，会員の推薦を必要とする。

3．本会を退会するものは，毎年3月31日までに文書により申し出るものとする。

第5条　会員は本会が行う事業に参加し，研究大会，学会紀要等で研究発表することができる。

第6条　会員は会費を納入するものとする。

1．会費は年額8,000円（学会紀要費を含む）とする。

2．2年以上会費の納入を怠ったものは，会員としての資格を失う。

第7条　会員にして義務を怠ったものに対しては，理事会の決議により除名する。

第8条　本会に名誉会員を置くことができる。名誉会員は，理事会が推薦し総会の承認を得るものとする。

第3章　役　員

第9条　本会に次の役員をおく。

会長　1名　理事　若干名（常任理事を含む）監査　2名

第10条　1．会長は本会を代表し，会務をつかさどる。会長に事故あるときは，理事会の推薦により理事の一人がその職務を代行する。

2．理事は理事会を組織し，本会の運営にあたる。内若干名を常任理事とし業務の執行にあたる。

3．監査は会計を監査する。

第11条　会長，理事，監査は総会において選出し，常任理事は理事の互選による。

第12条　役員の任期は3年とする。但し理事及び監査は再任を妨げない。

第13条　理事に欠員が生じたときは，次点者をもって補い，その任期は前任者の残りの期

間とする。

第14条　本会に顧問をおくことができる。

第4章　総　会

第15条　総会は会長が召集し，本会事業の重要事項を審議する最高議決機関とする。

第5章　地方研究団体・機関との連携

第16条　本会は，地方における教育経営研究に関する団体・機関と連携することができる。連携に関する事項は別に規程により定める。

第6章　会　計

第17条　本会の経費は会費，その他の収入をもってこれにあてる。

第18条　理事会は予算案を編成し，総会の議に附するものとする。

第19条　本会の会計年度は，毎年4月1日に始まり，翌年3月31日に終わる。

第7章　各種委員会

第20条　1．本会に紀要編集委員会をおく。紀要編集委員会は，学会紀要の編集にあたる。

　　　　2．本会に研究推進委員会をおく。研究推進委員会は，学会としての研究の推進にあたる。

　　　　3．本会に実践推進委員会をおく。実践推進委員会は，教育経営に関する実践の推進にあたる。

　　　　4．本会に国際交流委員会をおく。国際交流委員会は，研究の国際交流にあたる。

　　　　5．本会に必要に応じて，総会の議を経て特別委員会をおくことができる。

第21条　各委員会は委員長1名，委員若干名で構成する。委員は，会員の中から理事会の議を経て会長が委嘱する。

第22条　各委員会の運営に関する細則は必要に応じて別に定める。

第8章　学会褒賞制度

第23条　会員の研究の活性化と奨励を期して学会褒賞制度を設ける。学会褒賞制度に関する細則は別に定める。

第9章　事務局

第24条　本会に事務局をおく。事務局は事務局長1名，幹事若干名で構成する。

第25条　事務局長および幹事は，会員の中から理事会の議を経て会長が委嘱する。

第26条　事務局は会務を処理する。

　　　　補　則

　本会の運営に必要な細則は別に定める。

　　　　附　則

第1条　本会則の変更は総会の決議による。

第2条　削除

第3条　本会則は昭和33年12月13日より施行する。

第4条　本会則は昭和60年6月7日より施行する。

第5条　本会則は平成元年4月1日より施行する。

第6条　本会則は平成2年6月2日より施行する。

第7条　本会則は平成5年6月5日より施行する。

第 8 条　本会則は平成 9 年 5 月31日より施行する。
第 9 条　本会則は1999年 6 月 5 日より施行する。
第10条　本会則は2000年 6 月10日より施行する。
第11条　本会則は2001年 6 月 9 日より施行する。
第12条　本会則は2003年 6 月 7 日より施行する。
第13条　本会則は2006年 6 月 3 日より施行する。
第14条　本会則は2007年 6 月 2 日より施行する。
第15条　本会則は2012年 6 月 9 日より施行する。

日本教育経営学会紀要編集規程

1．日本教育経営学会紀要は日本教育経営学会の機関誌で，原則として 1 年に 1 回発行する。

2．本紀要には，教育経営学に関する未公刊の論文・資料・書評などのほか，学会会務報告その他会員の研究活動についての記事を編集掲載する。

3．紀要編集委員長については，会長が理事の中から選任し委嘱する。但し，その選任にあたっては，常任理事会の同意を得るものとする。

　　紀要編集委員長は紀要編集委員会を代表し，紀要編集委員会会務をつかさどる。紀要編集委員長に事故あるときは，会長の委嘱により紀要編集委員の一人がその職務を代行する。

4．委員長以外の紀要編集委員については，紀要編集委員長が，会長と協議の上，会員の中から14名を下限として選任し委嘱する。但し，その選任にあたっては，常任理事会の同意を得るものとし，必ず各理事選挙区から 1 名以上が選任されるようにするとともに，学会での活動実績，専門分野等に配慮するものとする。

　　紀要編集委員の任期は 3 年とする。但し，再任を妨げない。

5．紀要編集業務を担当するために，常任編集委員を若干名おく。常任編集委員については，紀要編集委員長が，会長と協議の上，紀要編集委員の中から選任し委嘱する。但し，その選任にあたっては，常任理事会の同意を得るものとする。

6．紀要編集業務を処理するために，紀要編集委員会事務局を組織し，そこに紀要編集幹事を若干名おく。紀要編集幹事は紀要編集委員長が委嘱する。

7．本紀要に論文を掲載しようとする会員は，所定の論文投稿要領に従い，紀要編集委員会事務局に送付するものとする。

8．投稿資格は 9 月 1 日現在で会員であることとする。

9．論文の掲載は紀要編集委員会において決定する。

10．掲載の場合若干の変更を加えることもある。但し内容についての重要な変更を加える時は執筆者と相談する。

11．本紀要に掲載したものの原稿は原則として返還しない。

12．本紀要に掲載した記事は原則としてすべて科学技術振興機構 J-STAGE の電子図書館

コンテンツとする。但し紀要第57号までは国立情報学研究所電子図書館サービスの電子図書館コンテンツとする。

附　則　本規程は平成 2 年 6 月 2 日より施行する。
　　　　本規程は平成 6 年 6 月 4 日より施行する。
　　　　本規程は1999年 6 月 5 日より施行する。
　　　　本規程は2003年 6 月 7 日より施行する。
　　　　本規程は2011年 6 月 4 日より施行する。
　　　　本規定は2017年 6 月10日より施行する。

日本教育経営学会 紀要編集委員会
研究論文投稿要領

1．論文投稿は未発表のものに限る。ただし，口頭発表およびその配布資料はこの限りではない。

　　投稿論文と目的・方法・知見等の面で重複している論文あるいは調査報告をすでに発表（予定を含む）している場合はそのコピーをすべて添付した上で投稿すること。

　　この規定に違反し，二重投稿等の研究倫理に違反した場合には，論文審査や投稿資格の停止の対象となる可能性がある。

2．論文投稿（注および引用文献を含む）は紀要15ページ（400字詰原稿用紙約40枚相当）以内とする。提出形式の詳細については下記の要件をすべて満たすものとする。

⑴　原稿はワープロ等による横書きとし，A 4 判，天地余白各45mm，左右余白各35mm（10.5ポイントもしくは11ポイントのフォントを使用），35字 ×32行 ×15枚以内とする。
　　 1 枚目は論文題目を 1 行目に記載し，17行目から本文を書き始めることとする。節題の上下 1 行ずつは空白行とする。たとえば節題が 1 行の場合には 3 行とることとなる。なお 1 頁目の本文開始行（17行目）のみ節題上の余白は不要で17行目に節題記入を認める。

⑵　表紙を必ず添付し，表紙に論文題目のみを記載すること（執筆者名，所属は記載しない）。表紙と投稿論文原稿とホッチキス止めして提出すること（クリップ止め不可）。

⑶　注・引用文献については 1 枚あたり37字 ×35行の書式とする。

⑷　図表は本文に挿入したうえで提出するものとする（後日別形式で提出を求める場合がある）。
　　図表がある場合には10点以内にとどめ，このスペースも前記制限枚数に含めるものとする。
　　図表中の文字は 8 ポイント以上の大きさとし，図表が極端に小さくならないよう留意するものとする。

⑸　投稿論文には，執筆者名，所属名は書き入れず，本文（注・引用文献を含む）にもそれらが判明する書き方をしない。
　　また「拙著」「拙稿」などの表現，研究助成，共同研究者への謝辞など，投稿者名や所属機関が判明，推測できるような表現は控えること。これらの記載が必要な場合は，採

択決定後の校正において加筆することを認める。

⑹　規定枚数を超過した場合には，受理しない。

3．投稿は，電子メールと郵送によって提出するものとする。電子メールでは，PDF ファイルの形式で，執筆者名がプロパティ等に記録されないように注意して保存し，論文のみを送信する。郵送では，論文（表紙とともにホッチキス止めしたもの）1 部と別紙（論文タイトル，執筆者名，所属名，連絡先を付記したもの）1 部を，日本教育経営学会紀要編集委員会事務局宛に送付する。

4．投稿論文の申込期限は10月10日とし，電子メール，郵送のいずれでも可とする。論文等の提出期限は，11月 9 日とする。

5．投稿論文について編集委員会は，執筆者との協議を通じ，内容の変更を求めることがある。

6．掲載が決定した論文については，改めて⑴論文タイトル，執筆者名，所属名を付記した論文原稿，⑵英文タイトル，300語以内の英文レジュメ，ローマ字表記の執筆者名，英文表記の所属名を付記した英文レジュメ，⑶それらが入力された電子的記録媒体（CD-R, DVD-R 等）を日本教育経営学会紀要編集委員会事務局宛に郵送するものとする。
　　送付の形式はワープロソフト（Word, 一太郎等）のままの形式とし，PDF形式は認めない。
　　なお，⑴，⑵の郵送と合わせて，メールに日本教育経営学会紀要編集委員会事務局にデータ送信を行う場合は⑶の送付を免除できるものとする。

7．執筆者による校正は再校までとする。その際，内容上の修正は原則として認められない。

8．図版等で特定の費用を要する場合，執筆者に負担させることがある。

9．引用文献の表記法については，以下の通りとする。

⑴　単行本の表記方法
　　著者，書名，発行所，出版年の順で書く。
　　例1）　小野田正利『教育参加と民主制―フランスにおける教育審議機関に関する研究』風間書房，1996年。
　　例2）　Ravitch, D., *The Death and Life of Great American School System ; How Testing and Choice Are Undermining Education,* Basic Books, 2010.
　　例3）　国立教育政策研究所監訳『PISA2006年調査評価の枠組み』ぎょうせい，2007年（=Organization for Economic Co-operation and Development, *Assessing scientific, reading and mathematical literacy : a framework for PISA 2006,* 2006.)

⑵　論文の表記方法
　　著者，論文名，雑誌名，巻，号，発行年，頁の順で書く。
　　例1）　佐藤博志「オーストラリア首都直轄区の学校評価に関する考察―自律的学校経営における学校評価の役割に着目して」『日本教育経営学会紀要』第38号，1996年，88-99頁。
　　例2）　Hargreaves, A., "Distinction and disgust ; the emotional politics of school failure", *International Journal of Leadership in Education,* Vol.7, No.1, 2004, pp.27-41.

10．脚注の表記方法は，引用文献と脚注を区別する方式とし，以下の表記方法に従うものとする。

　注は文中の該当箇所に(1)，(2)……と表記し論文原稿末尾にまとめて記載する。

　引用文献は本文中では，著者名（出版年），あるいは（著者名出版年：頁）として表示する。

　同一の著者の同一年の文献については，出版年の後にa，b，c……を付ける。

　　例1)　しかし，浜田（1998a）も強調しているように……，単なる学校裁量の拡大にとどまり組織改革がともなわない場合には効果は低い。

　　例2)　公立学校の改革を促進する動向は……，近年急速に進展している（中留・伊藤他2007：2頁）。

　　例3)　Blumenthalの指摘によれば，「……である」（Blumenthal 2006：pp.564-565）。

11．引用文献は，邦文，欧文を含め，注のあとにまとめてアルファベット順に記載する。著者，論文名，雑誌名，巻，号，出版社，出版年，頁の順に書く。なお引用文献は本文中に用いたもののみをあげるものとする。

例)

［引用文献一覧］

・Blumenthal, R., "Why Connecticut Sued the Federal Government over No Child Left Behind", *Harvard Education Review,* No.76, Vol.4, 2006, pp.564-569.

・浜田博文「アメリカにおける個別学校の裁量拡大と校内組織改編に関する考察―『教員リーダー』の位置と役割に着目して―」『日本教育経営学会紀要』第40号，1998年a，68-81頁。

・浜田博文「米国フロリダ州における校長職をめぐる改革の動向について」『学校経営研究』第23号，大塚学校経営研究会，1998年b，76-87頁。

・中留武昭・伊藤文一・露口健司・大竹晋吾・雪丸武彦・田代裕一・倉本哲男・生田淳一・増田健太郎・小澤永治・八尾坂修『信頼を創造する公立学校の挑戦―壱岐丘の風がどのように吹いたか―』ぎょうせい，2007年。

・柳澤良明『ドイツ学校経営の研究―合議制学校経営と校長の役割変容―』亜紀書房，1996年。

日本教育経営学会紀要「教育経営の実践事例」 編集内規

1．〈目的〉

　　日本教育経営学会紀要に「教育経営の実践事例」の欄を設ける。「教育経営の実践事例」は，特色ある教育経営の実践事例を紹介・分析する論文を掲載することを目的とする。

2．〈執筆資格等〉

⑴　論文の執筆者は，当該実践事例の企画立案または実施に関与した本学会の会員でなければならない。

⑵　論文は未発表のものに限る。ただし，口頭発表プリントはこの限りではない。

3．〈募集方法〉

　　論文の募集は，投稿制および推薦制によって行う。

4．〈投稿制〉

⑴　会員は，紀要編集委員会に対して論文を投稿することができる。

⑵　紀要編集委員会は，投稿原稿の審査を行い，掲載の可否を決定する。その際，紀要編集委員会は，原稿の修正を求めることができる。

⑶　紀要編集委員会は，必要に応じて，原稿の査読および修正を，紀要編集委員以外の適任の会員に委嘱することができる。

⑷　原稿の分量は，紀要10ページ（400字詰原稿用紙約26枚相当）以内とする。その他，投稿の時期・手続き等は「日本教育経営学会紀要論文投稿要領」の規定を準用する。

5．〈推薦制〉

⑴　理事および紀要編集委員は，実践事例およびその執筆会員を紀要編集委員会に推薦することができる。

⑵　推薦に際しては，実践事例の概要（400字程度）と執筆会員の略歴を添えるものとする。

⑶　紀要編集委員会は，実践事例概要と執筆会員の略歴を審査して，執筆依頼の可否を決定し，可とされた実践事例について，当該会員に執筆を依頼する。

⑷　紀要編集委員会は，提出された原稿の修正を求めることができる。

⑸　紀要編集委員会は，必要に応じて，原稿の修正を，紀要編集委員以外の適任の会員に委嘱することができる。

⑹　原稿の分量は，紀要10ページ（400字詰原稿用紙約26枚相当）以内とする。その他，推薦の時期・手続き等は，「日本教育経営学会紀要論文投稿要領」の規定を準用する。この場合，「投稿」は「推薦」と読み替える。

日本教育経営学会 紀要編集委員会
「教育経営の実践事例」論文投稿要領

1．論文投稿は未発表のものに限る。ただし，口頭発表およびその配布資料はこの限りではない。

　　投稿論文と目的・方法・知見等の面で重複している論文あるいは調査報告をすでに発表（予定を含む）している場合はそのコピーをすべて添付した上で投稿すること。

　　この規定に違反し，二重投稿等の研究倫理に違反した場合には，当該論文の掲載は取り止めとなる。

2．論文投稿（注および引用文献を含む）は紀要10ページ（400字詰原稿用紙約26枚相当）以内とする。提出形式の詳細については下記の要件をすべて満たすものとする。

⑴　原稿はワープロ等による横書きとし，A4判，天地余白各45mm，左右余白各35mm（10.5ポイントもしくは11ポイントのフォントを使用），35字×32行×10枚以内とする。1枚目は論文題目を1行目に記載し，17行目から本文を書き始めることとする。節題には3行とる。

⑵　表紙を必ず添付し，表紙に論文題目のみを記載すること（執筆者名，所属は記載しない）。表紙と投稿論文原稿とホッチキス止めして提出すること（クリップ止め不可）。

⑶　注・引用文献については1枚あたり37字×35行の書式とする。

⑷　図表は本文に挿入したうえで提出するものとする（後日別形式で提出を求める場合がある）。

　　図表がある場合には10点以内にとどめ，このスペースも前記制限枚数に含めるものとする。

　　図表中の文字は8ポイント以上の大きさとし，図表が極端に小さくならないよう留意するものとする。

⑸　投稿論文には，執筆者名，所属名は書き入れず，本文（注・引用文献を含む）にもそれらが判明する書き方をしない。

　　また「拙著」「拙稿」などの表現，研究助成，共同研究者への謝辞など，投稿者名や所属機関が判明，推測できるような表現は控えること。これらの記載が必要な場合は，採択決定後の校正において加筆することを認める。

⑹　規定枚数を超過した場合には，受理しない。

3．投稿は，電子メールと郵送によって提出するものとする。電子メールでは，PDFファイルの形式で，執筆者名がプロパティ等に記録されないように注意して保存し，論文のみを送信する。郵送では，論文（表紙とともにホッチキス止めしたもの）1部と別紙（論文タイトル，執筆者名，所属名，連絡先を付記したもの）1部を，日本教育経営学会紀要編集委員会事務局宛に送付する。

4．投稿論文の申込期限は10月10日とし，電子メール，郵送のいずれでも可とする。論文等の提出期限は，11月9日とする。

5．投稿論文について編集委員会は，執筆者との協議を通じ，内容の変更を求めることがある。

6．掲載が決定した論文については，改めて⑴論文タイトル，執筆者名，所属名を付記した論文原稿，⑵英文タイトル，300語以内の英文レジュメ，ローマ字表記の執筆者名，英文表記の所属名を付記した英文レジュメ，⑶それらが入力された電子的記録媒体（CD-R, DVD-R 等）を日本教育経営学会紀要編集委員会事務局宛に郵送するものとする。

　　送付の形式はワープロソフト（Word，一太郎等）のままの形式とし，PDF形式は認めない。

　　なお，⑴，⑵の郵送と合わせて，メールにて日本教育経営学会紀要編集委員会事務局に，データ送信を行う場合は，⑶の送付を免除できるものとする。

7．執筆者による校正は再校までとする。その際，内容上の修正は原則として認められない。

8．図版等で特定の費用を要する場合，執筆者に負担させることがある。

9．引用文献の表記法については，以下の通りとする。

⑴　単行本の表記方法

　　著者，書名，発行所，出版年の順で書く。

　　例1）　小野田正利『教育参加と民主制―フランスにおける教育審議機関に関する研究』風間書房，1996年。

　　例2）　Ravitch, D., *The Death and Life of Great American School System; How Testing and Choice Are Undermining Education,* Basic Books, 2010.

　　例3）　国立教育政策研究所監訳『PISA2006年調査評価の枠組み』ぎょうせい，2007年（=Organization for Economic Co-operation and Development, *Assessing scientific, reading and mathematical literacy: a framework for PISA 2006,* 2006.)

⑵　論文の表記方法

　　著者，論文名，雑誌名，巻，号，発行年，頁の順で書く。

　　例1）　佐藤博志「オーストラリア首都直轄区の学校評価に関する考察―自律的学校経営における学校評価の役割に着目して―」『日本教育経営学会紀要』第38号，1996年，88-99頁。

　　例2）　Hargreaves, A., "Distinction and disgust; the emotional politics of school failure", *International Journal of Leadership in Education,* Vol.7, No.1, 2004, pp.27-41.

10．注の表記方法は，引用文献と脚注を区別する方式とし，以下の表記方法に従うものとする。

　　注は文中の該当箇所に⑴，⑵……と表記し論文原稿末尾にまとめて記載する。

　　引用文献は本文中では，著者名（出版年），あるいは（著者名出版年：頁）として表示する。同一の著者の同一年の文献については，出版年の後にa，b，c……を付ける。

　　例1）　しかし，浜田（1998a）も強調しているように……，単なる学校裁量の拡大にとどまり組織改革がともなわない場合には効果は低い。

　　例2）　公立学校の改革を促進する動向は……，近年急速に進展している（中留・伊藤他2007：2頁）。

　　例3）　Blumenthalの指摘によれば，「……である」（Blumenthal 2006 : pp.564-565）。

11．引用文献は，邦文，欧文を含め，注のあとにまとめてアルファベット順に記載する。

著者，論文名，雑誌名，巻，号，出版社，出版年，頁の順に書く。なお引用文献は本文中に用いたもののみをあげるものとする。

例）

[引用文献一覧]

・Blumenthal, R., "Why Connecticut Sued the Federal Government over No Child Left Behind", *Harvard Education Review,* No.76, Vol.4, 2006, pp.564-569.

・浜田博文「アメリカにおける個別学校の裁量拡大と校内組織改編に関する考察―『教員リーダー』の位置と役割に着目して―」『日本教育経営学会紀要』第40号，1998年a，68-81頁。

・浜田博文「米国フロリダ州における校長職をめぐる改革の動向について」『学校経営研究』第23号，大塚学校経営研究会，1998年b，76-87頁。

・中留武昭・伊藤文一・露口健司・大竹晋吾・雪丸武彦・田代裕一・倉本哲男・生田淳一・増田健太郎・小澤永治・八尾坂修『信頼を創造する公立学校の挑戦―壱岐丘の風がどのように吹いたか―』ぎょうせい，2007年。

・柳澤良明『ドイツ学校経営の研究―合議制学校経営と校長の役割変容―』亜紀書房，1996年。

日本教育経営学会著作権ポリシー

1．学会紀要掲載の論文等（特集論文，研究論文，教育経営の実践事例，シンポジウム・課題研究の報告，海外の教育経営事情，実践推進フォーラム，書評，教育経営学研究動向レビュー等）について

⑴　著作権（著作権法第21条から第28条に規定されているすべての権利を含む。以下同様。）は，学会に帰属するものとする。

⑵　著作者自身による学術目的等での利用（著作者自身による編集著作物への転載，掲載，WWW による公衆送信，複写して配布等を含む。）を，学会は許諾する。著作者は，学会に許諾申請をする必要がない。ただし，刊行後1年間は，WWW による公衆送信については，原則として許諾しない。また，学術目的等での利用に際しては，出典（論文誌名，巻号頁，出版年，以下同様。）を記載するものとする。

⑶　著作者が所属する機関の機関リポジトリでの公開については，刊行1年後に無条件で許諾する。著作者自身および著作者が所属する機関による許諾申請をする必要がない。ただし，出典を記載するものとする。刊行後1年以内の場合には許諾しない。

⑷　第三者から論文等の複製，翻訳，公衆送信等の許諾申請があった場合には，著作者の意向を尊重しつつ，常任理事会が許諾の決定を行うものとする。

2．大会の発表要旨（要旨集に掲載された著作物）について

⑴　著作権は著作者に帰属するものとする。

⑵　著作物の複製，公衆送信，頒布等を行おうとする者は，著作者の許諾を得るものとする。

3．学会あるいは学会の委員会，学会において設置されたグループ等による著作物（学会ニュースを含む。）について

⑴　著作権は，学会に帰属するものとする。

⑵　著作物の複製，公衆送信，頒布等を行おうとする者は，学会の許諾を得るものとする。

附則　本規程は，2010年6月5日より施行する。

Legislative change of the school faculty meeting and the issue of teachers and staff overwork after World War II era in Japan

Takuji ISHII (Nagoya University)

The main objective of this paper is to analyze a part of structure of the overworked school teacher and staff in recently Japanese school, through the finding a remarkable relationship between legislative change of the school faculty meeting and the issue of teachers and staff overwork after World War II era in Japan.

It can be summarized as follows.

(1)saw the legislative position of school faculty meeting and school administration after World War II era in Japan and examined how to be discussed and considered about the specificity of educational work by prior research, K, TAKANO and M, KANEKO.

(2)examined how Japanese teacher and staff responded in a practical way to attack to autonomous dicision-making in school meeting from government and administration and found teachers had established the diverse and rich systems of school meeting by making by-laws, agreements and acknowledgements in each school and each local.

(3)checked the process of change of school meeting legislation in the neo-liberal educational reforms and of bringing in school management and governance reform in Japan in the latter half of the '90s.

(4)finally found out that malfunction of school faculty meeting from neo-liberal educational reform lead the overwork of teachers and staff in Japan by hollowing out of the autonomous decision-making about a curriculum and educational activities and working conditions themselves in a school.

Release the tangled Discussion on School Management and "Teaching Profession"-not with "Collegiality" but with "Team Educational Activity"-

Yoshihiro SAKAKIBARA (Kyoto University of Education)

The issue is why the discussion about "teaching profession " in the field of school management does not reach the conclusion. The hypothesis is that have neglected the characteristics of works at school, especially at school for general education. That means in one side norm theory in pedagogy has remarkably superior to reality. The other reason is that they have not formed a theory of teachers' work based on the nature of school work.

Historically the advocacy and assertion for the exclusive right to education of teacher had strongly inhibited to line concretely a teaching profession. It was mainly for the resistance against bureaucracy in school and had not approached the specific role of school teacher. This attitude has not changed yet now, in spite of without political attitude in teaching and classroom management. It is supported by teachers belief and appears all over the school life. In some cases they become visible as a fixed belief and had little possibilities to reflex on themselves. It also leads the limit for the productive discussion.

The insufficient understanding on the feature of works at school means that the discussion are continued about profession as teacher as individual, despite many parts of them can not be devided into each capacity of teacher. In this point the argument that a school must be organized as a team with another professional staffs remains a fundamental problem. That is vested interest of teachers that the they can exclusively teach for students with a condition for "collegiality". The word "collegiality" signifies also mutual non-interference between teachers. That does not match the feature of works at school and instead of that the slogans should be pursued as "team educational activitiy", by analogy with "team medical care".

The Possibility of not only Empirical Studies on Teachers' Workload but the Philosophical, Institutional and Empirical Studies about Woklife Balance of Teachers and School Staff in Educational Administration Research

Toshiyuki KAMBAYASHI (Meisei University)

Educational administration research has been analyzed the characteristics of Japanese teachers' work style and the determinants of their longer working hours than those of teachers in the other countries. In Japan, student guidance is thought to be as important as teaching, so the teachers' working hours are longer. However, it is difficult to reduce their working hours. Many teachers think the guidance plays an important role to prevent students from misbehavior and some teachers receive well-being from long work.

So, the educational administration research need to study as follow. The first is the studies which contribute to the teachers' work-life balance. Some teachers can gain well-being from long work, but it can also harm teachers' health. We need find the balance between teachers' well-being and their health. Moreover, we need focus not only teachers' work but their physical health and life outside work.

The second is to study the specificity of teachers' work philosophically, historically, and institutionally. In Japan, the Act on Special Measures concerning the Salary of Public Compulsory Education School Teachers says public school teachers aren't paid for overtime work. The reason is because teachers' work is specific. However, it is not clear what the specificity means and how it is accepted by policy makers. We need study the meaning of the specificity through thinking philosophically what is education in Japan and tracing historically the process of making the Act. Moreover, we can realize the specificity through comparing teachers with other occupations. For example, doctors, judges, and prosecutors. Doctors are one of human service workers like as teachers and judges and prosecutors aren't paid for overtime work as teachers in Japan. Moreover, the number of research on school staff is smaller than that of teachers, so we need more research the working condition of school staff in the future.

A Historical Reconsidering of The Act on Special Measures concerning Salaries and Other Conditions for Education Personnel of Public Compulsory Education Schools, etc.

Kimiyo HIRAI (University of Yamanashi)

The purpose of this paper is to reconsider the "specialty" of teachers' work as the public service. Recently quite a few critics exploring improvement of work conditions of teachers insist abolition of The Act on Special Measures concerning Salaries and Other Conditions for Education Personnel of Public Compulsory Education Schools, etc. (Act No. 77 of 1971). Act No.77 of 1971 is known as the law introducing favorable treatments for teachers in exchange for the exemption from the normal working time regulations. But actually, it was nothing more than re-regulation of the informal labor-management agreement during the Postwar Reform. But the "specialty" of teachers' work was finally not defined formally when it positioned the national public service system in 1949 along with the Law for the Special Regulations Concerning Educational Public Service and was fading away with the years.

Act No.77 of 1971 was introduced by Tatsuo Sato, President of National Personnel Agency, who was one of the main organizers of the National Public Service Law. He re-regulated the "specialty" of teachers' work perfectly in the national public service system, using his professional technique as a law officer. Payment of Salary Adjustment for teachers was the best way both for getting the stakeholders' agreement and for defining "specialty" of teachers' work officially. Regarding teachers as public service workers, they might restrict their basic labor rights, but could solve their working problem in public talking with residents, parents and children. It is the reason why the author sees the potential in Shizuoka teachers union's movement for reduction of working hours tying up to school reforms during the latter half of 1980's and 1990's.

Teachers' Work and Organizational Theory in School Management —From 'Modernization of School Administration' to 'Learning Organization'—

Hirofumi SOYODA (Hiroshima University)

The purpose of this paper is to examine how the work of teachers has been and should be understood from the perspective of the Organizational Theories of School Management.

The mainstream theory of school management organization has been shifted from the 'Modernization of School Administration' theory, which emphasizes the rationality of school organizations, to the 'Learning Organization' theory, which recognizes the complexity and uncertainty of school organizations.

The 'Modernization of School Administration' argued that teachers must be responsible for achieving the school's organizational goals. In this theory, teachers' work is characterized by objectification, functionalization, separation of thinking and doing, management by objectives and breakdown of goals. The subsequent theories (Human Relations, Decision-Making theory, Open System theory) have treated the work of teachers as problem solving for achieving organizational goals.

From the perspective of the 'Learning Organization', the above theories are based on the technical rationality model which sees teachers as technical experts. According to this model, complex and difficult problems should be subdivided into subordinate problems, until they reach a level at which the problems are manageable. Then, the way teachers work, which is characterized by the spectator/manipulator stance toward inquiry, separation of thinking from doing, reductionism and single loop learning, leads to fragmentation in school.

The 'Learning Organization' sees teachers as reflective practitioners and treats teachers' work as 'reflective conversation with the situation'. In this theory, the way teachers work is characterized by the agent/experient stance toward inquiry, thinking through doing, their focusing on interrelationship among the school's components, and double loop learning.

The Appointment Tendency and Characteristics of the Non-Regular Teachers in Public Elementary and Junior High School
: Focusing on Appoint Assistant Teachers and Concept of Educational Profession

Shogo HARAKITA (Daiichi Institute of Technology)

The purpose of this paper is to focus on public elementary and junior high schools in Fukuoka Prefecture, to grasp the tendency of appointment of non-regular teachers, and to clarify the characteristics of teachers as a specialist especially from the viewpoint of tenure and Certification system.

This paper pointed out that the number and the rate of non-regular teachers in both elementary schools and junior high schools were increasing in Fukuoka Prefecture. In recent years, the number of full-time teachers for re-election has been increasing. In addition, part-time teachers are more common in elementary schools than in junior high schools.

Furthermore, it became clear that assistant teachers who received temporary certificate were assigned. The appointment of non-regular teachers has been a problem recently from the standpoint of tenure, but the appointment of assistant teachers should be considered as a matter of the Certification system.

Although assistant teachers existed in junior high schools to a certain extent, it became clear that they have played important roles in elementary schools. Then they helped to fix temporary appointments and shortage of part-time teachers. This measure function to some extent as a measure to prevent school vacancies. However, the current situation that depends on assistant teachers, suggests the collapse of the Certification system. Standardization of the provision of temporary licenses to those who have not been trained to become elementary school teachers can be a significant turning point in certificate-ism. Also, it has a negative effect on the principle of "teacher training in universities".

From the above, conclusion of this paper is: the reliance on temporary certificate has led to the collapse of the principle of the Certification system that supports the teachers as a specialist.

⟨PRACTICAL CASE STUDY OF EDUCATIONAL MANAGEMENT⟩

Organizational Process of School Restructuring for Community Development

Hirohiko SASAKI (Shimoda-Higashi Junior High School in Shimoda City)

Atsushi TAKEI (Shizuoka University)

The aim of this paper is to illustrate organizational process of school restructuring in a local city that has been attempted to increase prosperity of the community.

The decrease of population of school-age children in local cities / towns in Japan had been led to school restructuring inevitably to keep appropriate number of classroom / classroom population size. The most popular strategy to achieve appropriate size of schools is to combine schools. The loss of the school, however, lead declining the community prosperity as a result. This paper attempts to give suggestions to this contradictory requirement.

The paper consists of four part.

To begin with, the authors summarized the process of the organizational processes directed by board of education.

Then, the authors described the structure of "A City Arrangement Committee for School Restructuring (Arrangement Committee)." The Arrangement Committee is composed of seven sub-committees and a project committee, which is unique compared to other similar cases.

Next, the authors examined the work of "Project Meeting to Create Future of A City (PJT meeting)," which is a project committee established under Arrangement Committee. PJT meeting was composed of verified participants including local resident, school teachers and academics. and loosely linked to other sub-committees. Creative discussions had been held in PJT meeting for this detached situation and diversity created by various participants.

Finally, the authors pointed out implications of this case study for the study of educational management as follows. First, the needs of organizational devices to make the process of school restructuring creative as well as steady. Secondly, the effectiveness of outsourced strategies developed in academic studies to produce positive and stimulus discussion for the governance of local government in challenge.

The Theoretical and Practical Issues of Curriculum Administration under the New National Course of Study

Takeo UEDA (Hanazono University)

Shigeru AMAGASA (Chiba University)

Terumasa ISHII (Kyoto University)

Ryusuke SHUTO (Komagata Junior High School in Nagoya City)

It is obvious that new National Course of Study (NCS) changes not only contents of curriculum and the way of instruction but its fundamental nature under the proposal of "total revision" and that it is the total reconstruction of "the NCS System" for past 60 years. While the new NCS keeps governmental control on curriculum and instruction, it shows needs to re-define of "Kyouikukatei",which is similar to "curriculum", but Japanese original pedagogical concept. That is school based curriculum as educational planning of individual school. To approach those issues, we discussed the legal nature of the NCS as "standard" for curriculum as well as functions of school administration on curriculum and so on.

We discussed mainly following points themes.

・ How to combine contents of instruction,methods,and management

・ Qualities and Ability-Based Curriculum Reform and Issues of Curriculum Research:Rethinking of interest in studies on curriculum as educational planning

・ The problematic of competency and abilities based reform and curriculum study

〈REPORT〉

Questioning the inherent characteristics of the study of educational management as the science of practice (1): What does it mean to approach the realities of practices on educational management?

Taiji HATANAKA (Nagasaki University)

The mission of the Research Promotion Committee in this term is to develop and deepen the methodology of the study of educational management. Especially we have focused on re-examining the inherent characteristics of the study of educational management as "the science of practice".

At the first year of the three-year research project, the main question of the session was what it should mean to approach the realities of practices on educational management. Our approach to this question composed of three different points of views on the study of educational management; (1) how we can and should understand the realities of the current practices in school management in the era of diversity; (2) what relationship is needed and how it can be established for researchers with schools in order to grasp the realities of school management; (3) why the risk of losing the important function of reflection has occurred whenever we seek to approach the realities of practices.

After three discussants presented their papers, we together discussed intensively two issues. The former was the issue of some important basic concepts in the study of educational management, such as action, function, significance of research and practices. The latter was the positionality of researchers particularly in the current drastic social changes and rapid accumulation of educational reforms.

Many questions were brought up and debated carefully but unsolved yet. Which should be better for the essential meaning of the realities in educational management, action or function? How do we have to realize the meaning of practices at all? What does it mean to be useful, and to whom, for the study of educational management? Does this question of usefulness just show our sense of inferiority to practices? We will try to keep on these questions next year.

Journal of JASEA
CONTENTS

BOOK REVIEW:
RESEARCH REVIEW:
Review of Research on the Relationship between Educational Reform Trends and the Study of Educational Management
  Keiko ENOKI (Nagasaki University)
ABSTRACTS:

No.62, July 2020
Edited by
The Japanese Association for the Study of Educational Administration

編 集 後 記

　２月末よりCOVID-19への対応を迫られるなか，例年より遅れての紀要第62号刊行となりました。編集委員の先生方をはじめ執筆者の皆様のご尽力・ご協力のもと，こうして無事刊行できましたこと，心より御礼申し上げます。

　さて，今号発行までに紀要編集委員会で事務・運営面で議論されたことについて，次の２点をご報告申し上げます。

　第一に，第62号より投稿の際に，①投稿用論文テンプレートを利用し，②投稿規定を満たしていることを執筆者自身で確認するためのチェックリストの提出をお願いいたしました。その結果，大方，投稿要領で示されている形式に則っており，投稿受け付け等もスムーズに行うことができました。次号も投稿申し込みをされた方に，紀要編集事務局より論文テンプレートとチェックリストをお送りいたします。引き続き，ご協力をお願い申し上げます。

　第二に，次号の投稿募集の案内方法についてです。本年度４月より，クラウドサービスの会員管理システム「シクミネット」が導入され，学会事務局からの連絡事項や学会ニュースは一斉メールで配信されるようになりました。それに伴い，これまで郵送しておりました投稿募集の案内を一斉メールを通じてお届けする予定です。詳しくは，学会ニュースや学会ウェブページでお知らせする予定にしております。ご不明な点などがございましたら，紀要編集委員会までお問い合わせください。

　今後とも，会員の皆様のご協力を重ねてお願い申し上げます。

　最後になりましたが，第一法規の田村雅子様には，COVID-19の影響下にあって，温かなご配慮・ご支援をいただきました。この場を借りて，厚く御礼申し上げます。

（編集幹事・曽余田順子）

日本教育経営学会紀要　第62号

教師という仕事と教育経営

2020年７月30日　初版発行　　　　　　　　　　　定価　本体2,800円＋税

編　集　　日 本 教 育 経 営 学 会（会 長　佐古　秀一）
　　　　　日本教育経営学会紀要編集委員会（委員長　曽余田浩史）
発行者　　田　中　英　弥
発行所　　第一法規株式会社
　　　　　107-8560　東京都港区南青山２丁目11－17
　　　　　ホームページ　https://www.daiichihoki.co.jp/

ISBN978-4-474-07208-4 C3037 （2）〈検印省略〉

日本教育経営学会紀要バックナンバー

第44号	学校と地域の関係の再構築	2002年
第45号	教育経営研究のフロンティア	2003年
第46号	学校の自律性確立条件と公教育の在り方	2004年
第47号	自律的学校経営を担う学校経営者の在り方	2005年
第48号	学校経営の自律化に向けた評価と参加の在り方	2006年
第49号	教育経営をめぐる環境変動	2007年
第50号	教育経営概念の今日的検討―50周年記念号―	2008年
第51号	今日における教育経営学の意義と課題	2009年
第52号	学校の組織力と教育経営	2010年
第53号	教育経営と学力	2011年
第54号	教育経営と地域社会	2012年
第55号	社会変動と教育経営	2013年
第56号	教育改革と教職員の資質向上	2014年
第57号	教育経営の独立性を問う	2015年
第58号	学校組織のリアリティと人材育成の課題	2016年
第59号	大学経営の課題と展望	2017年
第60号	教育経営研究の課題と展望―60周年記念号―	2018年
第61号	カリキュラムと教育経営	2019年